Wanderungen an Lago Maggiore und Comer See
mit Luganer See

Eugen E. Hüsler

Wanderungen an Lago Maggiore und Comer See

mit Luganer See

Ausflüge · Gipfel · Klettersteige

Mit 98 Fotos in Farbe,
39 Kartenskizzen
und einer Übersichtskarte

Bruckmann

Einband/Vorderseite:
Die einzige Insel des Comer Sees, die Isola Comacina, liegt
vor Ossuccio. Ungewöhnlich der gotische Turmaufsatz des
romanischen Campanile von Santa Maria Maddalena.

Innenklappe:
Nur wenige Kilometer von den mondänen Seeorten entfernt
stößt man auf die Spuren der sterbenden bäuerlichen Welt,
hier am Weg zur Cima Sasso (Tour 8).

Einband/Rückseite:
Blickfang im Panorama der Corni di Canzo (Tour 26) ist
natürlich der Comer See. In der Bildmitte Mandello del Lario,
am Horizont die Gipfelketten des oberen Sees.

Seite 2/3:
Fast wie ein richtiges Meer: der Lago Maggiore. Blick von
Trárego nach Süden.

Die Zusammenstellung und Beschreibung der Touren er-
folgte mit größtmöglicher Sorgfalt und nach bestem Wissen
und Gewissen des Autors. Nach dem Erscheinen des Buches
kann sich an Wegführung, Unterkünften, Adressen etc. einiges ändern; eine Gewähr für die touristischen und bergstei-
gerischen Informationen wird nicht gegeben. Die Begehung
der Touren nach den Vorschlägen in diesem Band geschieht
auf eigene Gefahr.

Gedruckt auf chlorarm gebleichtem Papier

Die Deutsche Bibliothek – CIP-Einheitsaufnahme

Hüsler, Eugen E.:
Wanderungen an Lago Maggiore und Comer See mit Lu-
ganer See : Ausflüge, Gipfel, Klettersteige / Eugen E. Hüsler. –
München : Bruckmann, 1993
(Erlebnis Wandern)
ISBN 3-7654-2616-4

© 1993 F. Bruckmann KG, München
Alle Rechte vorbehalten
Gesamtherstellung: Bruckmann, München
Druck: Gerber + Bruckmann, München
Printed in Germany
ISBN 3-7654-2616-4

Inhaltsverzeichnis

Bildnachweis

Bildarchiv Mauritius (Foto: Photo Bank):
Einband/Vorderseite

Alle übrigen Fotos auf dem Einband und im
Innenteil stammen vom Autor des Buches.

Die Tourenkärtchen und die Übersichtskarte
zeichnete der Autor.

Auf zu neuen alten Ufern!

Reisen im ausgehenden zwanzigsten Jahrhundert: Millionen peilen ferne und fernste Horizonte an, Pauschal-Abenteurer tilgen die letzten blinden Flecken aus ihrer Weltkarte. Da sind die großen Seen am Südrand der Alpen keine Schlagzeile mehr wert. Was unseren Großeltern noch als Erfüllung ihrer Ferienwünsche erschien – einmal nach Bella Italia! –, hat den Nimbus des Besonderen längst eingebüßt. Vorbei, für immer, auch jene »gute alte Zeit«, als die Hautevolee sich am Lago Maggiore ein Stelldichein gab, reiche Mailänder ihre Palazzi am Comer See bauen ließen, Lugano als »niedliches Kleinbild von Neapel« gepriesen wurde.

Heute rauscht der Verkehr am Lungolago entlang (wenn er sich nicht gerade staut), stehen Supermärkte in der grünen Wiese, urlaubt man per Wohnmobil dicht an dicht. Im Tessin wird mehr Geld weitergereicht, von Süd nach Nord, als ausgegeben: Banken, Paläste unserer Zeit. Dafür dämmert so mancher Hotelpalast vor sich hin, dem Verfall preisgegeben, längst überlebt.

Doch der Zauber ist geblieben, teilweise zumindest. Trotz Massentourismus, trotz Smog aus den Fabrikschloten Norditaliens. Noch gibt es jenes besondere, unverwechselbare Ambiente, diese faszinierende Mischung alpiner und mediterraner Akzente, das Bellagio unsterblich werden ließ, dem Lugano ebenso wie Stresa oder Locarno seinen Ruhm verdankt.

Kontraste. Sie sind es, die das Bild prägen, seine Faszination ausmachen. Erleben lassen sie sich aber nicht am Surfbrett, dazu muß man wandern, hinauf über die felsigen Bergflanken, hinein in die Talschluchten. Schritt um Schritt kehrt man zurück zur Natur, lernt man eine Landschaft kennen, die weit mehr ist als bloß ein schmaler Uferstreifen zwischen Wasserfläche und steilen Hängen. Erst durch die Verschiebung der Perspektive, wenn zum weiten Horizont die Tiefe kommt,

erschließt sich einem die ganze Vielfalt dieser Zauberwelt am Südrand des Alpenbogens.

Rasch wird die Wanderung auch zu einer Reise in die Wildnis, in die Einsamkeit. Wer kann sich einen größeren Kontrast vorstellen als jenen zwischen der lauten, farbenprächtigen Zirkuswelt der Isola Bella und dem tiefen, unzugänglichen Graben des Val Grande, wo das Rauschen des Bachs den Eindruck weltentrückter Stille noch verstärkt? Wer würde glauben, daß man ein paar Wanderstunden von den Fabrikschloten Leccos echte Dolomitenwunder erleben kann?

Wandern am Lago Maggiore und am Comer See ist meist mehr als nur ein Auf und Ab: es wird zur Zeitreise. Die alten Wege, einst von den Bauern in mühsamer Handarbeit als Verbindung zwischen den Stationen ihres Jahres angelegt, zwischen dem Dorf, den Monti (Maiensäßen) und den Almen, sie führen zurück in jene Zeit, als die Menschen hier noch vom (kargen) Ertrag ihres Bodens lebten. Die Bauern sind (wohl endgültig) ins Tal gezogen, ihre Enkel verdienen das Geld im Büro, am Fließband oder in den Hotels, Wege und Hütten verfallen, die Natur holt sie allmählich zurück.

Viele dieser Pfade sind noch begehbar, manche bereits zu »modernen« Wanderrouten geworden, mit Farbklecksen und Wegzeigern. Sie führen uns hinauf (in die Berge) und zurück (in die Geschichte), vermitteln so Aussicht und Einsichten. Fast das ganze Jahr über: im Frühling und vor allem im Herbst, aber auch im Winter. Schnee fällt meist nur auf den Höhen, die Temperaturen sind erträglich, die Sicht so klar wie sonst nur selten – und eine paradiesische Ruhe liegt über Seen und Bergen. Also: Entdecken wir sie neu, die alten Wege, rund um das Jahr!

Dietramszell, im Sommer 1993
Eugen E. Hüsler

Lago Maggiore

Die Namen: *Lacus Verbanus* (lateinisch), *Langensee* (schweizerisch), *Lago Maggiore* (italienisch), *Verbano.*

Der Steckbrief: 216 km² groß, 170 km Uferlänge, bis zu 372 m tief. Hauptzuflüsse sind der Ticino und der Toce, bei Sesto Calende wird der See über den Ticino in den Po entwässert. Das nördliche Fünftel gehört zur Schweiz (Kanton Tessin), der Rest zu Italien. Das Westufer ist piemontesisch, das Ostufer Teil der (lombardischen) Provinz Varese. Bedeutendste Städte an seinen Ufern sind Locarno und Verbania (Intra-Pallanza).

Die Realität: Sie ist vielschichtig, trotzt den Vereinfachungen, läßt sich nicht auf ein paar Klischees reduzieren. Man muß sie kennenlernen, den unglaublichen Facettenreichtum dieses Landstrichs erleben: die opulente Farbenpracht der Uferstreifen, den nostalgischen Charme der altberühmten Sommerfrischen, einen sommerlichen Wolkenbruch, der mit seiner Wucht an asiatische Monsunregen denken läßt, die karge Urtümlichkeit des Hinterlandes, seine schneebedeckten Gipfel, Trubel und Einsamkeit. Der Lago Maggiore – ein fast schon exotischer Landstrich am Rand der Poebene, an der Südabdachung der Alpen.

Früher galt das Attribut »exotisch« auch für viele Besucher des Sees, die reich, dazu oft extravagant waren, gestern wie heute trifft es auf die bezaubernde Parkflora seiner Ufer zu. Denn die stammt teilweise tatsächlich aus exotischen Regionen der Welt. Manche der Kulturpflanzen kamen schon durch die Römer hierher, wie etwa die Kastanie. Araber brachten die Zitrone nach Italien, aus der Türkei stammen der Kirschlorbeer und die

»Mondo granito«,
Welt aus Stein:
Berge, Hütten,
Häuser, Dächer.

Faszinierende Seen- und Berg-Landschaft am Lago Maggiore.

Hyazinthen. Um die Mitte des 17. Jahrhunderts wurde die Magnolie aus Ostasien am Lago Maggiore heimisch, später dann die Azalee und die Kamelie. Besonders fremdartig wirkt die Araukarie, die aus dem südlichen Südamerika kommt, während die Agave am Lago Maggiore bereits so häufig anzutreffen ist, daß man sie glatt für eine heimische Art (und keine mexikanische) halten könnte.

Die Besucher des mediterran-exotischen Alpensees sind heute die gleichen wie (fast) überall, im Durchschnitt ein wenig älter vielleicht, auch in Stresa, wo man etwas vom Glanz vergangener Tage in die Zukunft hinüberzuretten versucht. Doch was um Locarno und Ascona noch so (schweizerisch) aufgeräumt daherkommt, fast paradiesisch wirkt und heile (Ferien-)Welt suggeriert, hat hier bereits deutliche Flecken, und südlich von

Arona versinkt alles in Chaos und Müll, wird Unordnung zum Prinzip erhoben – leben und liegen lassen. Reiches Italien – armes Italien!

Trotzdem: Ein Naturwunder ist dieser See, der weit hinausgreift in die Poebene, darin dem Gardasee ähnlich. Doch fehlen ihm die steilen Felsufer des Benacus; bereits im nördlichsten Teil dominieren die großen Linien, steht Weite vor Enge, was dem Maggiore ja auch die Bezeichnung »insubrisches Meer« eingetragen hat. Im Sommer, wenn Dunst die Hochgipfel im Panorama verbirgt, ist die Illusion eines offenen Horizonts am stärksten. »Insubrisch«, abgeleitet von einem Keltenstamm, der hier einst siedelte, steht aber auch für Alpenrandlage, und das heißt: große jährliche Niederschlagsmengen. Die fallen aber fast nur als Regen, Schnee ist selten, wirkt der See doch im Winter wie ein riesiger Wärmespeicher, im Sommer dafür als Kühlanlage. Dann weht vormittags meist der »Inverna«, ein sanfter Südwind, während an den Nachmittags- und Abendstunden der »Tramontana« für Erfrischung sorgt. Im Spätherbst und Winter ist der Nordföhn ein häufiger Gast, das Gegenstück zu jenem Sausewind, der nicht nur in München und Luzern für Kopfweh und gesteigerte Aggressivität sorgt. Der Effekt ist jenseits der Alpen der gleiche: die Berggipfel rücken näher, am Horizont herrscht kristallklare Sicht, und der Schnee – falls überhaupt welcher liegt – zieht sich alsbald in höhere Lagen zurück.

Für den Bergwanderer gibt der See eine (zauberhafte) Kulisse ab, mehr nicht. Sein Revier ist das Hinterland, jene vergessenen Täler und Höhen, fast so unbekannt wie die Rückseite des Mondes, wilder Kontrast zu den Parks und Gärten an den Ufern des Lago Maggiore. Vergessen wurden auch die Bergbauern, die über Jahrhunderte hinweg Maiensässen und Almen bewirtschafteten, Wege bauten, bis der Fortschritt sie einholte. Auf ihren Spuren wandert man heute im Umland des Sees, nicht weit vom Wasser, von den Hotels und doch in einer ganz anderen Welt. Zurück zu den Wurzeln, und die finden sich kaum unten am See oder auf der Isola Bella, jenem Disneyland des Barock, Spielplatz für die Reichen und Mächtigen ihrer Zeit.

1 Salmone (1560 m)

Stein über Stein

Tourencharakter: Recht anstrengende Gipfelwanderung, im Sommer sehr heiß. **Reine Gehzeit:** 7 Std., mit dem Umweg über Streccia noch ¾ Std. mehr. **Beste Jahreszeit:** Frühling/Frühsommer und Herbst bis zum Wintereinbruch. **Markierung:** Ordentlich markierte Wege.

Verbinden sich in Locarno und Ascona alpine und mediterrane Einflüsse zu einem sehr »südlichen« Ambiente, so macht einem der **Salmone** – keine zehn Kilometer von den Ufern des Lago Maggiore – kompromißlos klar, weshalb der Sopra Ceneri als »Ticino granito« bezeichnet wird: Steine, sie sind das Baumaterial schlechthin, nicht nur der Berge; auch Hütten und Wege sind aus Steinen gefügt, geschichtet. Und unterwegs, vom Pedemonte zum Gipfel, mischt sich in die Schweißtropfen die Erkenntnis, daß die Südalpen halt doch anders sind: steiler, heißer, wilder. Das wiederum macht auch einen Teil ihrer Faszination aus: unten ist tiefer, oben höher – und beides näher zusammen. Wie am Salmone.

In einem Zug steigt der Plattenweg von Verscio hinauf zum Vorgipfel des Testa (1357 m). Er führt aber nicht nur vom »Fuß des Berges« (Pedemonte) in Gipfelhöhen, es ist auch ein Weg durch die Vegetationsstufen, wie man ihn sich exemplarischer kaum vorstellen kann. In den tieferen Lagen sind es Kastanien und Eichen, die wohltuend Schatten spenden, darunter manch knorrig-uralter Baum, ab Vii (1126 m) hat man dann einen reinen Birkenwald, schlanke, weißgesprenkelte Stämme im hohen Gras. Und weiter oben, am schönsten Rast- und Aussichtsplatz des Salmone, steht die erste mächtige Buche, weit übers Tal schauend. Der Weiterweg bie-

Fast für die Ewigkeit gebaut: die Bergwege am Lago Maggiore. Im Aufstieg von Sant'Anna nach Streccia.

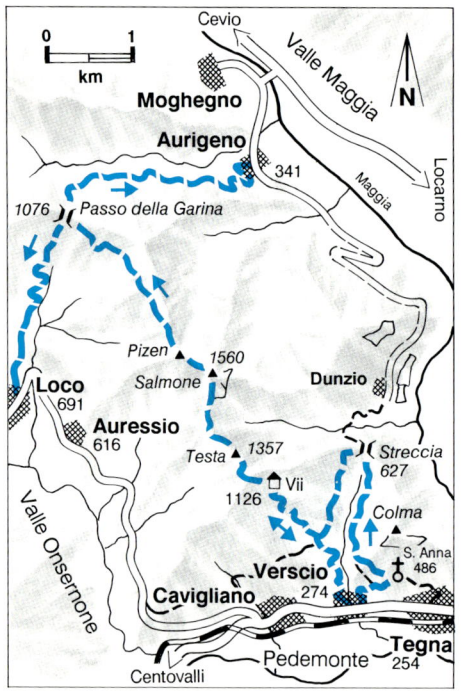

tet dann noch reichlich Gelegenheit, besondere Prachtexemplare des *»fagus silvatica«* zu bewundern, bis schließlich die ersten Nadelbäume Gipfelnähe signalisieren. Der Salmone: ein Naturdenkmal.

Die große Fernsicht bietet der Berg nicht; dafür hat man unterwegs prächtige Tiefblikke. Von keiner andern Stelle aus zeigt sich das Maggiadelta, durch den kanalisierten Flußlauf fein säuberlich in zwei Hälften geteilt, so modellhaft, ahnt man, wie sich das Geröll Jahr für Jahr weiter hinausschiebt in den See. Zur Römerzeit war Solduno noch ein Uferort. Im späten Mittelalter reichte das Delta bereits bis zum Castello in Locarno, doch noch im 18. Jahrhundert lag die Piazza Grande direkt am See. Der Energiehunger der Deutschschweizer hat dem ein Ende bereitet: die wichtigsten Quellflüsse der Maggia sind heute aufgestaut, der wilde Südalpenfluß ist die meiste Zeit des Jahres auf das Beamtenkürzel »Restwassermenge« reduziert.

Die Maggia ist zwar (fast) trockengelegt, keineswegs aber das Tessin. Denn obwohl Locarno und Lugano landesweit die längste Sonnenscheindauer verzeichnen, hält gerade der obere Lago Maggiore auch die helvetische Spitze, wenn's um die jährlichen Niederschlagsmengen geht. In Brissago mißt man durchschnittlich etwa 3200 Millimeter; im Vergleich nehmen sich die rund 1200 Millimeter in Zürich sehr bescheiden aus. Wer öfters im Tessin unterwegs ist, weiß auch, wie diese Niederschlagsmengen zustande kommen. Ein Beispiel: Im Onsernonetal fielen an einem Sommertag 1992 auf jeden Quadratmeter 200 Liter Wasser – in 24 Stunden!

Bei unserer Salmone-Besteigung im Herbst des gleichen Jahres war's trocken, auch recht warm, so daß wir ganz schön ins Schwitzen kamen: Nordföhn. Der Wetterbericht sagte für »Alpennordseite, Wallis, Nord- und Mittelbünden« seit Tagen nur Regen, in den höheren Lagen Schnee voraus. Uns brannte die Sonne auf den Buckel, und am Abend, drunten in Verscio, schmeckte das Calandabräu wie nach einer Hochsommertour.

Eine andere – auch sehr verlockende – Möglichkeit, die aufgestaute Hitze loszuwerden, bieten die Granitwannen bei Ponte Brolla, höchst malerische Badeplätze am Fuß des Salmone. Und zum guten Schluß könnte man es – als kleine Reminiszenz an den Berg des Tages – mit einer Forelle *(Salmo)* versuchen. Meistens bekommt man allerdings einen Seefisch vorgesetzt; die echte Maggia-Bachforelle schmeckt zwar vorzüglich, wächst aber selten über Heringsgröße hinaus und wird leider kaum mehr angeboten.

Der Wegverlauf

Der von *Verscio* ausgehende Anstieg hat, trotz vieler kurzer Kehren, etwas von einer Direttissima; in einem Zug, ohne Flachstück, steigt er an bis zum Vorgipfel des Salmone, dem Testa (1357 m)! Nicht unbedingt jedermanns Sache. Eine Möglichkeit, das Pensum etwas »menschlicher« zu gestalten, bietet der Umweg über *Streccia* (627 m): von Tegna (254 m) bzw. *Verscio* (274 m) auf Plattenwegen hinauf zum *Oratorio Sant'Anna* (486 m), mit hübschen Tiefblicken zum Pedemonte, dann in das Tälchen, das Salmone und Colma (795 m) trennt. Hinauf bis zur schmalen Wasserscheide *(Streccia,* 627 m). Bei den umgebauten *Rustici,* dem Hinweis

»*Salmone*« folgend, kurz links aufwärts, dann ohne größere Höhenunterschiede an der Steilflanke wieder talauswärts. Eine abschüssige Rinne wird auf solider Eisenkonstruktion gequert. Bei *Punkt 658* stößt man auf den von Verscio heraufkommenden Weg (1¾ Std.).

Der Weiterweg führt in zahllosen Serpentinen, an mehreren zu Wochenendhäuschen umgebauten (und umzäunten!) Rustici vorbei bergwärts. Hinter *Vii* (1126 m) muß man gut auf die (spärlichen) Markierungen achten: erst kurz rechts, dann in einer längeren Hangquerung links zu dem bereits genannten Rast- und Aussichtsplatz (ca. 1270 m). Einen kleinen Felsaufschwung umgehend zum Kamm und im Buchenwald zum *Testa* (1357 m), dann am Grat entlang in die *Forcola* (1382 m) und – *andiamo!* – über den letzten Aufschwung zum Gipfel.

Absteigen kann man dann auch nach Norden, zum *Passo della Garina* (1076 m), zunächst am Kamm über den Vorgipfel Pizen, dann in die bewaldete Westflanke ausweichend. Gut auf Bezeichnungen achten! Vom Paß auf bestens markierten Wegen entweder südlich ins Valle Onsernone (*Loco*, 691 m) oder östlich ins Valle Maggia (*Aurigeno*, 341 m).

Nützliche Informationen

Ausgangspunkt: *Verscio* (274 m) im Pedemonte, 7 km von Locarno.

Anstiegsleistung: Verscio – Salmone: knapp 1200 m.

Gehzeiten: Insgesamt 7 Std. Verscio – Salmone: 4½ Std., mit Umweg über Streccia: 5¼ Std., Abstieg auf dem gleichen Weg: 2½ Std. Abstieg via Passo della Garina nach Loco: knapp 2 Std., nach Aurigeno: 2½ Std.

Verkehrsverbindungen: *Verscio* liegt an der Centovalli-Schmalspurbahn (Locarno – Centovalli – Domodossola). Loco und die Ort-

Bei Ponte Brolla hat die Maggia im Lauf der Jahrtausende faszinierende Formen aus dem kompakten Granitfels gewaschen. Im Sommer sind die Gumpen beliebte Badeplätze.

schaften im Valle Maggia besitzen Busverbindung mit Locarno.
Unterkunft: Keine.
Verpflegung: Unterwegs aus dem Rucksack.
Sehenswürdigkeiten der Umgebung: *Verscio*
besitzt eine sehenswerte Pfarrkirche aus der
Barockzeit (1748), einen Zentralbau mit guter Ausstattung. – *Intragna* (339 m), am Eingang ins Centovalli, hat den höchsten Campanile des Tessins (65 m); das Heimatmuseum im Ort ist von Ostern bis Ende Oktober
jeweils Dienstag bis Sonntag 10–11.30,
14.30–17.30 Uhr geöffnet. – Ein Museum
besitzt auch *Loco* (691 m); neben allerlei
volkskundlichen Exponaten zeigt es vor allem jene kunstvollen Strohflechtereien, für
die das Valle Onsernone einst bekannt war
(geöffnet April bis Oktober täglich außer

Wasserarbeit. Das Mündungsdelta der Maggia, gesehen vom Weg zum Salmone; darüber der Monte Tamaro (1961 m) und der Monte Gambarogno (1734 m), zwei berühmte Tessiner Aussichtsberge.

2 Ronco sopra Ascona (350 m)

Monte Verità: Traumberg?

> **Tourencharakter:** Längerer Spaziergang, mit Museumsbesuch und Rückfahrt über den See ein genußvoller Tagesausflug.
> **Reine Gehzeit:** 3 Std.
> **Beste Jahreszeit:** Das ganze Jahr über möglich.
> **Markierung:** Alle Wege am Monte Verità und rund um Ronco sind bestens markiert.

Die Geschichte des **Monte Verità** könnte Anlaß sein, über Wahrheit, über Illusion und Wirklichkeit nachzudenken. Und über den Unterschied zwischen Geschichte und Geschichten. Zu letzteren gehört die Mär vom Fischerdorf Ascona – eine schlichte Erfindung, die aber so schön ins Image paßt. Dabei war der Nobelort nie ein Fischerdorf, wie etwa Morcote drüben am Luganer See; zum Fischen gingen früher die Armen, die »am Berg«, *sott'al sass*, lebten. Zu jener Zeit hatte der Hügel über Ascona seinen »wahren« Namen noch nicht, und es gab auch noch keine erfundenen »Wahrheiten« über ihn. Seine Geschichte begann erst viel später, als »Geburtsjahr« könnte man 1869 nehmen; damals ließ sich der russische Anarchist Michael Bakunin in Locarno nieder.

In der Folge wurde der Monte Verità bevölkert, mit Menschen und Ideen, obskur, revolutionär, utopisch. Da entstand eine zunächst urkommunistische, dann »individualistisch-vegetabilische Cooperative«, traten Anarchisten, Nudisten und Spinner aller Couleur auf, plante der Grazer Psychiater Otto Groß eine »Hochschule zur Befreiung der Menschheit«. Im Ersten Weltkrieg fanden

montags von 10–11.30, 14–17 Uhr). – Nicht unerwähnt bleiben darf natürlich die Schlucht von *Ponte Brolla* (254 m) am Eingang ins Valle Maggia: die schönsten »Badewannen« des Tessins, kunstvoll aus dem Granit gewaschen!
Karten: Carta nazionale della Svizzera, Blatt 1312 »Locarno« (1:25 000). Wanderkarte »Locarno-Ascona« (1:25 000).

Hoch über die Dächer des historischen Borgo von Ascona ragt der Turm der Pfarrkirche in den blauen Tessiner Himmel.

zahlreiche Emigranten den Weg von Zürich ins Tessin, ihnen folgten Künstler wie die Dadaisten Hans Arp und Hugo Ball, der Kunst folgte die Bohème, später entdeckten die Bauhausarchitekten den Monte Verità, dann waren es Vertriebene aus Nazi-Deutschland, die sich in der Umgebung von Ascona niederließen, wie etwa Erich Maria Remarque und Else Lasker-Schüler.

Tempi passati. **Ascona** ist längst ein mondäner Urlaubsort, und die Höhen über dem See hat der neudeutsche Geldadel in Besitz genommen. Aus den Utopien des Monte Verità wurde Historie, bereits museumswürdig. Die Chronologie seiner Entwicklung kann man in der Casa Anatta nachvollziehen, als architektonische Versuche blieben die Licht-Luft-Hütte (Casa Selma, 1901) und das Hotel Monte Verità (Bauhaus, 1927) erhalten. Und die Gegenwart? Sie erschließt sich dem Besucher am besten zu Fuß, etwa auf dem Höhenspaziergang von Ascona nach Ronco. Es ist ein Weg, für den man sich Zeit lassen soll-

te, der zum Nachdenken anregt, aber auch zum Schauen. Genußvoll ist die Wanderung allemal, obwohl einem des öfteren ein hoher Zaun den Blick nicht nur auf Privates, sondern auch zum See verstellt. Manches, was da gebaut wurde seit den »Wirtschaftswunderjahren«, spiegelt Reichtum, aber nicht unbedingt Stil wider, viele Villen stehen die meiste Zeit des Jahres ohnehin leer.

Dem großen Rahmen mit dem See und den Bergen haben die Invasionen nichts anhaben können; wie zu Zeiten Hermann Hesses verführen Licht und Farben zu romantisch-verklärten Schwärmereien. Für uns Knirpse aus Zürich war der Lago Maggiore das »Größte«: Sonne, Baden, Glacé – und schulfrei!

Auf halber Wegstrecke etwa führt die Wanderung durch **Ronco** (350 m), das mit seinen malerisch-verwinkelten Gäßchen so richtig dem Tessiner (Klischee-)Bild entspricht. Dazu gehört auch der zauberhafte Blick, den man vom Kirchplatz auf den See und die berühmten Isole di Brissago hat. Die größere der beiden Inseln, San Pancrazio, liegt am Rückweg, denn der führt (natürlich!) übers Wasser, per Schiff zurück nach Ascona.

Andern tags, so meine ganz persönliche Empfehlung, sollte man sich ein Wanderziel im Hinterland des Sees aussuchen, vielleicht im Val Cannobina, oder auf den Salmone steigen. Sonst gerät das Bild der Kontrastlandschaft am Lago Maggiore etwas schief: zu viel Luxus, südliche Sonne und Dolcefarniente…

Der Wegverlauf

An der Via Borgo weist ein gelbes Wanderwegschild zum *Monte Verità* (321 m): hinauf, teilweise über Treppen, dann wieder eine Straße querend, Mauern und Hecken links wie rechts, gelegentlich zeigt sich die glitzernde Wasserfläche des Lago Maggiore. In der Nähe der *Casa Anatta*, am Eingang zum Parco Parsifal, biegt man auf den Höhenweg ein, der die felsdurchsetzten Hänge unterhalb der Castelli (379 m) und des Balladrum (483 m; prähistorische Fundstelle) quert, mit Aussicht über den See. Bei der *Cappella Gruppaldo* (400 m) stößt man auf die von Arcegno kommende Höhenstraße, verläßt sie aber bald wieder, um auf dem unteren (ebenfalls asphaltierten) Sträßchen *Ronco* anzusteuern. Ein breiter Hangweg führt weiter nach *Fontana Martina* (366 m), dann steigt man über Treppen ab nach *Brissago* (211 m). Den Ortskern erreicht man zuletzt mit Zwischenanstieg abseits der vielbefahrenen Uferstraße.

Nützliche Informationen

Ausgangspunkt: *Ascona* (199 m), berühmter Ferienort am oberen Lago Maggiore, 3 km von Locarno (Bahnhof).
Anstiegsleistung: Etwa 250 m.
Gehzeit: Insgesamt 3 Std. Ronco – Monte Verità: ½ Std., Monte Verità – Ronco: 1½ Std., Ronco – Brissago: 1 Std.
Verkehrsverbindungen: Ascona erreicht man von Locarno mit dem Bus; zwischen Brissago und Ascona verkehren Kursschiffe, die auch an den Isole di Brissago anlegen.
Verpflegung: Mehrere Restaurants und Grotti in Ronco und Brissago.
Sehenswürdigkeiten: *Isole di Brissago* und *Madonna del Ponte*: siehe Tour 3.
Ascona (199 m), etwa 5000 Einwohner, besitzt einen durchaus sehenswerten historischen Borgo. Die Pfarrkirche Santi Pietro e Paolo mit ihrem hohen Campanile, eine drei-

schiffige Säulenbasilika (Mitte 16. Jh.), bewahrt drei große Tafelbilder von Giovanni Serodine (Ende 16./Anfang 17. Jh.). Gleich daneben steht die *Casa Borrani* (Casa Serodine), mit prächtiger Barockfassade (um 1620). Am Rand des alten Ortskerns liegt das 1584 gegründete *Collegio Papio* mit schönem Renaissancehof von Pellegrino Tibladi (vgl. Tour 20). Die Kirche *Santa Maria della Misericordia*, 1399 bis 1422 erbaut und dem Kollegium angegliedert, bewahrt kostbare Freskenzyklen (an der Nordwand etwa 60 Szenen aus dem Alten Testament, an der Südwand Darstellungen aus dem Leben Christi) des 15. und frühen 16. Jahrhunderts.
Museen: Museo Comunale d'arte moderna, Via Borgo in Ascona (moderne Kunst), geöffnet März bis Dezember Dienstag bis Samstag 10–12, 15–18 Uhr, Sonntag 10–12 Uhr. Casa Anatta (ständige Ausstellung über die Geschichte des Monte Verità), Casa Selma (Licht-Luft-Hütte von 1900) und »Klarwelt der Seligen« (Rundgemälde des Balten Elisar von Kupffer); alle am Monte Verità, geöffnet März bis Oktober Dienstag bis Sonntag 14.30–18 Uhr.
Informationen: Ente turistico Ascona e Losone, CH-6612 Ascona.
Karten: Wanderkarte Locarno-Ascona (1:25 000). Kompass-Wanderkarte 1:50 000, Blatt 90 »Lago Maggiore/Lago di Varese«.

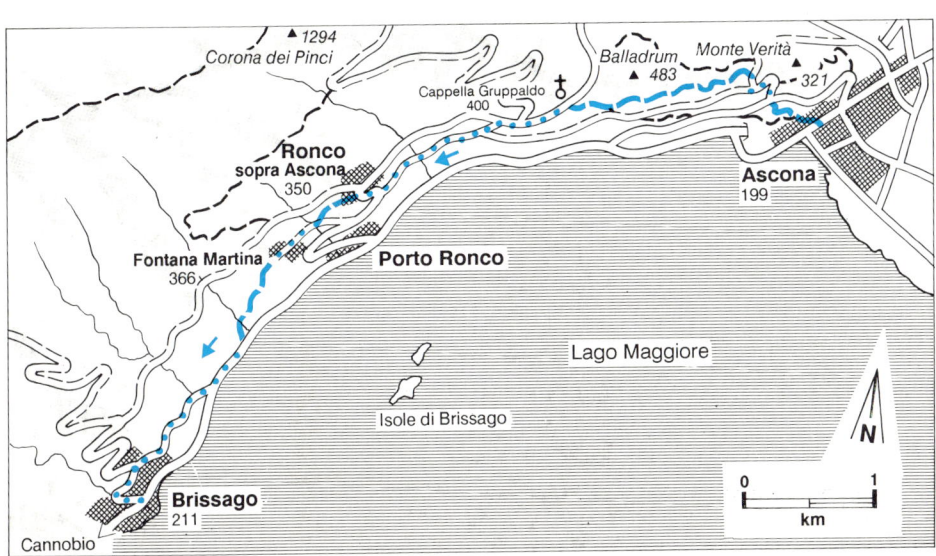

3 Gridone (2188 m)

Grenzenloses Panorama am Grenzberg

> **Tourencharakter:** Recht anstrengende, »sonnige« Gipfeltour. Trittsicherheit erforderlich.
> **Reine Gehzeit:** 6 Std.
> **Beste Jahreszeit:** Mai bis Ende Oktober; im Herbst hat man meist die beste Fernsicht.
> **Markierung:** Der Anstieg von Cortaccio ist ordentlich bezeichnet.

Den **Gridone**, dessen langgestreckter, hoher Grat die Grenze zwischen dem (schweizerischen) Centovalli und dem (italienischen) Val Cannobina bildet, kann man von (fast) allen Seiten angehen. Als Ausgangspunkte kommen Brissago, mehrere Ortschaften im Val Cannobina sowie Rasa bzw. Palagnedra im Centovalli in Frage; die Anstiege sind durchwegs recht lang, im Hochsommer auch heiß (vor allem die südseitigen), verlangen neben Ausdauer aber höchstens einen sicheren Tritt. Eine Ausnahme macht die »**Alta via del Gridone**«, eine markierte, an einigen Stellen gesicherte Route mit längeren Passagen im II. Schwierigkeitsgrad der Alpenskala. Sie führt von Westen, von der Wasserscheide am Piano di Sale (940 m), in die Nordflanke

des Massivs, dann durch die stark gegliederte Wand auf den mehrgipfligen Kamm der Rocce del Gridone und am Grat entlang zum höchsten Punkt mit großem Kreuz: 9 Stunden! Also ein Pensum für bestens trainierte, im Fels erfahrene Alpinisten.

Mit einem drei- bis vierstündigen Anstieg müssen aber auch jene rechnen, die den kürzesten Weg nehmen, ausgehend von der Wochenendsiedlung *Cortaccio* (1067 m) hoch über Brissago. Und eine gut gefüllte Feldflasche schadet dabei auf keinen Fall, knallt die Sonne im Sommer doch unbarmherzig in die offenen Südosthänge des Massivs. Nicht zufällig schaut der Gridone im Herbst meist aus wie eine schrumpflige Kartoffel: ein runder, brauner Rücken. »Schön« ist der Monte Limidario, wie man ihn jenseits der Schweizer Grenze auch nennt, eigentlich nur von Gurro aus. Da zeigen sich die Rocce del Gridone (2155 m) als mächtiger Felskamm, vom eigentlichen Hauptgipfel westlich abgesetzt. Der bietet dafür die schönste Aussicht, nicht nur das große Alpenpanorama, sondern auch den Blick in die Tiefe, auf den Lago Maggiore, von dessen beachtlicher Länge man ein gut Teil überschaut, und in die Magadinoebene. Schnurgerade, wie mit dem Lineal gezogen der Ticino, links und rechts flankiert von den Anbauflächen der Landwirtschaftsbetriebe. Mit reichlich Chemieeinsatz wird hier produziert: Getreide, Mais, Tabak, Obst.

Nur im Mündungsbereich des Ticino hat die Natur noch ein kleines Reservat für sich, bedrängt allerdings von einem Kieswerk und Campingplätzen: die *Bolle di Magadino*, mit ihren Schilfgürteln, Altwassern, Auwäldern und Sümpfen ein intaktes Biotop, das einer artenreichen Flora und Fauna (u. a. zahlreiche Vogelarten) als Lebensraum dient.

Am andern Ende der Magadinoebene liegt die Kantonshauptstadt **Bellinzona**; mit einem ordentlichen Fernglas kann man vom Gipfel des Gridone aus sogar den spätmittelalterlichen Festungsriegel ausmachen: die beiden fast 30 Meter hohen Türme von Castello Grande, Castello di Montebello, das auf einer Anhöhe über der Stadt thront, und Castello di Sasso Corbaro hoch an der östlichen Talflanke.

Doch der allererste Blick am Gipfel gilt natürlich den tausend Gipfeln rundum: von den Seealpen im Südwesten bis zum Adamello-massiv geht diese Innenansicht des Alpenbogens. Und da gibt's jede Menge Prominenz zu entdecken. Im Südwesten ragt einer hoch aus dem Dunst der Poebene, der Monte Viso (3841 m), und den höchsten Gipfel im Rund braucht man auch kaum vorzustellen, den Monte Rosa (4634 m). Doch bereits das Matterhorn (4478 m) suchen manche vergebens, als recht magerer Spitz schaut es gerade noch rechts hinter dem massigen Monte Rosa hervor. Auffallender als das »Horu« (wie die Zermatter sagen) sind ein paar Zacken am fernen nordwestlichen Horizont: Bietschhorn (3934 m), Aletschhorn (4195 m), Jung-

frau (4158 m) und Finsteraarhorn (4274 m). Auch der einzige Viertausender der Ostalpen ist auszumachen, der Piz Bernina (4049 m), ziemlich genau über den Türmen von Castello Grande in Bellinzona. Und im Osten, über dem mächtigen (nicht sichtbaren) Graben des Veltlins, steht der Monte Adamello (3539 m).

Wer länger unterwegs ist am **Lago Maggiore**, wird natürlich auch die Bergkulisse des (Vor-)Alpensees etwas genauer unter die Lupe nehmen. Gegenüber des Gridone am linken Ufer ist der Monte Gambarogno, gleich dahinter steht der langgestreckte Kamm, der sich vom Monte Tamaro südlich bis zum Monte Lema zieht (Tour 18). Schon etwas

Nicht unbedingt ein Ziel für heiße Sommertage: der Gridone (2188 m).

Von Pluni zeigt sich der mächtige Gridonestock als eleganter Felsgipfel: die Rocce del Gridone.

weiter entfernt sind die Berge des Luganese mit dem hohen, felsigen Grat des Generoso (Tour 24), und »noch einen See weiter« kann man am Horizont Legnone (Tour 33), Grignone (Tour 38) und Resegone (Tour 45) ausmachen. Sehr schön zeigt sich vom Gridone aus auch das Tourengebiet des Val Cannobina, dominiert von der markanten Pyramide des Monte Zeda (2156 m; Tour 7) – noch so ein phantastischer Ausguck!

Der Wegverlauf

Vom winzigen Parkplatz (ca. 980 m) bei den ersten Häusern der Weekend-Siedlung *Cortaccio* zunächst weiter auf der Straße bergan, dann auf ordentlichem Almweg in Serpentinen über einen licht bewaldeten Rücken aufwärts. Bei ein paar verfallenen Hütten (Prachtblick auf den Lago Maggiore!) wendet sich das Weglein ins Valle di Vantarone. Eine halbe Stunde später passiert man die verlassene *Alm Voiee* (1643 m), etwas höher sind bereits die nächsten Ruinen auszumachen. Gleich dahinter links über den felsdurchsetzten Hang hinauf in die *Bocchetta di Valle* (1946 m), wo auch der nordseitige Anstieg aus dem Centovalli mündet (3 Std). Auffallend hier der starke Vegetationskontrast: grün, üppig bewachsen die Nordhänge, sonnendurchglüht und staubtrocken die Südseite. Nun links über einen Rücken kurz aufwärts, dann in längerer Hangtraverse zum Südostgrat des Gridone. Zwei, drei leichte

Felspassagen verlangen Vorsicht, vor allem im Frühsommer, wenn in den abschüssigen Rinnen noch Altschnee liegt. Kurz am Grat entlang, absteigend in die Scharte unter dem Gipfel und über den schrofigen Hang im Zickzack zum riesigen Kreuz.

Nützliche Informationen

Ausgangspunkt: Ferienhaussiedlung *Cortaccio*, schmale Bergstraße von Brissago über Piodina (351 m), 7,5 km von der Hauptstraße. Winziger Parkplatz bei den ersten Häusern (ca. 980 m).
Anstiegsleistung: 1210 m.
Gehzeiten: Insgesamt 6 Std. Cortaccio – Gridone: 3¾ Std., Abstieg auf dem gleichen Weg: 2¼ Std.
Verkehrsverbindungen: Brissago besitzt gute Busverbindungen; Cortaccio erreicht man nur mit dem eigenen Fahrzeug.
Unterkunft: Keine.
Verpflegung: Unterwegs aus dem Rucksack.
Weitere Tourenmöglichkeiten: Hier sind vor allem die **Südanstiege auf den Gridone** zu nennen, ebenfalls markiert, aber noch länger und stark der Sonne ausgesetzt. Früh aufbrechen!
Von Cavaglio (501 m) im unteren Val Cannobina zum Gipfel benötigt man etwa 5 Std. (1700 m Höhenunterschied), von Sant'Agata (464 m) über den Monte Faierone (1715 m) ebenfalls gut 5 Std.
Sehenswürdigkeiten der Umgebung: *Isole di Brissago*, mit Botanischem Garten und einer üppigen subtropischen Vegetation, eines der beliebtesten Ausflugsziele am oberen See. Im Ort *Brissago* verdient die Kirche *Madonna del Ponte* (1528) einen kurzen Besuch. Sie gilt als eines der schönsten Beispiele der lombardischen Renaissance auf Schweizer Boden.
Der Architekt ließ sich bei der Gestaltung des säulenumstellten Tambours vermutlich von Bramantes Kuppel der Kirche Santa Maria delle Grazie in Mailand anregen.
Informationen: Ente Turistico Brissago e Ronco sopra Ascona, CH-6614 Brissago.
Karten: Carta nazionale della Svizzera, Blatt 1332 »Brissago« (1:25 000). Kompass-Wanderkarte 1:50 000, Blatt »Lago Maggiore/Lago di Varese«.

4 Monte Torriggia (1703 m)

Auf das Belvedere des Val Cannobina

Tourencharakter: Abwechslungsreiche, im Sommer ziemlich heiße Runde mit überraschenden Fernblicken.
Reine Gehzeit: 5 Std.
Beste Jahreszeit: April bis zum Wintereinbruch.
Markierung: Gut bezeichnete Wege (wie überall im Val Cannobina); Hinweistafeln an den Verzweigungen.

Noch sind die Wiesen braun, Laub liegt auf den Wegen, doch es riecht bereits nach Frühling. Der Blick geht weit übers Tal, zur flachen Pyramide des Monte Zeda (2156 m), zum Torrione (1984 m), der seinem Namen alle Ehre macht, schroff-abweisend über den Almen steht. In eine waldige Mulde schmiegt sich das »Schottendorf« Gurro (siehe Tour 5), an steile Hänge dagegen sind die Häusertrauben von Cùrsolo und Orasso gebaut, tief unten, eingegraben in den Fels, rauscht der Cannobino. Er entwässert das **Val Cannobina**, das, vielfach verästelt, mehr Schlucht als Tal ist. An der Mündung gibt es sich ganz unzugänglich; eine wilde Klamm, *Orrido di Sant'Anna*, riegelt es hinter Traffiume (245 m) ab. Senkrechte Felsen geben hier die imposante Kulisse zu einem beliebten Badeplatz ab. Die Talstraße ist in steile Hänge trassiert, quert zahllose Gräben.

An irgendeiner Stelle wird meistens gearbeitet, ausgebessert, werden neue Stützmauern hochgezogen. Verkehrswege mußten hier immer schon dem Berg abgetrotzt werden: die Natur gibt sich nicht geschlagen. Weiter oben hat sie bereits gesiegt; die Almen sind größtenteils verlassen, die Hütten verfallen. Auf den einst kunstvoll angelegten Wegen begegnen einem keine Bauern mehr, die mit ihrem Vieh unterwegs sind, sondern Fremde, Städter, die im rhythmisch-langsamen Wanderschritt einen Ausgleich zu entfremdeter Arbeit, zum Alltagsstreß finden. In der Natur, bei harter Feldarbeit, versuchen hier auch junge Menschen, ohne Suff und

Drogen die innere Balance wiederzufinden, einen Weg zurück in die Gesellschaft.

Doch die Berge am Oberlauf des Cannobino vermitteln nicht nur Rückblicke und Einsichten, sondern auch Aussicht. Vor allem auf das Val Cannobina, das wie ein aufgeschlagenes Buch vor uns liegt, seine verästelte Topographie, auf die Seitengrate und den langen, direkt vom See ansteigenden Kamm, der es südlich begrenzt. Bergsteiger interessieren natürlich die Gipfel im Talinnern, die schöne, große Touren versprechen: Zeda (2156 m), Torrione (1894 m), Cima Marsicce (2135 m), Cimone di Cortechiuso (2183 m). Im Vergleich ist der **Monte Torriggia** ein harmloser Buckel, kein markantes Profil,

kaum Felsen. Die stehen weiter östlich: die Rocce del Gridone, wie der lange, zersägte Westkamm des Gridone (2188 m) heißt. Den nördlichen und westlichen Horizont füllen die wirklich »Großen«, Drei- und Viertausender der Tessiner und Walliser Alpen, vom Weissmies (4023 m) über den Monte Leone (3553 m) bis zum Pizzo Campo Tencia (3072 m).

Der Wegverlauf

Der erste (und letzte) Blick auf der abwechslungsreichen Runde gilt keinem Gipfel, keinem Felsen, sondern der Dächerlandschaft von *Cùrsolo* (886 m): auch Steine, aber von

Granitlandschaft, von der Natur und vom Menschen geschaffen.
Die Berge und die Dächer von Cùrsolo.

Beim Aufstieg zum Monte Torriggia (1703 m) bieten die »Denti della Vecchia« Gelegenheit zu einer kleinen Klettereinlage. Südlich über dem Val Cannobina steht der Monte Zeda (2156 m), einer der großen Aussichtsgipfel des Lago Maggiore.

Menschenhand geschichtet. Steinmäuerchen säumen dann den Weg hinauf zum »alten Maiensäß«, zum *Monte Vecchio* (1094 m), wo man im Sommer auf der Terrasse des *Rifugio al Monte Vecchio* seinen Durst stillen kann. Richtig heiß wird's allerdings erst am Weiterweg, der, gut bezeichnet, über den steilen Sonnenhang ansteigt, zunächst gegen drei isoliert stehende, mächtige Buchen, dann linkshaltend zu den »Denti della Vecchia«, ein paar (ziemlich ruinösen) Felszähnen. Wenig höher stößt man auf eine beschilderte *Weggabelung* (ca. 1560 m): rechts über den gutmütigen Grat zum Gipfel, links zur *Alpe Pluni* (Polunia, 1454 m).

Die ehemalige Alp liegt im Rücken des Monte Torriggia, ein Direktabstieg nach Nordwesten ist aber nicht ratsam. Da geht man besser zurück zur Wegverzweigung und folgt dem ordentlichen Pfad, der leicht fallend die Westflanke des Berges schneidet. Ein kurzer Abstecher (Hinweistafel) führt durch Unterholz hinauf zur *Alpetta* (1563 m),

dem »schönsten Rastplatz am Torriggia«. Zu längerer Rast lädt natürlich auch *Pluni* ein; herrlich der Blick über das Valle Vigezzo hinweg auf die Tessiner Alpen. Und im Osten bauen sich die dunklen Felsen der Rocce del Gridone auf – kein Ziel für Wanderer. Der Wegzeiger liest sich wie eine Einladung zur großen Tour: »Alpino ore 1.45, Rocce ore 4.45, Limidario ore 7.15«. Wer sich auf die »*Alta via del Gridone*« wagt, tut allerdings gut daran, eine Nächtigung einzuplanen, auf Pluni oder in Alpino. Und im Rucksack dürfen weder Schlafsack noch Seil fehlen…

Ungleich kürzer, ohne Klettereinlagen auch, ist der Rückweg nach *Cùrsolo*. Er führt, nur allmählich an Höhe verlierend, um die Costa di Torriggia, den Westrücken des Bergstocks, herum und senkt sich dann zu den Ruinen der Monti di Cùrsolo (1275 m). Abschließend zickzackt man hinab ins Tal, mit Aussicht auf Gurro (812 m), über dem die hohe Pyramide des Monte Zeda (2156 m) steht.

Nützliche Informationen

Ausgangspunkt: *Cùrsolo* (886 m), Bergdorf im obersten Val Cannobina, etwa 20 km von Cannobio auf der kurvenreichen Talstraße. Parkplatz am Ortseingang.

Anstiegsleistung: Cùrsolo – Monte Torriggia: 820 m.

Gehzeiten: Insgesamt 5 Std. Cùrsolo – Monte Vecchio: ¾ Std., Monte Vecchio – Monte Torriggia: 2 Std., Monte Torriggia – Pluni: ¾ Std., Pluni – Monti di Cùrsolo: ¾ Std., Abstieg nach Cùrsolo: ¾ Std.

Verkehrsverbindungen: Cùrsolo hat Busverbindung mit Cannobio.

Unterkunft: *Rifugio al Monte Vecchio di Orasso* (1094 m) in schöner Aussichtslage. In den Sommermonaten bewirtschaftet (genaue Informationen in Cùrsolo bzw. Orasso). – *Alpe Pluni* (1454 m), ehemalige Almhütte, zum Biwak umgebaut (für Anspruchslose).

Verpflegung: Unterwegs aus dem Rucksack.

Weitere Tourenmöglichkeiten: Bereits angesprochen wurde die »**Alta via del Gridone**«, eine interessante Route, durchgehend markiert, mit einigen gesicherten Felspassagen und Kletterstellen im II. Grad der Alpenskala. Große Unternehmung, von Finero bis zum Gipfel des Gridone muß man mit einer reinen Gehzeit von etwa 9 Std. rechnen, für den Abstieg nach Sant'Agata (464 m) oberhalb von Cannobio mit weiteren 3½ bis 4 Std. Nächtigung auf Pluni bzw. der Alpe l'Alpino

(1274 m) in (ziemlich einfachen) Selbstversorgerhütten.

Ganz andere Eindrücke vermittelt »**La Borromea**«, der alte Talweg, der die Ortschaften an der linken Talflanke miteinander verbindet. Eine außerordentlich abwechslungsreiche Wanderung, gut markiert, von Traffiume (245 m) über Cavaglio (501 m), Gurrone (697 m), Spoccia (798 m) und Orasso (708 m) bis Cùrsolo (886 m), insgesamt 4¾ Std., in umgekehrter Richtung etwa 1 Std. weniger.

Karten: Kompass-Wanderkarte 1:50 000, Blatt 90 »Lago Maggiore/Lago di Varese«. Carta nazionale della Svizzera, Blatt 285 »Domodossola« (1:50 000).

5 La Piota (1925 m)

»Mix Cannobina«: Scotch mit Heidelbeeren und Aussicht

> **Tourencharakter:** Anspruchsvolle Überschreitung; am »Sentiero Bove« einige leichte Kletterstellen (I). Abstieg aus dem Passo delle Crocette extrem steil, bei Nässe eine sehr unangenehme Rutschpartie!
> **Reine Gehzeit:** 7¼ Std.
> **Beste Jahreszeit:** Ende Mai bis Oktober; im Sommer gibt's unterwegs Heidelbeeren »en masse«!
> **Markierungen:** Ordentlich bezeichnete Wege, an den Verzweigungen überall Hinweistafeln.

Daß die Piota-Tour in Schottland beginne, stimmt natürlich überhaupt nicht; **Gurro** (812 m) ist ein italienisches Bergdorf und liegt im Val Cannobina, ein paar Kilometer vom Westufer des Lago Maggiore. Hohe Berge rundum, Kastanienwälder an den Talflanken: keine typisch schottische Kulisse. Ein erstes Indiz liefert dann die »Scotch Bar«, und bei einem Besuch des liebevoll hergerichteten Ortsmuseums zeigt einem der Führer stolz ein vergilbtes Foto, an dem vor allem die Beinkleider der abgelichteten Herrschaf-

Das »Schottendorf« Gurro liegt in einer Hangmulde an der Südflanke des Val Cannobina. In der Bild-mitte der Monte Vadà, eine wenig ausgeprägte Erhebung im langgestreckten Ostgrat des Monte Zeda.

ten auffallen: Kilts. Also doch ein Schotten-dorf? Dieser Meinung muß jedenfalls der (echte) schottische Baron Gayre of Gayre and Nigg gewesen sein, der bei seinem Besuch in Gurro den Einwohnern ihre Abstammung be-stätigte, sie gleich alle zu Mitgliedern seines Clans machte (worauf er postwendend zum Ehrenbürger ernannt wurde) und ein paar Kilts verschenkte. Für ihn war die Sache klar: »Die Gurresen«, sagte er später einmal, »sind schottischer Herkunft. Ihre Physiognomie ist die meiner Landsleute.« Basta!

Einige dieser »exotischen« Beinkleider werden in Gurro bei Volksfesten noch heute getragen, jedem Uneingeweihten auch gleich der »wahre« Sachverhalt erläutert. Im Jahr 1525, nach der verlorenen Schlacht von Pavia, soll eine versprengte Söldnerkompa-nie aus dem Norden der britischen Inseln ins

Val Cannobina gekommen sein und sich hier niedergelassen haben. Daß die Gurreser ei-nen Dialekt sprechen, den die Leute in den Nachbardörfern angeblich nicht verstehen, ist da nur logisch. Sprachforscher haben al-lerdings keinen Hinweis auf englische Wur-zeln entdeckt; ihrer Ansicht nach weist die Mundart gallisch-keltische Elemente auf. Doch die Geschichte ist halt einfach zu schön, um nicht wahr zu sein!

Auf der Runde über den Pincin de Dalp – so heißt die *Piota* im Ortsdialekt – wird man kaum einem schottischen Earl begegnen; überhaupt sind die Wege rund um das Val Cannobina recht einsam. Dafür gibt's viel Aussicht, auch wenn die Tessiner Alpen den Blick in die ferne Heimat verstellen. Mit dem Monte Zeda (2156 m) kann die Piota da nicht konkurrieren. Was den Rundblick von ihrem

Zwischen der Piota (1925 m) und dem Passo delle Crocette bewegt man sich auf einem Abschnitt des »Sentiero Bove«. Bereits Ende des letzten Jahrhunderts angelegt, ist er heute nur mehr eine dünne (immerhin markierte) Pfadspur.

Gipfel aber so reizvoll macht, sind die überraschenden Durchblicke in alle Richtungen: nach Osten über die Tessiner Voralpen bis zum Monte Disgrazia (3678 m), nach Norden bis zum Pizzo Campo Tencia (3072 m), nach Süden zum Monte Mottarone (1491 m), dessen breiter Rücken sich zwischen dem Lago Maggiore und dem Ortasee erhebt.

Beim Aufstieg schweift der Blick auch schon gelegentlich übers Tal, etwa zum hohen Felskamm der Rocce del Gridone (2136 m). Wir waren im Hochsommer unterwegs und haben uns aus gutem Grund auf den Weg konzentriert: Heidelbeeren. Sie wachsen einem fast in den Mund, am Monte Mater fängt's an, und ehe der Gipfelsturm beginnt, ist man garantiert satt. Aber möglicherweise etwas spät dran...

Die Kammüberschreitung zum Passo delle Crocette folgt einem Abschnitt des »Sentiero Bove«: der schönste, aber auch anspruchsvollste Wegabschnitt mit einigen leichten Kraxelstellen. Die Route ist zwar markiert, doch heißt es dennoch aufpassen, damit man

die dünne Pfadspur nicht verliert. An der Scharte unter dem Torrione (1894 m) beginnt dann der rasante, wilde Abstieg, eine richtige »Direttissima« im dichten Unterholz; mehr hangelnd als gehend verliert man rasch an Höhe (aber hoffentlich nicht das Gleichgewicht). Uns trieben dunkle Wolken und die Vorstellung, die Rutschpartie bei Nässe und Regen hinter uns bringen zu müssen, zusätzlich an. Drunten im Tal holte uns der Regen dann doch noch ein, und bald drückten die Nebel so tief herab, daß man sich beinahe in den Highlands wähnte – bis dann die ersten Häuser von Gurro auftauchten: doch kein Schottendorf!?

Der Wegverlauf

Gegenüber der »Scotch Bar« entdeckt man den ersten Hinweis auf das Tourenziel: »*Tresco, Vanzone, Alpone, Piota*« verkündet der Wegzeiger, nennt dabei gleich die Stationen des Aufstiegs. Die breite Senke von *Tresco* (1026 m) ist nach gut halbstündigem Anstieg erreicht (Brunnen). Hier rechts, an mehreren umgebauten Rustici vorbei, und hinauf zu den Ferienhäusern von *Vanzone* (1172 m), dann über einen Wiesenhang in den Wald und – zuletzt fast eben – in den *Pian di Nasca*. Schöner Blick auf den Monte Zeda, der den Talschluß von Falmenta beherrschend überragt. Nun auf die Nordwestseite des Bergrückens und – durch endlose Heidelbeerfelder – zum *Alpone* (1539 m), mit Prachtblick auf den zerfrästen Kamm, der vom Torrione zum Motto Cantè (1618 m) zieht. Hinter den (restaurierten) Hütten hinauf gegen den Nordostgrat und über ihn zum *Gipfel*.

Die Überschreitung zum *Passo delle Crocette* bietet einen hübschen Mix von Fels und Gras, Gehgelände und leichter Kraxelei, mal am, dann wieder südlich unter dem Kamm, ein Auf und Ab, immer der dünnen Wegspur nach. Und wo sie sich zwischen den Steinen und im hohen Gras verliert, hilft die vorzügliche Markierung weiter. An der Senke unter dem *Torrione* (1984 m) beginnt der »Abstieg«, hervorragend markiert, aber weglos, mehr Hinabhangeln als Gehen, im dichten Unterholz, mit leichten Klettereinlagen. Aus einer Blockrinne leiten die Farbkleckse rechts zu den Ruinen der *Alpe Balmo* (1485 m), dann ansteigend auf ein Felsband. Um ein Eck herum kommt man zur *Alpe Vandra* (1469 m; Brunnen). Dann geht's auf dem alten Alpweg in Kehren durch den Wald bergab. Man quert ein ausgetrocknetes Bachbett und stößt dahinter auf eine Schotterpiste, die, vorbei an den Rustici von *Prà del Rù* (1127 m), talauswärts führt. Ab *Paietta* (1015 m) hat man ein richtiges Sträßchen, das im Sattel unter dem Monte Colmine (1212 m) sogar eine Asphaltdecke bekommt.

Nützliche Informationen

Ausgangspunkt: *Gurro* (812 m) liegt im oberen Val Cannobina; kurvenreiche Zufahrt über die Talstraße, knapp 18 km. Parkplatz am Ortseingang.
Anstiegsleistung: Gurro – La Piota: 1120 m, dazu kommen am Grat noch etwa 100 m »verlorene« Höhe.
Gehzeiten: Insgesamt 7¼ Std.; Gurro – Alpone: 2¾ Std., Alpone – La Piota: 1 Std., La

Piota – Passo delle Crocette: 1¼ Std., Passo delle Crocette – La Piota: 2¼ Std.
Verkehrsverbindungen: Gurro erreicht man von Cannobio aus mit dem Bus.
Unterkunft: Keine.
Verpflegung: Unterwegs aus dem Rucksack.
Weitere Tourenmöglichkeiten: Von der Piota aus kann man über den Grat zum **Monte Zeda** (2156 m; Tour 7) aufsteigen, 1½ Std., einige leichte Kletterstellen (I-II). Abstieg östlich in den Pian Vadà und talauswärts über Tresco nach Gurro; Gesamtgehzeit etwa 8½ Std.
Lohnend ist auch eine **Überschreitung des Torrione** (1984 m) auf dem »Sentiero Bove« in die Bocchetta di Terza (1834 m), mit Abstieg nach Finero etwa 3½ Std. Aufstieg aus dem Passo delle Crocette teilweise gesichert, viel (lockeres) Geschröf, nur für Geübte!
Leichter, aber ebenfalls sehr abwechslungsreich ist jene markierte Höhenroute, die am Zackengrat von **Lidesc** entlang zum **Motto Cantè** (1618 m) und hinab nach Finero (896 m) führt; beschilderte Abzweigung knapp unterhalb des Passo delle Crocette, 2½ Std.
Sehenwürdigkeiten: Ortsbild von *Gurro* mit seinen schmalen, verwinkelten Gäßchen. Das Museum ist täglich geöffnet, für Besichtigung frage man in der Scotch Bar.
Karten: Kompass-Wanderkarte 1:50000, Blatt 90 »Lago Maggiore/Lago di Varese«. Carta nazionale della Svizzera, Blatt 285 »Domodossola« (1:50000).

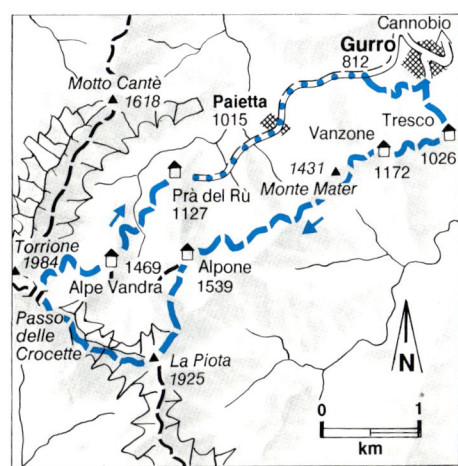

6 Cármine superiore am Lago Maggiore

Seeblick mit Kastanien

> **Tourencharakter:** Schattiger Spaziergang am Fuß des Monte Carza.
> **Reine Gehzeit:** 2¼ Std.
> **Beste Jahreszeit:** Das ganze Jahr über möglich; im Herbst gibt's »Kastanienernte« als Zugabe.
> **Markierung:** Gut bezeichnete Wege, an den Verzweigungen Hinweistafeln.

Die Parallelen zur Wanderung vom Monte Verità nach Brissago sind nicht zu übersehen, die Unterschiede allerdings auch. Hier wie dort ein Höhenweg, die Hänge über dem See schneidend, Ausblicke auf das gegenüberliegende Ufer, draußen im Wasser zwei kleine Inseln. Doch Ascona ist nicht Cannobio, die exotische Pracht der Isole di Brissago hat nichts gemein mit den Mauerresten der Castelli di Cànnero, Cármine superiore läßt

sich kaum mit Ronco vergleichen, und am Weg von Cannobio nach Cànnero stehen einem die Kastanienbäume, nicht Villen und Ferienhäuser (manchmal) vor der Aussicht. Hier wurden auch keine kühnen Utopien von revolutionären Geistern ausgeheckt, der Jetset unserer Tage bleibt jenseits der Grenze, im Tessiner Steuerparadies.

Trotzdem hat dieser Küstenabschnitt seinen Reiz, gerade im Gegensatz zur mondänen Nachbarschaft. Da ist einmal das **Val Cannobina**, mehr Schlucht als Tal, zumindest im unteren Abschnitt, wo der Orrido di Sant' Anna die bizarre Kulisse zu einem von zahlreichen Badeplätzen bildet, da sind die beiden Uferorte **Cannobio** und **Cànnero**, ersteres mit einer arkadengesäumten Seepromenade, die abends zum Treff für jung und alt, Einheimische und Gäste wird. Und dann Cármine superiore (305 m), auf halbem Weg, aus einer frühmittelalterlichen Burg hervorgegangen. Und etwas von dieser Wehrhaftigkeit ist dem kleinen Flecken geblieben, dessen Häuser sich auf einem Geländesporn um die romanisch-gotische Kirche (um 1330; im

Fotogene Trümmer: die Castelli di Cànnero, im Mittelalter gefürchtetes Räubernest im Lago Maggiore.

15. Jahrhundert erweitert) scharen. Von ihrer Terrasse, die noch im letzten Jahrhundert als Friedhof diente, hat man einen reizvollen Blick auf den See und zur Mündung des Valle Veddasca. Im Innern des Gotteshauses sind beachtliche Fresken eines unbekannten Künstlers (14. Jh.) freigelegt worden.

Nur noch ein paar Mauerreste stehen von einer anderen Burg, draußen im See: die **Castelli di Cànnero**, zwei winzige Inselchen, einst ein berüchtigtes Räubernest. 1414 ließ Filippo Maria Visconti die Feste schleifen; auf ihren Trümmern errichtete Lodovico Borromeo sein Schloß *La Vitaliana*, dessen Ruinen zu einem der beliebtesten Fotomotive am ganzen See geworden sind.

Die kleine Wanderung kann man praktisch das ganze Jahr über unternehmen, auch im Sommer. Dann spenden die Bäume willkommenen Schatten; im Herbst liegen ihre Früchte auf dem Weg, im Laub: Kastanien. Von den Römern eingeführt, waren sie einst das »Brot der Armen«; in manchen Bergtälern rund um die Seen auch Hauptnahrungsmittel, sicherten sie das Überleben. Das kultivierte Buchengewächs *(Castanea sativa)*, das tausend Jahre alt werden kann, im submontanen Höhenbereich zu mächtigen Bäumen heranwächst (bis gegen 1000 m), wurde früher vielfältig genutzt: die Blüten liefern einen vorzüglichen Honig, die stacheligen Schalen dienten als Brennmaterial, die Blätter als Stroh fürs Vieh. Wird ein Baum knapp über dem Boden abgesägt, wächst um den Stumpf ein Kranz junger Pflanzen, die als Rebstickel oder Zaunpfähle verwendet werden können; das Holz gilt als sehr widerstandsfähig. Küfer schätzten es ganz besonders, soll doch »in keinen anderen Fässern der Wein so haltbar und köstlich werden«. Aus Kastanienholz wurde auch Tannin, eine Säure zum Gerben von Leder, gewonnen. Und aus dem Kastanienmehl backte man sogar ein Brot – wie es wohl schmecken mochte?

Recht interessant ist ein Blick auf die Verfahren zur Haltbarmachung der Früchte. Manche Sorten müssen mehrere Tage gewässert werden (um die gesunden von den fauligen Kastanien zu trennen), ehe man sie trocknet. Es gab auch Trockenhäuschen, in denen die Kastanien bei einem rauchigen

Bis heute ohne Straßenanschluß: Cármine superiore. Blick auf Maccagno am Ostufer des Lago Maggiore.

Feuer »gedörrt« wurden. Man kann die Kastanien in Wasser kochen oder sie im Kamin braten. Und als »Marroni« gibt es sie – eine Köstlichkeit – im Winter auch jenseits des Alpenhauptkamms, dann allerdings zu einem stolzen Stückpreis.

Der Wegverlauf

Der Weg nach *Cármine superiore* beginnt am südwestlichen Ortsrand von Cannobio (214 m), an der Straße ins *Val Cannobina* (Hinweistafeln). Zunächst auf einem Sträßchen, dann auf schönem Plattenweg wandert man bergan; gelegentlich bietet sich Aussicht auf den See und das gegenüberliegende Ufer. Man passiert die verfallenden Häuser von *Molineggi* (454 m), quert einen Graben und erreicht dann eine *Weggabelung*: rechts weiter im Wald bergan nach Viggiona, links hinunter nach *Cármine superiore* (305 m).

Durch den Ort, dann kurz abwärts und wieder ansteigend (prächtiger Rückblick auf die Häusertraube) zur Höhe von *Cappuccino* (361 m). Dahinter senkt sich der Weg allmählich zu den Häusern von *Cheggio* (281 m). Draußen im See zeigen sich nun die Castelli di Cànnero. Schließlich senkt sich der breite Pfad zur stark frequentierten Uferstraße; in wenigen Minuten erreicht man das Zentrum von *Cànnero*.

Nützliche Informationen

Ausgangspunkt: *Cannobio* (214 m), ein stattlicher Flecken mit verwinkelt-malerischem Kern, liegt am Eingang ins Val Cannobina, 17 km von Locarno, 20 km von Intra.
Anstiegsleistung: Knapp 300 m.
Gehzeiten: Insgesamt 2¼ Std.; Cannobio – Cármine superiore: 1¼ Std., Cármine superiore – Cànnero: 1 Std.
Verkehrsverbindungen: Zwischen Cannobio und Cànnero verkehrt ein Bus; viel schöner ist es natürlich, die Rückfahrt übers Wasser zu machen, mit einem Dampfer der »Navigazione del Lago Maggiore«.
Verpflegung: Unterwegs aus dem Rucksack (für ganz Hungrige); in Cànnero gibt es mehrere Lokale.
Karte: Kompass-Wanderkarte 1:50000, Blatt 90 »Lago Maggiore/Lago di Varese«.

7 Monte Zeda (2156 m)

Die Borromäischen Inseln – aus sicherer Entfernung

> **Tourencharakter:** Leichte Gipfelwanderung. Bis Pian Vadà ist der Anstieg identisch mit einem Abschnitt der »Strada Cadorna«. Etwas für Mountainbiker!
> **Reine Gehzeit:** 4 Std., mit Abstieg nach Miazzina 6½ Std.
> **Beste Jahreszeit:** Ende Mai bis Anfang November, je nach Schneelage.
> **Markierung:** Vielbegangene Wege, teilweise auch markiert, wegen des eindeutigen (Kamm-)Verlaufs aber keine Orientierungsprobleme.

Schaut man von Stresa über den See nach Norden, fällt einem sogleich der hohe Doppelgipfel auf, der hinter dem bewaldeten Rücken des Monte Rosso (693 m) aufragt: der **Monte Zeda** (2156 m) und sein Vorbau, der Pizzo Marona (2051 m). Und von der Zeda geht der Blick natürlich zunächst zum Lago Maggiore und zu seinen berühmten Inseln, den **Isole Borromee**. Ihr Name erinnert an das Mailänder Adelsgeschlecht der Borromäer, die rund um den See große Ländereien besaßen und die Geschichte der Lombardei über Jahrhunderte mitprägten.

In Arona wurde der berühmteste Sproß der Familie, Carlo Borromeo (1538–1584), geboren. Er war ein großer Kunstmäzen, als Fürstbischof aber auch Gegner der Reformation und mitverantwortlich dafür, daß es am Konzil von Trient zu keiner Versöhnung kam. Sein Denkmal steht auf einer felsigen Anhöhe oberhalb von Arona, eine Statue aus Kupfer und Bronze, mit dem Granitsockel 35 Meter hoch! Ob man den Koloß vom Gipfel des Monte Zeda aus erkennen kann, weiß ich nicht; ohne Fernglas auszumachen sind zwi-

Der kürzeste Weg zum Gipfel des Monte Zeda (2156 m) verläuft über den nur mäßig steilen Ostgrat.

schen Pallanza und Baveno draußen im See drei der vier Borromäischen Inseln.

Und da versagt des »Dichters Stimme«. Stendhal, Alexandre Dumas und viele andere haben es versucht, gedachten den Zauber in Worte zu fassen, doch sie alle waren nicht an einem Sommertag des ausgehenden 20. Jahrhunderts auf der Isola Bella, eingezwängt zwischen zahllosen Besuchern aus aller Welt. Unter diesem Ansturm leidet dann selbst der »unvergleichliche Zauber« (Dumas), tut man sich schwer, dieses Wunder barocker Gestaltungsfreude angemessen zu würdigen: die geniale Idee, dem Eiland die Form eines Schiffes zu geben (nicht von Walt Disney), den Terrassengarten, auf Bühneneffekte angelegt, die exotische Vegetation und den Palazzo mit seiner opulenten Ausstattung. Dazu passen die weißen Pfauen ganz gut, die – besser könnte es kein Papagallo – völlig unbeeindruckt von dem ganzen Rummel in der phantastischen Szenerie herumstolzieren.

Fast noch aufdringlicher wirkt das Geschäft mit der Schönheit auf der benachbarten **Isola dei Pescatori**, wo nur ganz Ahnungslose sich zum Essen in einem der Fischlokale verführen lassen… Vergleichsweise ruhig ist es dagegen auf der größten der vier Inseln, der Isola Madre, auch sie im Besitz der Borromäer, im letzten Jahrhundert als englischer Garten (mit üppig subtropischer Vegetation) umgestaltet.

Alpine Flora gibt's dafür am Weg zum Monte Zeda und oben am Gipfel (nebst dem Blick zum See) ein ganz großes Panorama, im Westen beherrscht vom gewaltigen Eisklotz des Monte Rosa. Gegen Osten reicht die Sicht bis zum Adamello (3539 m), im Norden stehen, mehrfach hintereinander gestaffelt, die Gipfelketten der Tessiner Alpen, vom Basòdino (3273 m) über den Pizzo Campo Tencia (3072 m) bis zum Rheinwaldhorn (3402 m). Fast noch interessanter ist die nähere Umgebung: im Norden der tiefe Graben des Val Cannobina, überragt vom Grido-

ne (2188 m), dem Grenzberg zur Schweiz. Nach Westen fällt der Monte Zeda jäh ab ins Val Pogallo – noch so eine Talschlucht, umrahmt von einem Kranz hoher Gipfel: La Piota (1925 m), Il Torrione (1984 m), Cima Mar-

Lichtspiele. Während die Schatten in den Tälern länger werden, geht der Blick vom Monte Zeda immer wieder hinaus zum Lago Maggiore: Zeit für den Abstieg.

sicce (2135 m), Cima di Cortechiuso (2183 m), Cima della Laurasca (2195 m), Cima Sasso (1916 m). Und über diesen Grat läuft ein Weg, noch im letzten Jahrhundert angelegt, auf einigen Abschnitten gesichert, heute teilweise nurmehr weglose (aber markierte) Route, von der Zeda bis in die Bocchetta di Campo, eine der ersten »Alte vie« der Alpen!

Einer »Via« ganz anderer Art folgt man

beim Ostanstieg zum Monte Zeda, der »*Strada Cadorna*«. Sie gehört zu jenem System von militärischen Nachschubwegen, das die Italiener im Ersten Weltkrieg anlegten, aus Angst vor einer Attacke der Mittelmächte durch die neutrale Schweiz. Dazu kam es nie, Gott sei Dank, erst im Zweiten Weltkrieg wurden auch die Täler und Berge am Lago Maggiore zum Kriegsschauplatz. Am Pian Vadà erlebte eine Partisanenbrigade im Kampf mit deutschen Gebirgsjägern ihr Waterloo.

Der kürzeste Zugang zum Monte Zeda verläuft über die »*Strada Cadorna*«; sehr beliebt ist auch der längere Südanstieg von Miazzina (736 m). Wer eine Überschreitung plant, muß allerdings Hin- und Rückfahrt organisieren. Und das ist in Italien mitunter etwas problematisch, auch wenn die Busfahrer nicht gerade streiken... Als wirkungsvollste Methode, so unsere Erfahrung, erweist sich immer noch der ausgestreckte Daumen (nebst einem freundlichen Lächeln).

Der Wegverlauf

Passo Folungo – Monte Zeda:
Der Aufstieg von *Osten* wird durch die ehemalige Kriegsstraße vorgezeichnet; wer's eilig hat, kann die Kehren unterhalb des *Monte Vadà* (1814 m) auch abkürzen (Spur). Doch bei schönem Wetter verbietet sich jede Hatz. Den Blick über die Vorberge des Zeda, die allmählich verflachen, hinaus zum Lago Maggiore muß man einfach in Muße aufnehmen; ein Kontrastbild liefert jenes Auto, das, nachdem es die Bergstrecke nicht schaffte, von seinem Besitzer einfach stehen gelassen wurde und nun – Symbol für den Mobilitätswahn unserer Zeit? – vor sich hin rostet.

Am *Pian Vadà* (ca. 1820 m) endet die Straße; zum Gipfel hat man noch gut 300 Steigungsmeter, knapp eine Stunde im Zickzack über den grasigen, felsdurchsetzten Ostgrat.

Monte Zeda – Miazzina:
Der Abstieg über den Südkamm des Massivs ist zwar ziemlich lang, dafür aber eine einzige Aussichtspromenade. Vor dem *Pizzo Marona* (2051 m) hat man eine kurze Gegensteigung, die Trittsicherheit verlangt. Knapp jenseits des Gipfels steht eine kleine *Kapelle*, vor ein paar Jahren erst restauriert. Von dieser Stelle aus ist der Weiterweg gut zu überblicken: zunächst steil über den felsigen Grat hinab in eine kleine Scharte, *Passo del Diavolo* (ca. 1960 m), die ihren Namen wohl dem wilden Graben des Val Marona verdankt, dann durch die Ostflanke der *Cima Cugnacorta* (1894 m) über viele Stufen (Scala Santa) weiter abwärts in den *Colle della Forcola* (1518 m), über dem sich der Monte Todano (1667 m) aufbaut. Er wird westseits umgangen; in seinem Rücken steht, etwas abseits vom Weg, das *Rifugio Pian Cavallone* (1528 m).

Nun in leichtem Anstieg zur Hotelruine an der Graskuppe des *Pian Cavallone* (1564 m), dann wieder am Kamm bergab (Alpenrosen) und östlich um den *Pizzo Pernice* (1506 m) herum. Bei der Cappella Fina (1102 m) stößt man auf die von *Miazzina* (736 m) heraufkommende Straße.

Nützliche Informationen

Ausgangspunkt: *Passo Folungo* (1369 m).
Anfahrt von Intra über Premeno (804 m) und
Pian Cavallo (großes Spital) bis Colle
(1238 m) auf guter Asphaltstraße, mit herrlichen Ausblicken, 25 km. Nun geschottert,
teilweise recht rauh um den Monte Spalavera
(1534 m) südlich, um den Monte Bavarione
(1505 m) nördlich herum auf den Paß, 8 km.
Parkmöglichkeit.
Anstiegsleistung: 800 m.
Gehzeiten: Insgesamt 4 Std. Passo Folungo –
Monte Zeda: 2½ Std., Abstieg auf dem gleichen Weg: 1½ Std. Abstieg nach Miazzina:
4 Std.
Verkehrsverbindungen: Mit dem Bus kommt
man von Intra über Premeno bis Pian Cavallo. Miazzina hat ebenfalls Busverbindung mit
Intra.
Unterkunft: Vor allem für jene wichtig, die
eine Überschreitung planen. Je ein Gasthaus
steht am *Pian Cavallo* und am *Colle.* Nur für
Selbstversorger (und Begeher des »Sentiero
Bove«) ist das *Bivacco all'Alpe Fornà*
(1649 m) unter der Nordwand des Monte Zeda, 20 Min. vom Pian Vadà, stets zugänglich.
Rifugio Pian Cavallone (1528 m), durchgehend bewirtschaftet im August, Juni/Juli/September nur an Wochenenden.
Weitere Tourenmöglichkeiten: Die »**Strada
Cadorna**« ist natürlich für Mountainbiker interessant, auch die Nordzufahrt von Cànnero
(225 m) über Tárego (771 m) hinauf zum
Colle (1238 m), 16,5 km, bis auf die letzten
4 km asphaltiert. Verfallene Kriegsstraßen
führen auf den **Monte Spalavera** (1534 m),
1 Std. von Colle, prächtige Aussicht, und zur
Cima di Morissolo (1311 m) mit faszinierendem Seeblick, etwa 1 Std. von Pian Cavallo.
»**Sentiero Bove**«: siehe Tour 5.
Hinweis: Natürlich sind die *Borromäischen*
Inseln eine Sehenswürdigkeit; wer sie sich
ansehen will, kann das von Pallanza, Baveno
oder Stresa aus. Besichtigung von Ende März
bis Ende Oktober täglich 9–12, 13.30–17.30
Uhr.
Karten: Kompass-Wanderkarte 1:50 000,
Blatt 90 »Lago Maggiore/Lago di Varese«.
Dazu, des Kartenbildes wegen, Blatt 285 der
Carta nazionale della Svizzera (1:50 000)
»Domodossola«.

*»Hohle Gasse« am Weg zur verfallenen
Alm Leciuri (1311 m).*

8 Cima Sasso (1916 m)

Wenn Steine reden könnten

Tourencharakter: Eine Reise in die Stille:
der Weg vom Lago Maggiore auf den
»Steinberg«. Trittsicherheit und Ausdauer
erforderlich.
Reine Gehzeit: 6¾ Std.
Beste Jahreszeit: Mai bis Mitte November, je nach Schneelage.
Markierung: Bis zur Casa dell'Alpino
markiert; im weiteren Verlauf weitgehend
ohne Bezeichnung. Am Gipfelaufschwung einige Steinmännchen.

Die **Cima Sasso**, ein Fluchtberg? Ja. Für jene,
die dem Trubel am See entfliehen wollen in
die Einsamkeit der Berge rund um das Val
Grande. Geflohen sind aber auch schon andere, früher und heute noch, herunter vom
Berg, geflohen vor der Armut, vor den Stei-

Wildnis im Hinterland des Lago Maggiore: die Corni di Nibbio, von der Alpe Prà aus gesehen; in der Tiefe das Val Grande.

nen, der täglichen Mühsal. Geblieben sind die Alten, für die es in der Stadt keine Zukunft gibt; ein paar wenige pendeln zwischen Vergangenheit und Zukunft, fahren täglich auf der abenteuerlich schmalen Straße nach Verbania zur Arbeit: hier die Heimat, dort der Verdienst. Doch das Leben in der Maschinenwelt erzeugt wiederum Fluchtgedanken: auf in die Berge, weg vom Streß, wieder einmal so richtig durchatmen, den Körper spüren, den Alltag vergessen, für eine Zeitlang wenigstens. Zurück in die »heile Welt« der Vergangenheit, aus einer Gegenwart, die Zukunftsängste erzeugt?

Wenn man über die kunstvoll angelegten Serpentinen des alten Plattenwegs von Cicogna hinaufsteigt zu den verlassenen Almen hoch über dem Val Grande, gehen einem solche und ähnliche Gedanken durch den Kopf. Und spätestens auf der Terrasse vor der *Casa dell'Alpino*, beim Blick auf den großen See, macht man wieder einen Zeitsprung. Da haben vor mir ganze Generationen von Bergbauern hinuntergeschaut auf den See und seine Inseln, die dem Jetset seiner Zeit als Disneyland dienten, Luxus für die Reichen und Mächtigen, unerreichbar für den Mann (und erst recht die Frau) aus dem Val Grande. Wer mag es ihnen verargen, daß sie genug haben von der harten, ertragslosen Arbeit droben am Berg, die einen nur krumm und alt macht?

Fluchtpunkt waren die Täler unter der Cima Sasso im Zweiten Weltkrieg; hier kam es wiederholt zu Gefechten zwischen Partisanen und deutschen Einheiten. Bei Pogallo wurden im Juni 1944 achtzehn Partisanen füsiliert... Und heute sind diese Berge Rückzugsgebiet für so manche bedrohte Tierart; die Natur erobert sich ihr Terrain zurück, der Mensch nimmt Abschied.

Wir waren spät im Jahr unterwegs, die Gipfelfelsen des Pizzo Proman (2099 m) hatten bereits ihre Zuckerhaube, das Gras roch faulig, die Bäume verfärbten sich. Warme Farben auf dem Weg zum Gipfel, der nicht das große Panorama bietet, dafür aber phantastische Tiefblicke in die mächtigen Gräben des Val Grande und des Val Pogallo. Es ist eine Tour, die einem vor allem eines klar macht: die ungeheure Wildheit dieser Region am Südrand der Alpen, die riesigen Höhenunterschiede auf engem Raum. Keine sanften Hügel, nur schroffe Felsen rundum, steile, abschüssige Grasflanken, gezeichnet von Erosion. Doch wenn man drunten in Stresa am Lungolago sitzt, ein Gelato vor sich, die laue Brise im Laub raschelt, sind diese Berge nur Kulisse vor dem blauen Himmel, nicht fünfzehn Kilometer, sondern ein paar Lichtjahre weit weg.

Der Wegverlauf

Gleich neben der Kirche von *Cicogna* (732 m) sagt ein Schild »*Casa Alpino*«. Man nimmt den alten Pfad, der sich zwischen den Häusern hindurchschlängelt, dann in Serpentinen über den Steilhang hinaufzieht. Zunächst gibt es kaum Ausblicke, nur gelegentlich glitzert zwischen den Kastanienbäumen die Wasserfläche des Lago Maggiore. Ab und zu eine Markierung: die Richtung stimmt. Freie Sicht durch das untere Val Grande auf den See hat man dann von der *Alpe Prà* (1250 m); ein paar (neugierige) Ziegen sind die einzige Gesellschaft, die Casa dell'Alpino ist bereits geschlossen.

Der Weiterweg führt links in den Wald, um den ersten Gratzacken herum und in seinem Rücken durch eine gerade mannsbreite Scharte auf die Ostseite des Kamms zur verfallenen *Alpe Leciuri* (1311 m). Hier öffnet sich ein Prachtblick auf den Gipfelkranz des Val Pogallo mit (im Gegenuhrzeigersinn)

Spätherbst. Der Himmel ist klar und weit, die Bäume verfärben sich, eine tieferstehende Sonne verleiht den Bergflanken Profil – Wanderzeit.

Monte Zeda (2156 m), Piota (1925 m), Torrione (1984 m), Cima Marsicce (2135 m), Cima di Cortechiuso (2183 m) und Cima della Laurasca (2195 m).

Nun links im Wald zurück zum Grat, dann über leichte Felsen auf den *Monte Spigo* (1439 m). Der Weg ist hier zwar nicht markiert, aber im Verlauf eindeutig. Den Vorbau des *Colma di Belmello* umgeht man rechts, auf der Ostseite des Kamms, den Gipfelfelsen weicht man erst rechts aus (können auch direkt überklettert werden), quert dann nach links auf eine kleine Anhöhe (ca. 1620 m) knapp unter dem höchsten Punkt. Nun hat man freie Sicht auf die Cima Sasso; gut auszumachen ist der weitere Verlauf des Anstiegs: zunächst leicht abwärts zum Kamm, dann am Grat entlang, zuletzt ein paar Zakken rechts umgehend, in die winzige *Scharte* (ca. 1750 m) vor dem Gipfelaufschwung. Nun über ein Blockfeld steil aufwärts (*Steinmännchen*), in die Ostflanke und – abschüssige, felsdurchsetzte Hänge im Anstieg que-

rend – zum Grat. Man erreicht ihn im Rükken des höchsten Punkts; über leichte Felsen zum Gipfel.

Nützliche Informationen

Ausgangspunkt: *Cicogna* (732 m), winziges Bergnest über dem untersten Val Pogallo. Zufahrt von Intra über Santino (304 m); ab Rovegro (366 m) nurmehr einspurig mit wenig Ausweichen. Hinter der Ponte Casletto (411 m) einige extrem enge Kehren. Parkplatz vor dem Dorf.

Anstiegsleistung: 1250 m (»verlorene« Höhen eingerechnet).

Gehzeiten: Insgesamt 6¾ Std. Cicogna – Casa dell'Alpino: 1½ Std., Casa dell'Alpino – Cima Sasso: 2¾ Std., Abstieg auf dem gleichen Weg 2½ Std.

Verkehrsverbindungen: Die Stadtbusse von Verbania fahren nur bis Rovegro.

Unterkunft: *Casa dell'Alpino* (1250 m), privat, Bewirtschaftung unsicher.

Verpflegung: Unterwegs aus dem Rucksack.

Weitere Tourenmöglichkeiten: Ein markierter Weg führt von Cicogna (Hinweistafel an der letzten Kehre vor dem Ort) ins **Val Pogallo**, bis Pogallo (865 m) 1½ Std. Von der Alpe Leciuri (1311 m) am Weg zur Cima Sasso kann man ebenfalls nach Pogallo absteigen; für diese Wanderrunde via Casa dell'Alpino mit Rückweg durch das Val Pogallo muß man mit einer Gehzeit von 3½ Std. rechnen, markiert.

Die meisten Alpwege im Talinnern sind verfallen, von der üppigen Vegetation weitgehend überwuchert. Gerade richtig für das totale Naturerlebnis, aber nur mit entsprechender Bergerfahrung und Ausrüstung – und nicht allein. Recht gut begehbar ist der Weg aus dem Val Pogallo hinauf zur **Bocchetta di Campo** (1994 m), wo die Ruine eines Schutzhauses steht. Es wurde bereits 1887 von der CAI-Sektion Verbano-Intra erbaut, im Zweiten Weltkrieg aber zerstört.

Und noch ein Tip sei verraten: an der Scharte beginnt der »**Sentiero Bove**«, eine abenteuerliche Gratroute zum Monte Zeda, etwa 15 Stunden bergauf, bergab (vgl. Tour 5).

Sehenswürdigkeiten: *Intra* ist das wirtschaftliche Herz von Verbania – laut, quirlig, aber nicht schön –, *Pallanza* das touristische Zen-

Spätherbststimmung am Südrand der Alpen. Der Lago Maggiore liegt unter einer Nebeldecke, auf den Bergen ist es sonnig und warm. Blick auf den Mottarone (1491 m).

trum, ein verwinkeltes altes Städtchen. Dazwischen liegt *die* Sehenswürdigkeit: der 20 Hektar große Park der *Villa Taranto* – muß man einfach gesehen haben! April bis Oktober täglich geöffnet.

Kunstfreunde werden über den Viale Azari hinauspilgern zur *Kirche Madonna di Campagna*, einem prächtigen Renaissancebau mit romanischem Kern, einst »im freien Feld«

stehend, heute in der Nachbarschaft stinkender Industrieanlagen.

Hinweis: Zwischen Intra und Laveno verkehrt ganzjährig die Autofähre.

Karten: Kompass-Wanderkarte 1:50 000, Blatt 90 »Lago Maggiore/Lago di Varese«. Dazu, fürs Auge, die Carta nazionale della Svizzera (1:50 000), Blatt 285 »Domodossola«.

9 »Ultimo paradiso« Val Grande

Wildnis im Hinterland des
Lago Maggiore

> **Tourencharakter:** Heikle Runde im unteren Val Grande mit einigen sehr exponierten Passagen. Bergerfahrung, ein sicherer Tritt und Schwindelfreiheit sind absolut unerläßlich.
> **Reine Gehzeit:** 5 Std.
> **Beste Jahreszeit:** Frühling und Herbst, nach starken Regenfällen nicht ratsam.
> **Markierung:** Talweg unmarkiert, im Verlauf aber eindeutig; am Rückweg über die verfallenen Maiensäßen gelegentlich rote und orange Markierungen.

Was für ein Gegensatz! Drunten auf Intras Ufermeile stauen sich die Autos, rund um die kuppelgekrönte Basilika San Vittore herrscht geschäftiges Treiben, Baumaschinen rattern, Stechuhren zerlegen die Zeit, messen Leistung. Und keine zehn Kilometer landeinwärts ist man ganz allein, allein in einer menschenleeren Wildnis, nur das Rauschen des Bachs im Ohr, einen weitgespannten Himmel über sich: das **Val Grande**, ein »letztes Paradies«, fern jeder Zivilisation, heute unter Naturschutz.

Das war allerdings nicht immer so. Auf den Almen wurde früher Vieh gesömmert, im Tal Holz geschlagen, ein Netz von Wegen verband Maiensässen und Almen, das vielfach verzweigte Tal über hohe Pässe auch mit der Außenwelt. Tempi passati, die letzte Alp, Serena, wurde 1969 aufgegeben, Hütten und Steige verfielen – erobert und dann wieder aufgegeben.

Geblieben sind allerdings Narben, vor allem durch das hemmungslose Abholzen ganzer Wälder, geblieben sind (noch) ein paar Wege, manche schon stark verwachsen, andere zur Spur verkümmert, da und dort schon unterbrochen. Eine solche Spur ist der Weg ins Tal, von der Ponte Casletto zum Forststützpunkt *In la Piana* (959 m): ein Tagesmarsch mit Klettereinlagen, wilden Flußquerungen, Geröll, Wald und Macchia. Der einst kunstvoll in die Steilflanken der zehn Kilo-

meter langen Schlucht trassierte Pfad ist heute eine Herausforderung für Alpinisten, ein *»outdoor adventure«*, wie es in den Reisebüros heißen würde. Doch die finden ihre *»wilderness«* in fernen Kontinenten, nicht vor der Haustüre.

Das *Val Grande* steht mittlerweile unter Naturschutz: 44 Quadratkilometer groß ist das Reservat. Freigehalten wird nur ein einziger Zugang, jener vom Valle Vigezzo über die Bocchetta di Vald (1822 m) nach In la Piana. Begehbar sind auch noch ein paar Wege im unteren Talabschnitt; hier befinden sich auch die beiden einzigen Steinbrücken, jene von Casletto (411 m), über die man nach Cicogna kommt, und die Ponte di Velina (470 m), bei den Partisanenkämpfen im Zweiten Weltkrieg zerstört, dann aber wieder aufgebaut. Zwischen diesen beiden Wendepunkten – in der Luftlinie gerade zwei Kilometer auseinander – verläuft eine Runde: klein die Distanzen, groß die Eindrücke. Und dazu gehören Wegpassagen über schwindelnden Abgründen, heikle Bachquerungen, aber auch manch idyllischer Winkel. Zu bewundern sind auch die Baumeister, in keinem Kulturführer verzeichnet, die dem oft extrem steilen, felsigen Gelände Wege abrangen, Stein auf Stein schichteten, in mühsamer Handarbeit, mit krummem Rücken. Das Val Grande: wirklich groß!

Eine historische Reminiszenz noch. 1892 entstand an der Mündung des Val Grande, bei Cossogno, das erste hydroelektrische Kraftwerk Italiens; wenig später ging in Intra und Pallanza buchstäblich »das Licht an«! Erbauer war Carlo Sutermeister, Ingenieur und Unternehmer schweizerischer Abstammung, aber auch ein leidenschaftlicher Alpi-nist. Er gehörte zu den Gründungsmitgliedern der CAI-Sektion Verbano; es glückten ihm mehrere Erstbesteigungen, u. a. der Cima Pedum (2111 m) und des Pizzo Proman (2099 m).

Der Wegverlauf

Von der *Ponte Casletto* (411 m), der Straßenbrücke, kann man den untersten Schluchtabschnitt in Augenschein nehmen. Gut zu erkennen ist der kühn trassierte »Waalweg«, der talein führt, meist auf einer (längst aufgegebenen) betonierten Wasserleitung verlaufend, mit Geländer gesichert. Er gabelt sich

Unzugängliche Wildnis: das Val Grande. Im Talhintergrund der Monte Togano (2301 m), höchste Erhebung der Gegend, rechts mit felsiger »Kappe« der Pedum (2111 m).

nach der ersten, dem senkrechten Fels abgerungenen Passage: links über Stufen aufwärts, geradeaus durch zwei kurze *Tunnels* (Kopf einziehen). Die beiden Wege treffen später wieder zusammen; immer auf der Wasserleitung weiter zu einer *Staumauer*, ca. 20 Minuten. Dieser erste Wegabschnitt vermittelt vor allem packende Tiefblicke ins Flußbett mit seinen riesigen, vom Wasser rundgeschliffenen »Mühlsteinen«.

Nun beginnt der »richtige«, wesentlich anspruchsvollere Talweg; er läuft hoch über dem *Torrente San Bernardino* durch die extrem steile, felsdurchsetzte Südflanke des *Val Grande*, quert abschüssige Grashänge, unter denen senkrechte Abbrüche lauern. Schon fast eine Gänsehaut bekommt man angesichts der abenteuerlich-antiken Holzkonstruktion, die über einen schwindelnden Abgrund hinwegführt. Mehrere Rinnen werden

Der Weg ins Val Grande ist abenteuerlich in die felsigen Steilhänge trassiert – nichts für ängstliche Gemüter!

gequert, immer wieder leitet der Weg auf schmalen Bändern um exponierte Ecken; in der Tiefe schäumt der Wildbach. Die luftigsten Passagen sind – wie beruhigend! – mit Drahtseilen gesichert. Schließlich senkt sich der Weg zur Ponte di Velina (470 m): Rast- und Fotoplatz. Jenseits der Steinbrücke geht es auf einem Alpweg im Zickzack bergan zu den verfallenen Hütten von *Velina*, dann führt der Weg, zunächst noch steigend, in ziemlich anstrengendem Auf und Ab, hoch am Hang talauswärts. Man hat mehrere Gräben zu queren; in diesen Abschnitten ist der einst kunstvoll angelegte Pfad weitgehend verfallen. Wer etwas Klettererfahrung hat, tut sich da leichter.

Trotzdem kann's, je nach Wasserstand, auch mal nasse Füße geben. Gelegentlich stößt man auf rote oder orange Farbmarkierungen, was die Psyche beruhigt.

Bei den verfallenen Hütten der *Alpe Vota* (872 m) ist der höchste Punkt der Runde erreicht; anschließend geht's über *Uccigiola* (749 m) leicht abwärts zum stattlichen Maiensäß von *Montuzzo* (630 m). Hier nimmt man den unteren Weg (der obere führt nach Cicogna), der an steiler Berglehne hinabzieht zur Straße: noch eine heikle Querung, dazu ein paar kleine Gegensteigungen, aber auch sehr stimmungsvolle Aussicht auf das untere Val Grande. Zurück in der zivilisierten Welt des ausgehenden 20. Jahrhunderts, wird wohl niemand, der diese »kleine« Runde gegangen ist, dem Val Grande das Prädikat »wild« absprechen wollen…

Nützliche Informationen

Ausgangspunkt: *Ponte Casletto* (411 m), Brücke über den Torrente San Bernardino an der Mündung des Val Pogallo. Zufahrt von Intra über Santino (304 m); ab Rovegro (366 m) nurmehr einspurig mit wenig Ausweichen. Beschränkte Parkmöglichkeit beiderseits der Brücke.
Anstiegsleistung: Etwa 500 m.
Gehzeiten: Insgesamt 5 Std.; Ponte Casletto – Ponte di Velina: 1½ Std., Ponte di Velina – Alpe Vota – Ponte Casletto: 3½ Std.
Verkehrsverbindungen: Die Stadtbusse von Verbania fahren nur bis Rovegro.
Unterkunft: Im Maiensäß *Montuzzo* (630 m)

Da kann's schon mal nasse Füße geben! Am Rückweg von der Ponte di Velina sind mehrere Gräben zu queren.

kann eine Hütte als Notunterkunft genutzt werden; entsprechender Hinweis an der Türe.

Verpflegung: Unterwegs aus dem Rucksack.
Weitere Tourenmöglichkeiten: Natürlich lockt die »große« Tour ins Val Grande, bis zur Forsthütte **In la Piana** (959 m) 6 bis 9 Std., je nach Verhältnissen (Weg, Wasserstand). Vorsicht: Es handelt sich um eine ojektiv gefährliche Unternehmung, nur für gut trainierte, entsprechend ausgerüstete Bergsteiger (Biwak). Eine detaillierte Beschreibung findet man in dem Buch »*Val Grande – ultimo paradiso*« von Teresio Valsesia, erschienen bei Alberti Editore, Verbania-Intra.
Karten: Kompass-Wanderkarte 1:50000, Blatt 97 »Omegna-Varallo/Lago d'Orta«. Dazu, der Geländedarstellung wegen, Blatt 285 (»Domodossola«) der Carta nazionale della Svizzera (1:50000). Eventuell noch Carta d'Italia des Istituto geografico militare, Blatt 15 II SE »Premosello Chiovenda« (1:25000).

10 Monte Faiè (1352 m)

Nur eine »halbe Portion«

Tourencharakter: Halbtagswanderung, sehr gut als Eingehtour geeignet.
Reine Gehzeit: 2¾ Std.
Beste Jahreszeit: April bis zum Wintereinbruch.
Markierung: Mangelhafte Bezeichnungen, aber dennoch keine Orientierungsprobleme. Die Farbtupfer ignoriert man am besten.

Im Gebirgsrahmen des Val Grande ist der **Monte Faiè** nur eine Marginalie, Ausläufer jener Kette, die sich bis fast zwei Kilometer hoch über dem Valle d'Ossola aufbaut, im Proman (2099 m) kulminiert und schließlich über den wilden Zackengrat der Corni di

Nibbio zur Cima Corte Lorenzo (1576 m) ausläuft. Ein Anhängsel also, eine halbe Portion bloß, wenig Profil, kaum Felsen – aber mit großem Panorama. Der Blick geht weit hinaus zum See, über die Tocemündung und die Borromäischen Inseln bis zur Horizontlinie, die im Dunst verschwimmt und so den Eindruck eines Meerbusens entstehen läßt. Was für ein Kontrast dann das Val Grande, das sich mit seinen zerfurchten Flanken und dem schmalen Grund von Norden öffnet! Nichts mehr von der mediterran-heiteren Atmosphäre, die den Lago Maggiore zum Traumziel ganzer Generationen sonnenhungriger Nordländer gemacht hat; das Val Grande ist Wildnis, Natur pur. Über den steilen Hängen, die vor einem halben Jahrhundert noch abgeholzt wurden, über den vergandeten Almen kreist heute wieder der Adler, das Unterholz gehört den Echsen und Schlangen. Der Mensch ist hier nur Gast.

Allzu viel Besuch bekommt auch der Monte Faiè nicht, trotz seiner prächtigen Aussicht und des kurzen Zustiegs. Bei längerem Aufenthalt am See ist er eine ideale Eingehtour, vermittelt die kleine Runde doch ein gutes Bild der südalpinen Landschaft, ihres einzigartigen Kontrastreichtums: Magnolien und Edelweiß, Platanen und Kastanien, Badestrände und Granitgumpen. Im Horizont der unscheinbaren Kuppe stehen sogar ein paar Viertausender der Walliser Alpen, dominiert vom mehrgipfligen Monte Rosa (4634 m). Und nach Osten geht der Blick über die insubrische Berg-Seen-Landschaft bis in die Gegend von Lecco. Im Zackenrund entdeckt man eine ganze Anzahl der in diesem Buch beschriebenen Gipfelziele. Ziemlich genau westlich, rechts über der Mündung des Valle Anzasca, steht der Pizzo Castello (Tour 12), mächtiges Gegenüber im Südwesten ist der Massone (2181 m), von dem ein langer Kamm über den Poggio Croce zum Monte Cerano (Tour 13) zieht. Genau im Süden, zwischen Ortasee und Lago Maggiore, erhebt sich das Massiv des Mottarone (1491 m), die Kompaßnadel dagegen weist auf den Pedum (2111 m), unverkennbar mit seiner Felsmütze (»Napoleonshut«), rechts flankiert von einem Zackengrat (Corona di Ghina), der in der Cima Sasso (Tour 8) ausläuft. Ein mehrgipfliger Felskamm umschließt

das innerste Pogallotal: Cima Marsicce (2135 m), Torrione (1984 m), La Piota (Tour 5) und Monte Zeda (Tour 7).

Am östlichen Horizont stehen die Gipfel mehrfach gestaffelt hintereinander: gleich jenseits des Lago Maggiore baut sich der Col Nudo (Tour 17) auf, über dem Luganer See erkennt man den langgestreckten Kamm des Generoso (Tour 24), in der dritten Reihe, am Lario, den Grignone (Tour 38), weiter rechts den Felsgrat des Resegone (Tour 45).

Der Wegverlauf

Auf der alten, von schönen Trockensteinmauern gesäumten (inzwischen leider teilweise betonierten) Mulattiera wandert man vom Straßenende (ca. 930 m) in einer Viertelstunde durch Kastanienwald hinauf zur *Alpe Ompio* (980 m). Die Älpler sind auch hier längst ausgezogen, die neuen Besitzer kommen aus der Stadt, vorzugsweise an Wochenenden. Dann verzeichnet das Rifugio

Ein kleiner Berg mit großem Panorama: der Monte Faiè (1352 m). Blick auf die »Mitte« des Lago Maggiore. Links Verbania, rechts im See die Isola Madre, die größte der vier Borromäischen Inseln.

Antonio Fantoli regen Besuch, und sogar auf den Monte Faiè verirren sich ein paar Ausflügler. Ein gelb bezeichneter Weg zieht durch die Südostflanke direkt hinauf zum Gipfel; landschaftlich interessanter ist der Anstieg, der erst östlich um den Berg herum in seinen Rücken, dann über den Grat zum höchsten Punkt führt. Man hält sich bei der Verzweigung oberhalb der Schutzhütte rechts, passiert zwei Rustici und folgt dann dem deutlichen Weg, der ansteigend in einen winzigen *Sattel* am Ostgrat des Monte Faiè leitet (ca. 1110 m). Nun nicht nördlich hinab zur verlassenen Alpe Buè (888 m), sondern am Kamm entlang weiter bergan mit schöner Sicht auf den Lago Maggiore. Der Pfad quert in die Nordostflanke und führt fast eben zur *Alpe Caseracce* (ca. 1240 m), wo

sich ein packender Blick ins Val Grande auftut. Markantes Gegenüber ist der Pedum (2111 m); ein langer Zackengrat (Corona di Ghina) zieht zur Cima Sasso (1916 m). In der Tiefe zeigen sich die grauen Steinhütten der Alpe Buè.

Von diesem Ausguck führt ein breiter Weg, zunächst leicht fallend, dann mäßig steigend, in den *Colma di Vercio* (ca. 1290 m). Man befindet sich nun im Rücken des Gipfelziels; rechts führt ein schmales Weglein, ein paar Kammerhebungen rechts umgehend zum Fuß der *Cima Corte Lorenzo* (1574 m). Links geht's zum Monte Faiè. Sein Vorgipfel (1291 m) wird nicht überschritten; die Spur läuft durch die dem Valle d'Ossola zugewandten, felsdurchsetzten Hänge.

Vom höchsten Punkt kann man, den gelben Farbtupfern folgend, zum Rifugio Fantoli absteigen; schöner ist es, einfach am Kamm entlang bergab zu wandern (Pfadspuren). Vor sich hat man den See, zur Linken das untere Val Grande. Im Wald stößt man auf die ersten Hütten; wenig später schließt sich die kleine, aber sehr lohnende Runde bei den Wochenendhäuschen von Ruspesso.

Nützliche Informationen

Ausgangspunkt: Die ehemalige *Alp von Ruspesso* (ca. 930 m), asphaltierte Zufahrt von Intra über Santino (304 m), etwa 14 km. Beschränkte Parkmöglichkeiten am Straßenende.
Anstiegsleistung: Ruspesso – Monte Faiè: 500 m.
Gehzeiten: Insgesamt 2¾ Std. Ruspesso – Colma di Vercio – Monte Faiè: 1¾ Std., Abstieg: knapp 1 Std.
Verkehrsverbindungen: Die Stadtbusse von Verbania fahren bis Santino.
Unterkunft: *Rifugio Antonio Fantoli* (980 m), bewirtschaftet von April bis Ende Oktober.
Verpflegung: Unterwegs aus dem Rucksack.
Karten: Kompass-Wanderkarte 1:50 000, Blatt 97 »Omegna-Varallo/Lago d'Orta«. Carta nazionale della Svizzera, Blatt 285 »Domodossola« (1:50 000).

11 Pizzo Proman (2099 m)

Zwischen den Welten

Tourencharakter: Recht anstrengende Gipfeltour; großes Panorama und faszinierende Talblicke. Vorsicht: Schlangen!
Reine Gehzeit: 7 Std.
Beste Jahreszeit: Mitte Juni bis Mitte Oktober.
Markierung: Kaum markiert, aber dennoch keine Orientierungsprobleme.

Man kann die Besteigung des **Pizzo Proman** als ganz »normale« Tour erleben: anstrengend, aber dankbar, Gipfelglück inklusive. Doch diese Bergwanderung kann auch mehr sein, eine Reise zwischen zwei Welten, aus dem modernen Italien zurück in längst vergessene Zeit, die zwar nicht nur alt und gut, aber halt ganz anders war. »*Rispetta la natura!*« mahnt uns ein großes Schild an der Straße ins Valle d'Ossola, unweit der mächtigen Betonpfeiler, auf denen die neue Autobahn über die Mündungsebene des Toce stelzt. Aber viel von der Natur ist hier ohnehin nicht geblieben; Steinbrüche, Fabriken, Supermercati am Eingang nach Gravellona,

Begegnungen mit Schlangen gehören zum Wandern in den Bergen rund um die Insubrischen Seen. Gefährlich wird's aber nur, wenn sich die Tiere bedroht fühlen. Die ungiftige Äskulapnatter ist eine hervorragende Kletterin; sie kann bis zwei Meter lang werden.

Am Weg aus dem Valle d'Ossola hinauf zum Colma kommt man an einigen ehemaligen Almen vorbei. Aus den Hütten und Stadeln sind mittlerweile Ferienhäuschen geworden, wie hier auf La Piana.

und in den Auenwäldchen am Fuß des Inselberges Mont'Orfano (794 m), einst Nist- und Brutplatz für viele Vogelarten, wird man höchstens ein paar abgestellte Autowracks entdecken, dazu eine Mülldeponie. Versöhnlich stimmt da nur die große Kulisse, jähe Bergflanken über dem flachen, in Jahrtausenden vom Geröll des Toce eingeebneten Talboden.

Auf der Fahrt nach Ornavasso (213 m) hat man ihn dann direkt vor sich, den Pizzo Proman. Fast zwei Kilometer hoch ragt er in den Himmel, ein wilder Kerl, zerfurcht, von der Erosion gezeichnet. Das wird keine gemütliche Tour, da sind mehr als nur ein paar

Schweißtropfen fällig! Doch dann zeigt sich, daß auch der scheinbar so Unnahbare seine Schwachseite hat, die einen erträglichen Anstieg verspricht. Und das erste Stück des gewaltigen Höhenunterschieds überwindet man mit »PS-Hilfe« relativ mühelos. Von dem kleinen Parkplatz über Colloro bleiben dann immer noch fast 1500 Meter bis zum Gipfelkreuz, zwei Drittel davon schon bis zum Colma (1728 m), wo sich ein erster Blick ins Val Grande auftut. Als »ultimo paradiso« hat es ein Kenner bezeichnet, dieses vielfach verästelte, von einem Kranz hoher Gipfel umrahmte Tal, das heute zur Gänze unter Naturschutz steht. Doch was das in

Mittelmeerländern (und nicht nur dort) bedeutet, ist hinlänglich bekannt. Naturschutz verwandelt sich rasch in Naturnutz; die Massen wollen Natur erleben, unberührte vor allem. Für das Val Grande ist solches kaum zu befürchten; die Natur selbst hat hier fast unüberwindliche Barrieren aufgerichtet. Der Taleingang ist eine zehn Kilometer lange Klamm (fast) ohne Weg und Steg. Und über die Berge kommt man auch nur zu Fuß – wie am Proman. Gute Aussichten für Tier und Pflanze, hier den Homo sapiens und seine Werke unbeschadet zu überdauern... Wilderness.

Das war allerdings nicht immer so. Die Hochalmen wurden früher vom Valle Vigezzo aus bestoßen, und noch in der Zeit zwischen den beiden Weltkriegen waren die Holzfäller im Val Grande unterwegs; das Holz wurde mit Seilbahnen über den Berg in das Valle d'Ossola transportiert. Während des Zweiten Weltkriegs fanden Partisanen in den kaum zugänglichen Talwinkeln Unterschlupf. Sie riefen im September 1944 die »Repubblica d'Ossola« aus, doch schon nach wenigen Wochen fand der Sezessionsversuch in die Freiheit ein blutiges Ende. Heute ist wieder von Abspaltung die Rede, hier wie überall zwischen Turin und Triest: »Repubblica del Nord«.

Am Colma gibt's nicht nur Aussicht ins Val Grande, hier stößt man auch auf ein Relikt aus dem Ersten Weltkrieg: eine alte Militärstraße. Sie dient heute durchaus zivilen Zwecken; obwohl an einigen Stellen beschädigt oder abgerutscht, vermittelt sie den bequemsten Zugang zum Gipfel. Und oben darf man getrost vergangene Kriege und die Verwüstungen unserer Zeit vergessen; angesichts der faszinierenden Kulisse verbieten sich solch düstere Gedanken ganz einfach.

Nicht ganz vergessen sollte man auf dieser Tour eine andere, allerdings meist stark überschätzte Gefahr: Schlangen. Sie haben sich nach dem Rückzug der Älpler wieder ordentlich vermehrt; wir sind am Weg zum Colma auf mehrere Kreuzottern und eine Aspisviper gestoßen. Letztere ist sehr scheu, flieht bei Begegnungen mit Menschen sofort; sie wird bis zu 70 Zentimeter lang und variiert in ihrer Färbung sehr stark (wie übrigens die Kreuzotter auch).

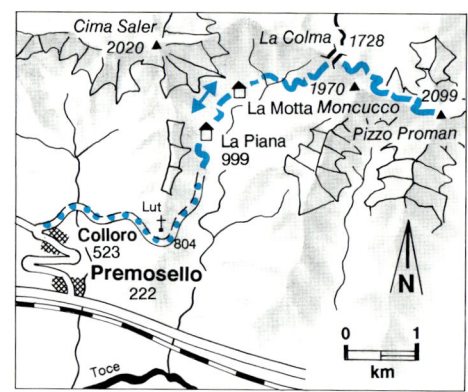

Der Wegverlauf

Der Auftakt zur Gipfeltour vermittelt packende Tiefblicke ins Ossolatal; weniger Freude macht dagegen der rücksichtslos in den Steilhang trassierte breite Güterweg. Er wendet sich beim *Kreuz von Lut* (804 m) in das malerische Crottal und endet schließlich knapp unterhalb der ehemaligen *Alpe La Piana* (999 m). Zwischen den zu Wochenendhäuschen umgebauten Rustici wandert man auf dem alten Almweg weiter talein, zu den wenigen Häusern von *La Motta* (1139 m), die auch längst neue, »städtische« Besitzer haben. Dahinter kurz abwärts in ein Bachbett, am Hang gegenüber in Kehren aufwärts zur Wasserscheide von *La Colma* (1728 m). Hier beginnt die Militärstraße, die den Felskopf des *Moncucco* (1970 m) nördlich umgeht und dabei eine tiefe Rinne quert (schmales Band, Eisenbrücke, Drahtseile). Dann steigt die Trasse in Kehren an, führt kurz an den Verbindungsgrat zum *Proman* heran und zuletzt im Zickzack zum höchsten Punkt.

Nützliche Informationen

Ausgangspunkt: Von *Premosello* (222 m) an der Simplonroute zieht ein schmales Serpentinensträßchen hinauf nach Colloro (523 m). Über dem Weiler, 4,8 km, gabelt sich der Weg: links nach Capraga, rechts nach Lut. Parkmöglichkeit, Weiterfahrt bis zum *Parkplatz Lut* (ca. 780 m) wird toleriert, nochmals 2 km auf einspuriger, teils steiler Strecke.

Am Übergang von La Colma (1728 m) öffnet sich der Blick in den »verborgensten Winkel« am Lago Maggiore, ins Val Grande. Rechts im Bild der Pedum (2111 m).

Anstiegsleistung: Lut – Pizzo Proman: 1320 m.
Gehzeiten: Insgesamt 7 Std.; Lut – La Colma: 3 Std., La Colma – Pizzo Proman: 1½ Std., Abstieg auf dem gleichen Weg: 2½ Std. Beginnt man die Tour an der Weggabelung oberhalb von Colloro, erhöht sich die Gesamtgehzeit auf knapp 8 Std.
Verkehrsverbindungen: Premosello liegt an der Simplon-Bahnlinie; Regionalzüge nach Domodossola, Stresa und Omegna. Busverbindung mit Verbania.
Unterkunft: Keine.
Verpflegung: Unterwegs aus dem Rucksack.

Sehenswürdigkeiten in der Umgebung: Der winzige Weiler *Mont' Orfano* (325 m) am gleichnamigen Berg, der sich wie eine felsige Insel zwischen dem Toce und dem Lago di Mergozzo erhebt, besitzt eine sehenswerte romanische Kirche (12. Jh.). Zufahrt von Mergozzo (204 m) bzw. von der Verbindungsstraße Gravellona – Fondotoce. Am *Mont' Orfano* mächtige Granitbrüche.
Karten: Kompass-Wanderkarte 1:50000, Blatt 97 »Omegna-Varallo/Lago d'Orta«. Carta nazionale della Svizzera, Blatt 285 »Domodossola« (1:50000). Übersichtliches Kartenbild, aber nicht nachgeführt.

12 Pizzo Castello (1607 m)

Zwischen südlicher Sonne und ewigem Eis

Tourencharakter: Recht anstrengende Rundwanderung mit großen Ausblicken. Im Abstieg unterhalb der Alpsiedlung Drocala einige etwas heikle Passagen.
Reine Gehzeit: 7¼ Std.
Beste Jahreszeit: Frühling und Herbst bis zum Wintereinbruch.
Markierung: Spärlich bis gar nicht bezeichnet, im Anstieg von Cimamulera zur Alpe Ceresole gibt es zwei Wege; der östliche ist lohnender, aber schwieriger zu finden, da unmarkiert.

Es ist Frühling. Zumindest drunten an den Gestaden des Verbanus, wo Kamelien und Magnolien blühen, man abends bereits draußen seinen Caffè genießen kann. Auf den Wegen ins Gebirge liegt das Laub vom vergangenen Herbst, dazwischen ein paar verfaulte Kastanien; höher am Hang sind die Wiesen noch braun, blühen die ersten Krokusse. In schattigen Winkeln halten sich letzte Schneereste, doch die großen weißen Flecken bietet das Panorama: Drei- und Viertausender der Walliser und der Tessiner Alpen. Blickfang ist der Monte Rosa (4634 m), riesig über dem Talschluß von Macugnaga stehend, kaum weniger beeindruckend das vergletscherte Gipfeltrio Weissmies (4023 m), Lagginhorn (4010 m) und Fletschhorn (3993 m).

Als Kontrast gibt's den Seeblick, durch den mächtigen Graben des Valle d'Ossola hinaus zum Lago Maggiore: fast viereinhalb Kilometer Höhenunterschied zwischen dem höchsten Berg und dem tiefsten Punkt der Schweiz – die Klimazonen Europas vom ewigen Eis bis zum mediterranen Seeufer. Etwas getrübt wird die große Schau nur durch den Blick ins Ossola, in seine breite, vom Geschiebe des Toce eingeebnete Talsohle: Schnellstraße, Bahnlinie, Industrieanlagen, gesichtslose Zweckarchitektur. Die kleinen Dörfer sind längst zu modernen Siedlungen geworden, aus den Bauern Lohnarbeiter. Da

mag einen leise Wehmut überkommen, auch beim Abstieg, der vorbeiführt an Almdörfern, die mit ihren Steinhütten vor der Gipfelkulisse so richtig heile Bergwelt suggerieren – lauter Kalendersujets. Hier wurde mit, nicht gegen die Natur gebaut, Stein auf Stein. Doch bereits gräbt sich ein moderner Tatzelwurm, rücksichtslos in die Steilhänge gebaggert, bergwärts: Straßenanschluß für die neuen Besitzer der Rustici – schneller hin, schneller zurück, *Milano ritorno.*

Der Wegverlauf

Cimamulera (486 m) ist eine Fraktion der Gemeinde Piedimulera. Während »Piedi« sich an den Fuß der Berge schmiegt, liegen die Weiler von »Cima« auf der Sonnseite des untersten Valle Anzasca, weit vom Gipfel allerdings. Denn hier beginnt sie erst, die Runde über den Pizzo Castello, an der Kirche (Chiesa, 486 m) oder etwas höher, bei den Häusern von *Madonna* (ca. 545 m). Markiert ist lediglich der von Madonna ausgehende Weg. Gleich gegenüber vom *Parkplatz* weist ein Schildchen zum Pizzo Castello, in der Folge entdeckt man immer wieder Farbtupfer: die Route stimmt. Etwas schwieriger gestaltet sich die Pfadsuche auf dem weiter östlich verlaufenden Anstieg. Dafür bietet er die schöneren Ausblicke. Vor der *Kirche* kurz links, dann rechts hinauf zur oberen Straße. Man quert sie und folgt dem Hohlweg, der steil, den Hang nach rechts schneidend, bergwärts führt. Bei einer *Alphütte* (ca. 640 m) nicht geradeaus weiter, sondern links im Zickzack im Wald aufwärts zu einer *Wegteilung* (ca. 860 m). Hier lohnt sich der kleine Abstecher rechts hinaus zum *Kamm*, mit schönem Rundblick und kleinem Kreuz, etwa 10 Minuten.

Auf der *Alpe Ceresole* (953 m), wo die beiden Wege zusammentreffen, ist eine erste Pause fällig, bei gutem Wetter natürlich auch ein Foto: Blick durch das Anzascatal auf den Monte Rosa, grün-weiß-blau, mit den grauen Steinhütten im Vordergrund. Der »weiße Rie-

Beim Abstieg zum Alpdorf Drocala wächst die Cima Strighet (1899 m) immer höher in den Himmel.

se« beherrscht auch während des weiteren Anstiegs die hochalpine Kulisse. Das große, bereits vom Tal aus sichtbare Kreuz (1129 m) bleibt rechts, ebenso der *Testa del Frate* (1258 m), dessen Gipfelkuppe man auf schmalem Felsband umgeht. An der Alpe Castello darf man sich dann kurz wie ein (kleiner) König fühlen: auf der Steinbank vor dem »*Rifugio Imperiale*«. Die »Kaiserhütte« wirkt allerdings recht ärmlich, ganz im Gegensatz zur Aussicht, die im Baedeker durchaus zwei Sternchen bekäme. Das dritte ist dann eine Dreiviertelstunde später fällig, am Gipfel: klein, aber oho!

Hier hat man auch den Weiterweg im Blick: am Kamm entlang, zunächst abwärts, dann wieder leicht ansteigend, westlich bis zu den ersten Hütten der weitläufigen *Alpe della Colma* (1509 m), dann auf einem kunstvoll angelegten Serpentinenweg, eine große Hangmulde ausgehend, abwärts zu dem Alpdorf *Drocala* (ca. 940 m). Da vergißt man die Anstrengungen, den Schweiß des langen Anstiegs, nehmen einen die Bilder gefangen: der tiefe Graben des Valle d'Antorna mit seinen winzigen Haufendörfern, der herausfordernd kecke Spitz des Fletschhorns, ganz fern, im Horizont verschwindend, die Was-

serfläche des Lago Maggiore und schließlich das Architekturwunder der Alpsiedlung Drocala vor der ebenmäßigen Pyramide der Cima Strighet (1899 m), die sich südlich über dem Anzascatal aufbaut.

Von Drocala kann man direkt zur Talstraße absteigen; viel interessanter ist allerdings die Querung der Gräben oberhalb von *Castiglione*, zu den malerischen Weilern, die sich, übereinander angeordnet, am Steilhang hinaufziehen bis ins Almgelände. Der Weg, nur schwach markiert, ist nicht leicht zu finden, einige Passagen sind auch recht exponiert. Einen ersten roten Farbtupfer entdeckt man

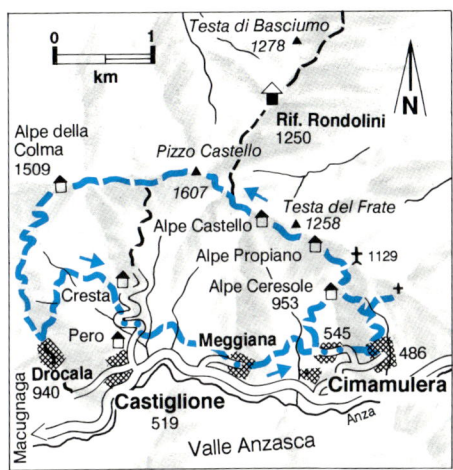

auf der Wiese im Rücken des Dörfchens, den nächsten am Waldrand. Die dünne Pfadspur leitet in einen Klammwinkel (Bach), zu dem ein paar mächtige Felsblöcke die pittoreske Kulisse liefern. Anschließend geht's an steiler Bergflanke im lichten Wald hinaus zu den ersten Häusern von *Cresta*. Ein kunstvoll angelegter Plattenweg führt steil talwärts, mündet schließlich in die Straße. Man verläßt sie bei den Häusern von *Pero* (ca. 670 m) und biegt in den alten Talweg ein, der die Weiler an der Sonnseite des unteren Valle Anzasca verbindet. Nach einer letzten, kurzen Gegensteigung erreicht man bei Madonna wieder das engere Siedlungsgebiet von *Cimamulera*.

Nützliche Informationen

Ausgangspunkt: *Cimamulera*, Fraktion der Gemeinde Piedimulera, am Eingang ins Valle Anzasca. Zufahrt über die Talstraße, etwa 3 km bis Chiesa (486 m), 3,5 km bis Madonna (545 m). Parkmöglichkeiten.
Anstiegsleistung: Chiesa – Pizzo Castello: 1120 m, am Rückweg insgesamt etwa 150 m Gegensteigungen.
Gehzeiten: Insgesamt 7¼ Std. Chiesa – Alpe Ceresole: 1 Std., Alpe Ceresole – Pizzo Castello: 2½ Std., Kammbegehung: ¾ Std., Ab-

Blickfang auf der Pizzo-Castello-Tour ist der Monte Rosa (4634 m), der das Anzascatal abschließt, hier von der Alpe Ceresole aus gesehen.

stieg nach Drocala: 1 Std., Drocala – Pero (Talweg): 1 Std., Pero – Chiesa: 1 Std.
Verkehrsverbindungen: Cimamulera besitzt Busverbindung mit Piedimulera (Bahnstation an der Simplon-Linie).
Unterkunft: Keine, auch nicht im »Rifugio Imperiale«!
Verpflegung: Unterwegs aus dem Rucksack. Im Sommer ausreichend Getränke mitnehmen – der Aufstieg ist heiß!
Weitere Tourenmöglichkeiten: Bei zeitigem Aufbruch kann man die Kammüberschreitung westlich bis zum **Croce del Cavallo** (1904 m) ausdehnen und anschließend nach Antrogna (665 m) absteigen; vom Pizzo Castello aus 3½ bis 4 Std. Antrogna ist Sitz der Gemeinde Calasca-Castiglione; es besitzt eine der größten Kirchen des Ossola, im Volksmund treffend als »Kathedrale im Wald« bezeichnet.
Karten: Kompass-Wanderkarte 1:50 000, Blatt 97 »Omegna-Varallo/Lago d'Orta«. Carta nazionale della Svizzera, Blatt 285 »Domodossola« (1:50 000).

13 Monte Cerano (1702 m) und Monte Massone (2161 m)

Ein paar hundert Gipfel und acht Seen

Tourencharakter: Spaziergang, Halbtagswanderung oder Tagestour, ganz nach Wahl. Ordentliche Wege.
Reine Gehzeit: 3 bis 7¼ Std. (je nach Routenwahl).
Beste Jahreszeit: Monte Cerano schon ab April, Massone ab Ende Mai bis Oktober, abhängig von der Schneelage.
Markierung: Recht dürftig, vor allem fehlen Wegzeiger weitgehend. Rote Tupfer und »3M« zum Massone.

1338 – 1702 – 1765 – 2161: vier Höhenquoten, vier Gipfel. Anders ausgedrückt: ein Spaziergang, ein Halbtagsziel und eine Tagestour, jede Menge Aussicht und im Sommer viel Sonne. Da kann eine zusätzliche Feldflasche nicht schaden, vor allem, wenn man gleich alle vier Gipfel besteigen möchte. Wasser gibt's unterwegs kaum, und eine bewirtschaftete Hütte bekommt man nur aus Distanz zu Gesicht, das Rifugio Gravellona (1531 m), eine gute halbe Gehstunde unterhalb der Bocchetta (1904 m). Doch da ist der Gipfel des Massone auch nicht mehr viel weiter: hinauf! Schon der Aussicht wegen, denn die gilt als eine der lohnendsten im weiten Umkreis. Die Anzahl der Zacken, die im Panorama stehen, hat wohl nie jemand gezählt; daß man aber acht Seen sieht vom Monte Massone, ist verbürgt: natürlich den Lago Maggiore, dann den kleinen Lago di Mergozzo, obwohl der sich hinter dem Mont' Orfano (794 m) zu verstecken sucht, den Lago d'Orta, die drei Seen von Varese, Monate und Comabbio, schließlich das Porlezza-Becken des Luganer Sees, sogar einen Zipfel des Comer Sees.

Und der Blick nach Norden, hinab in den Talboden des Ossola, macht die relative Höhe des Berges so richtig deutlich. Genau gegenüber hat man den Pizzo Proman (2099 m), fast so hoch wie der Massone, noch steiler seine Flanken, von wilden, ungangbaren Gräben durchfurcht. Gut auszumachen sind auch die eng zusammenstehenden Häuser von Colloro (523 m), Ausgangspunkt für die Proman-Besteigung (Tour 11). Da ist man nicht unglücklich, daß der (lange) Weg auf den Monte Massone schon oberhalb der 1000-Meter-Höhenmarke beginnt, auf der Alpe Quaggione, nach einer kurvenreichen Bergfahrt aus dem Val Strona heraus. Man hat immer noch gut 1000 Meter Anstieg, mit Monte Cerano und Poggio Croce (1765 m) sind es 200 Meter mehr – das reicht für einen genußvollen Wandertag.

Und wer's einmal etwas gemütlicher mag, kann sich auch auf die Überschreitung der beiden kleineren Gipfel beschränken; dem Panorama fehlt zwar etwas die Weite, doch der Blick vom **Monte Cerano** nach Osten allein, hinab und hinaus, nach Gravellona Toce und über den Lago Maggiore ins Varesotto, lohnt bereits den teilweise recht ruppigen, zweistündigen Aufstieg. Und für »Alibi-Bergsteiger« gibt's gleich über der Alpe Quaggione einen Gipfel, *Monte Zuccaro* (1338 m) –

bestens geeignet für einen Verdauungsspaziergang. Immerhin!

Der Hügel vermittelt eine bemerkenswerte Rundschau; besonders schön zeigt sich das *Val Strona* samt Bergkulisse. Mit Hilfe der Landkarte erhalten so mancher Gipfel und ein paar Almen auch einen Namen. Die klingen teilweise ziemlich exotisch: Eyehorn (Heuhorn), Altemberg (Altenberg), Rossombolmo, Faramboda (Farnboden), Ghei Singoode (Geißengarten). Sie verdeutlichen die erheblichen Verständigungsprobleme zwischen den Kartographen des Königreichs Sardinien und den damals noch im Ossola siedelnden (deutschsprachigen) Walser Bauern, die nach Italien eingewandert waren.

Aus der »*Carta Sarda*« von 1852 sind die Verballhornungen dann in die italienische Karte gekommen: Spuren der Geschichte. Längst schon Geschichte ist auch das Königreich Sardinien, zu dem (kurioserweise) für ein paar Jahrzehnte das Piemont gehörte – ein Ergebnis des Wiener Kongresses von 1815.

Der Wegverlauf

Wichtig ist der richtige Einstieg in diese Tour, ein Verhauer gleich zu Beginn der Stimmung wenig zuträglich… Also erst einmal genau hingucken! Nicht zu übersehen ist von *Quaggione* aus der spitze Kegel des Monte Zuccaro (1338 m) gleich über der Alm. Man peilt ihn an, geht vorbei an der modernen *Kapelle* und folgt dem Sträßchen, das in ein paar kurzen Kehren ansteigt. Am Asphaltende (ca. 1240 m) zweigt rechts eine dünne Wegspur ab; sie läuft, die Höhe haltend, östlich um den *Monte Zuccaro* herum (wer zum Gipfelchen will, steigt über den steilen Grashang auf, 10 Min.). Ab und zu entdeckt man nun rote Markierungen und ein an Bäume oder Felsen gepinseltes »*3M*« (Massone). Zurück am Grat geht's über ein paar Kehren auf der Westseite im Wald abwärts, dann fast eben um den nächsten Buckel herum. An einer deutlich bezeichneten Weggabelung hält man sich rechts und gewinnt so rasch wieder die Kammhöhe. Der folgt die Wegspur bis zum *Poggio Croce* mehr oder weniger, nur kurz weicht sie jeweils in die Ost-, später Südflanke aus.

Oben am *Monte Cerano* (1702 m) ist die erste Gipfelrast fällig; eine halbe Stunde später steht man bereits am *Poggio Croce* (1765 m). Der Blick geht nun hinüber zum Massone, noch etwas mehr zwei Stunden weit weg ist sein Gipfel, der Wegverlauf aber gut auszumachen. Daß man zunächst knapp 200 Meter Höhe »verliert«, ist ein kleiner Schönheitsfehler der Tour. Aus der *Bocchetta di Bagnone* (1589 m) geht's dann wieder aufwärts, am Kamm entlang.

In der Bocchetta (1904 m) mündet rechts der von Ornavasso bzw. vom Rifugio Gravellona (1531 m) heraufkommende Weg, beginnt auch der Schlußanstieg: in Kehren über den südseitigen Hang hinauf gegen das *Eyehorn* (2131 m), dann links zum Grat und über ihn zum höchsten Punkt mit Kreuz und Glocke.

Beim Abstieg hält man sich an der *Bocchetta di Bagnone* (1589 m) rechts und folgt dem alten Almweg, der, kontinuierlich an Höhe verlierend, den Poggio Croce südlich umzieht. Im Graben zwischen Monte Cerano und dem Poggio, wenig unterhalb der *Alpi Morello*, stößt man auf eine kleine Straße (ca. 1260 m). Sie läuft westlich um den Monte Zuccaro herum und führt so zurück nach *Quaggione*. Man kann auch wieder in den Anstiegsweg einfädeln: Ein »*3M*« links nach wenigen Straßenmetern schon zeigt, wo's langgeht.

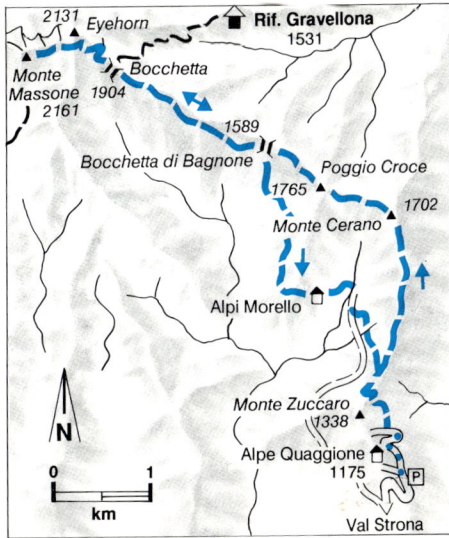

Nützliche Informationen

Ausgangspunkte: Die *Alpe Quaggione* (1175 m) mit ihren Rustici-Wochenendhäuschen erreicht man vom unteren Val Strona über Germagno (602 m), 7,6 km von der Talstraße, 11 km von Omegna.

Ab Germagno geht es auf einer recht schmalen Privatstraße mit mehreren Serpentinen weiter.

Ein paar hundert Meter vor dem Parkplatz Quaggione (ca. 1150 m) hat man links die Abzweigung eines schmalen, teilweise grobschottrigen Erschließungssträßchens (Hin-

weis »Spanero«) vor sich, das zu den Alpi Morello führt, 3,2 km.

Anstiegsleistungen: Quaggione – Monte Cerano – Poggio Croce – Monte Massone: 1200 m; Quaggione – Poggio Croce: 650 m; Alpi Morello – Monte Massone: 900 m.

Gehzeiten: Quaggione – Monte Cerano: 2 Std., Monte Cerano – Poggio Croce – Bocchetta di Bagnone: ¾ Std., Bocchetta di Bagnone – Monte Massone: 2 Std., Monte Massone – Bocchetta di Bagnone – Alpi Morello – Quaggione: 2½ Std. Insgesamt 7¼ Std. Quaggione – Monte Cerano – Poggio Croce: 2½ Std., Poggio Croce – Bocchetta di Bagno-

Nur ein Vorgipfel des Massone, aber eine veritable Aussichtskanzel: der Monte Cerano (1702 m). Tiefblick auf Gravellona und die Tocemündung. In der Bildmitte Pallanza, darüber die Höhenzüge des Varesiner Seeufers.

14 Altenberg (2394 m)

Auf den Spuren der Walser

Tourencharakter: Dankbare Gipfeltour im hintersten Val Strona; am Gipfelgrat steile Grashänge und ein paar ganz leichte Kraxelstellen.
Reine Gehzeit: 5 Std.
Beste Jahreszeit: Juni bis Mitte Oktober.
Markierung: Ordentlich markierte Steige, Wegnummer 1 bis zum Lago Capezzone, dann Nummer 3 zur Cima Altenberg.

Dunst zieht über den Talgrund, es riecht nach verbranntem Holz. Waldarbeiter? Nein, im **Val Strona** wird zwar auch Holz geschlagen, vor allem aber wird es verarbeitet, an der Talstraße folgt eine »fabbrica« nach der andern: Klein- und Kleinstbetriebe, insgesamt sollen es an die hundert (!) sein. Sie fabrizieren hier Spielzeug und allerlei Gerätschaften für den Haushalt, vom Holzteller bis zur Schachfigur, von der Devotionalie bis zum Pinocchio samt lustiger (Holz-)Nase. Das Val Strona, ein Tal der (Kunst-)Handwerker.

Im Val Strona kann man aber nicht nur Kochlöffel kaufen, man kann auch wandern. Ein Kranz hoher Berge bildet den Talschluß: alpiner Kontrast zur mediterranen Parklandschaft am Lago Maggiore und am Ortasee. Höchster Gipfel ist die Cima Capezzone (2421 m), rechts flankiert vom Monte Ronda (2414 m), links von der Cima Altenberg (2394 m).

Altenberg. Ein seltsamer Name hier im Piemont, doch nur auf den ersten Blick. Denn das Wallis ist nicht weit, und damit der Bogen geschlagen zur Geschichte, zu den Walserzügen des 13./14. Jahrhunderts. Damals siedelten Gruppen dieses alemanni-

ne – Alpi Morello – Quaggione: 1³⁄₄ Std.
Insgesamt 4¹⁄₄ Std.
Alpi Morello – Monte Cerano – Poggio Croce: 2 Std., Poggio Croce – Bocchetta di Bagnone – Alpi Morello: 1 Std.
Insgesamt 3 Std.
Verkehrsverbindungen: Keine.
Unterkunft: Rifugio Gravellona Toce (1531 m) auf der Alpe Cortevecchio, Juli und August bewirtschaftet.
Verpflegung: Unterwegs nur aus dem Rucksack.
Karte: Kompass-Wanderkarte 1:50 000, Blatt 97 »Omegna-Varallo/Lago d'Orta«.

schen Volksstamms, beheimatet im Oberwallis, in mehreren Tälern der Südalpen, sie zogen aber auch nach Graubünden und bis ins ferne Allgäu. Bezeugt sind zahlreiche Niederlassungen in den Hochtälern am Monte Rosa, im Val Gressoney, im Val Sesia, aber auch in Ornavasso (Valle d'Ossola). Die Walser waren, im Gegensatz zur ansässigen Bevölkerung, »Älpler« (Almbauern).

Der *Altenberg* (Verballhornung in den italienischen Karten: Cima Altemberg) bietet aber nicht nur einen Blick in die Vergangenheit; von dem Gipfel aus hat man natürlich auch eine bemerkenswerte Aussicht, über die allmählich abflachenden Vorberge zum Alpenrand, vor allem aber zum Monte Rosa. Nurmehr 30 Kilometer weiter westlich stehend, dominiert er die Szenerie mit schierer Masse, ein Gigant aus Eis und Fels.

Sein höchster Gipfel, die Dufourspitze (4634 m), ist der höchste Punkt des Alpenlandes Schweiz, benannt nach einem bemerkenswerten Mann: Guillaume Henri Dufour. Er schuf nicht nur das erste topographische Kartenwerk des Landes, er war auch General, und ein guter dazu. Immerhin schaffte Dufour im Bürgerkrieg von 1847, als die Schweiz an den Gegensätzen zwischen Stadt und Land, liberal und konservativ, katholisch und reformiert zu zerbrechen drohte, in gerade drei Wochen einen Sieg ohne Besiegte, mit weniger als hundert Toten (bei fast 100 000 Soldaten auf beiden Seiten)! Damit war der Weg frei zur Versöhnung und zur

Umgestaltung der Schweiz. Bereits ein Jahr später wurde die moderne Verfassung – sie gilt in der revidierten Fassung von 1874 noch heute – vom Volk angenommen.

Ein anderer General, sogar Generalissimo, Faschist und Benito mit Vorname, ließ in den dreißiger Jahren eine Schule im innersten Val Strona bauen, in Kampel (1305 m), das damals natürlich noch italienisch Campello Monti hieß – aber kaum, um die Kinder in ihrer Muttersprache, dem deutschen Walser Dialekt unterrichten zu lassen...

Das Schulhaus steht zwar noch, doch Kinder gibt's in Kampel nur mehr im Sommer. Der kleine, malerische Flecken wird im Herbst jeweils »dichtgemacht«; man zieht talabwärts, über den Winter. Doch immerhin, Kampel verfällt nicht, wie so viele Bergdörfer in den italienischen Alpen.

Der Wegverlauf

Vom *Parkplatz* am Ortseingang aus ist der breite Weg bereits auszumachen, der, nach links ansteigend, den Hang hinter Kampel schneidet. Man steigt von der *Kirche* (Hinweistafel) zu ihm auf, passiert die Abzweigung zum Monte Ronda und kommt dann bald zu einer stabilen *Brücke*, über die links der Weg zum Rifugio CAI Borgomanero und nach Rimella abgeht. Zum Lago di Capezzone weiter talein, *gelb-rot* markiert, erst an einer kleinen Klamm *(Wasserfall)* vorbei, dann dreimal über den Bach und schließlich über die erste Rampe hinauf zur *Alpe Piana di Vié* (1715 m), die am Rand eines flachen Bodens liegt und Aussicht auf die Bergkulisse des Val Strona bietet.

Ein zweiter, recht steiler Anstieg führt zur *oberen Alm* (1845 m), dahinter kommt man erneut ins Flache, ehe der Weg, die nächste Talstufe in einem Rechtsbogen nehmend, das winzige *Rifugio A. Traglio* erreicht. Nur wenige Schritte hinter der Selbstversorgerhütte liegt der fast kreisrunde *Lago di Capezzone* (2100 m), darüber bauen sich die Gipfel des Talschlusses auf, von links Altenberg

Winterbergsteigen? Ende Oktober liegt bereits Schnee auf den Gipfeln rund um das Val Strona. Am Gipfelgrat des Altenbergs (2394 m).

Der Anstieg zum Altenberg führt am Lago di Capezzone (2100 m) vorbei. Rechts das Rifugio Traglio, eine kleine Selbstversorgerhütte.

(2394 m), Cimalago, Cima Capezzone (2421 m) und – etwas zurück – Monte Ronda (2414 m).

Von der Hütte führt eine alte Wegtrasse, nur mäßig steigend, in südliche Richtung. Man folgt ihr eine knappe Viertelstunde und steigt dann, der *Markierung »3«* folgend, im Zickzack hinauf zum Südgrat des *Altenbergs*, den man in einer winzigen Scharte (ca. 2270 m) gewinnt. Nun direkt am Kamm, nur zwei-, dreimal kurz in die südseitigen Edelweißhänge ausweichend, zum Gipfel.

Nützliche Informationen

Ausgangspunkt: *Kampel* (Campello Monti, 1305 m), kleine Walsersiedlung im innersten Val Strona. Talstraße von Omegna (bei gelegentlichen Engstellen) bis Forno (892 m) gut ausgebaut, dann nurmehr einspurig mit Ausweichen, bis Kampel 19,2 km. Parkplatz vor dem Ort.

Anstiegsleistung: Kampel – Altenberg: 1090 m.

Gehzeiten: Insgesamt 5 Std., Kampel – Rifugio Traglio: 2¼ Std., Rifugio Traglio – Altenberg: ¾ Std., Abstieg auf dem gleichen Weg: 2 Std.

Verkehrsverbindungen: Bis Forno fährt ein Bus; zu Fuß erreicht man Kampel (Straßenhatscher) in etwa 1½ Std.

Unterkunft: *Rifugio A. Traglio* am Lago di Capezzone (2100 m); Selbstversorgerhütte für 6 bis 9 Personen, stets zugänglich.

Verpflegung: Unterwegs aus dem Rucksack.

Weitere Tourenmöglichkeiten: Cima di Capezzone (2421 m) und **Monte Ronda** (2414 m) besitzen ebenfalls markierte Anstiege, je 3 bis 3½ Std. von Kampel. Nur für erfahrene Berggänger.

Karte: Kompass-Wanderkarte 1:50 000, Blatt 97 »Omegna-Varallo/Lago d'Orta« (Wegeintragungen mit viel »Phantasie«).

15 Massa del Turlo (1959 m)

Vorhang auf!

Tourencharakter: Aussichtsreiche Kammwanderung, Trittsicherheit erforderlich. Pensum kann beliebig variiert werden. Abstiege ins Val Strona sind eher für Fährtensucher geeignet.
Reine Gehzeit: 6 Std.
Beste Jahreszeit: Ostern bis November.
Markierung: Spärlich markierte Wege; bei Nebel kann man sich leicht verlaufen.

So kann's einem gehen. Nach einem richtigen Monsunregen, von morgens bis in die Nacht, reißt es am nächsten Tag auf, die Wolkendecke wird dünner, da und dort kommt ein Flecken blauen Himmels durch, nährt leise Hoffnungen auf eine Wetterbesserung. Vielleicht könnte man am Nachmittag doch noch etwas unternehmen? Nur einen Spaziergang, vielleicht auf den Monte Mazzoccone (1424 m), keine zwei Stunden im Schongang. Doch dann finden wir den Weg nicht, dafür eine Alpstraße. Von ihrem Endpunkt aus zeigt sich im Westen ein kleiner Gipfel (aber schon etwas höher als der zunächst ins Auge gefaßte), *Monte Croce* heißt er, und ein Kreuz steht (natürlich) auch oben. Also los! Die Karte ist wenig hilfreich, phantasievoll mit Wegen versehen, die es nicht gibt. Dafür umgehen wir den angepeilten Gipfel elegant auf einem unmarkierten Steig,

der uns hübsche Tiefblicke in das Val Strona bietet. Und die Bergketten über dem Tal tauchen auch allmählich aus dem Nebel auf, da und dort zaubert die Sonne bereits einen hellen Flecken in die Landschaft.

Von der Senke hinter dem »Kreuzberg« führt die dünne Pfadspur weiter, verführt uns zum Weitergehen: hinauf zum Termine (1816 m), am Kamm entlang wieder ins Nebelgrau, bis schließlich die **Massa del Turlo** mit ihrem riesigen Eisenkreuz auftaucht: Da wollen wir noch hinauf. Und schließlich stehen wir oben, nach gut 3½ Stunden – was für ein Nachmittagsspaziergang! Die Wolken haben sich teilweise verzogen, der Blick schweift fast ungehindert über das Val Strona und seine Bergumrahmung. Es braucht nicht viel Phantasie, sich vorzustellen, wie man die Tour fortsetzen könnte: über die Forcolaccia (1875 m) zum Cengio dell'Omo (2102 m) weiter auf den Monte Càpio (2172 m) und in den Talschluß, wo über dem winzigen Rifugio A. Traglio ein paar markant höhere Gipfel stehen: Altenberg (2394 m), Cima di Capezzone (2421 m), Montagna Ronda (2414 m).

Ein andermal...

Auch den Blick zum Monte Rosa (4634 m) werden wir wohl auf einen anderen Tag verschieben müssen. Schade, denn gerade von den Höhen rund um das Val Strona wirkt der schneebedeckte Gigant besonders wirkungsvoll. Gerade noch dreißig Kilometer weit weg ist der höchste Berg der Schweiz. Wir machen uns auf den Rückweg, genießen das Licht des Spätnachmittags – es müßte gerade

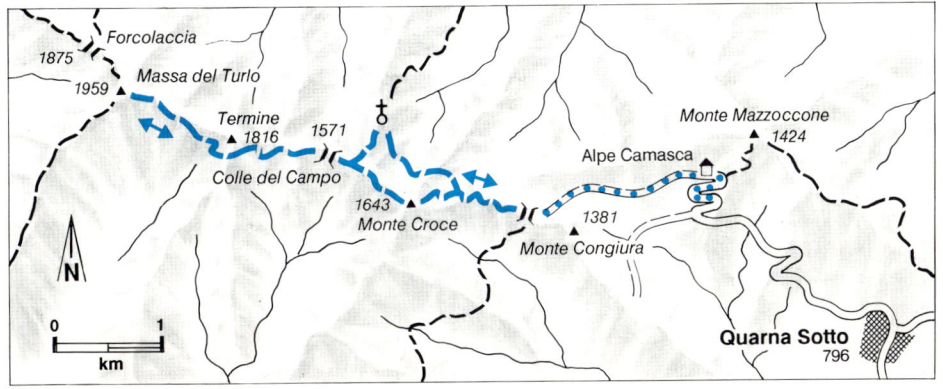

noch reichen, vor Einbruch der Dunkelheit zum Auto zu kommen. Den Monte Croce überqueren wir diesmal. Ein letzter Blick zurück, zur Mazza, auf den langgestreckten Südgrat der Massa del Turlo – weiße Nebel vor braunen Grasflanken. Und dann: Eine Zauberhand greift in den Schleier, zieht ihn zur Seite, keine halbe Minute danach steht er vor uns, alle Berge im weiten Umkreis zu Statisten degradierend, ein weißer Riese, mit seinem mehrgipfligen Grat hoch in den Abendhimmel ragend: ein Bild, das dich tief drinnen berührt, mit all der Stille rundum.

Natürlich sind wir noch eine ganze Weile geblieben, haben den Zauber wirken lassen. So kann's einem gehen!

PS: Es war längst tiefe Nacht, als wir – endlich – unten beim Auto ankamen…

Der Wegverlauf

Von der *Alpe Camasca* (ca. 1180 m) folgt man zunächst dem geschotterten Almfahrweg, der, nur mäßig steigend, westlich in die kleine Senke zwischen dem langgestreckten Westgrat des Monte Mazzoccone und dem Monte Congiura (1381 m) führt. Weiter leicht bergan im Wald zum *Straßenende* (1262 m). Hier beginnt der Anstieg zum *Monte Croce* (1643 m). Spärliche rote Markierungen führen über den schrofigen Ostrücken direkt zum Kreuz. Etwa auf halber Höhe zweigt rechts ein (nicht markiertes) Weglein ab; es läuft, mehrere Gräben ausgehend, nördlich um den Monte Croce herum zu einer kleinen Kapelle (ca. 1500 m) oberhalb der Alpe di Campo, mit Prachtblick ins Val Strona und

Etwas ängstlich, aber dabei ganz schön neugierig: Schafe.

Vorhang auf! Der Monte Rosa (4634 m), vom Monte Croce (1643 m) aus gesehen.

hinüber zum Monte Massone (2161 m). Schafsteige leiten zurück zum Gipfelweg und in den Colle del Campo (1571 m), über dem der felsige Vorbau des Termine (1816 m) steht. Die Pfadspur leitet, zunächst kräftig ansteigend, in die Südhänge und gewinnt dann die Kammhöhe. Im Süden – am Rand der Alpen – erkennt man den mäandernden Flußlauf der Sesia, im Norden zeigen sich bereits ein paar Firngipfel der Walliser Alpen.

Nun fast eben über den gemütlichen Grat zum letzten Aufschwung: nochmals etwa 150 Höhenmeter über steile Wiesenhänge, dann steht man am Gipfel der *Massa del Turlo* – bei Wetterglück (siehe oben) vor einem immensen Panorama. Und aus dieser Perspektive wird eines besonders deutlich: die Steilheit der südlichen Alpenabdachung. Genau westlich steht der Monte Rosa (4634 m), das »Dach der Schweiz«, keine 25 Kilometer weiter südlich mündet die Sesia, die an seinem Fuß entspringt, in die Poebene.

Nützliche Informationen

Ausgangspunkt: Die *Alpe Camasca* (ca. 1180 m) erreicht man von Omegna (295 m), das am Nordende des Lago d'Orta liegt, über Quarna Sotto (796 m) auf einer asphaltierten Straße, 11,3 km. Parkplatz. Wenig höher kleine Kapelle.

Anstiegsleistung: Alpe Camasca – Massa del Turlo: 850 m (»verlorene« Höhe eingerechnet).

Gehzeiten: Insgesamt 6 Std.; Alpe Camasca – Monte Croce: 2 Std., Monte Croce – Massa del Turlo: 1¾ Std., Abstieg auf dem gleichen Weg: 2¼ Std.

Verkehrsverbindungen: Von Omegna fährt ein Bus nach Quarna Sotto. Zu Fuß erreicht man die Alp in etwa 1½ Std.

Unterkunft: Keine.

Verpflegung: Unterwegs aus dem Rucksack.

Weitere Tourenmöglichkeiten: Ein »echter« Spaziergang ist der Abstecher von der Alpe Camasca zum **Monte Mazzoccone** (1424 m), 40 Min., ordentlicher Weg. Der Gipfel bietet eine sehr schöne Aussicht, vor allem auch auf den Lago d'Orta.

Man kann die Gratwanderung natürlich in westlicher Richtung fortsetzen, von der Massa del Turlo über den **Cengio dell' Omo** und den Monte Càpio (2172 m) zum Rifugio A. Traglio (2100 m), geschätzte 8 bis 10 Std., teilweise weglos.

Monte Mottarone (1491 m). Obwohl durch Straßen und die von Stresa ausgehende Seilschwebebahn zum Massenausflugsziel geworden, verdient zumindest das Panorama vom Gipfel kurze Erwähnung; es dürfte neben jenem des Monte Generoso das schönste der gesamten Region sein.

Stresa – Monte Mottarone 21 km (mautpflichtig); Orta San Giulio – Monte Mottarone 18 km.

Sehenswürdigkeiten in der Umgebung: *Orta San Giulio* (294 m). Winziges Städtchen in pittoresker Lage auf der Halbinsel am Ostufer des Lago d'Orta, im Sommer total überlaufen. Vor dem Ort liegt die Isola di San Giulio mit sehenswerter romanischer Basilika. Von Orta führt ein Kapellenweg auf den stimmungsvollen Sacro Monte (401 m).

Weit berühmter ist allerdings der *»Heilige Berg«* von Varallo im Val Sesia; ab Omegna über den Sattel von La Colma (942 m) auf guter Straße 27 km. Der Abstecher lohnt sich auch bei schlechtem Wetter – weil's dann ruhiger ist. In Varallo selbst sollte man zumindest einen Spaziergang durch den malerisch-verwinkelten Ortskern unternehmen.

Informationen: APT, Azienda di Promozione Turistica del Lago d'Orta, Via Olina 9/11, I-28016 Orta San Giulio.

Karte: Kompass-Wanderkarte 1:50000, Blatt 97 »Omegna-Varallo/Lago d'Orta«.

16 Schloß Angera

Auf den Spuren der Torriani, Visconti und Borromeo

Tourencharakter: Spaziergang mit Schloß- und Museumsbesichtigung.
Zeitaufwand: 2 bis 3 Std.
Jahreszeit: Schloß Angera ist von Anfang März bis Ende Oktober geöffnet (täglich von 9.30–12.30, von 14–18 Uhr, Juli/August 15–19 Uhr; Eintrittsgebühr).

Der Lago Maggiore ist nicht zuletzt berühmt geworden durch seine Villen und Parks, die, eingebettet in das zauberhaft exotische Ambiente des Sees, an jene »gute alte Zeit« erinnern, als man noch mit der Kutsche von Mailand zum See fuhr, gekrönte Häupter und der Geldadel sich hier ein Stelldichein gaben. Düstere Burgen mit entsprechend blutiger Geschichte paßten natürlich nicht zu dem heiteren Rahmen. Dieser Ansicht waren vor einem halben Jahrtausend offensichtlich auch die Eidgenossen; sie brachen und brandschatzten die meisten Festungen am

Grundriß Schloß Angera: ① *Torturm,* ② *Vorhof,* ③ *Südwestturm,* ④ *Weinkeller,* ⑤ *Burghof (Cortile Nobile),* ⑥ *Scaliger-Flügel,* ⑦ *Castellana-Turm,* ⑧ *Visconti-Flügel,* ⑨ *Borromeo-Flügel,* ⑩ *Garten,* ⑪ *Wachttürme*

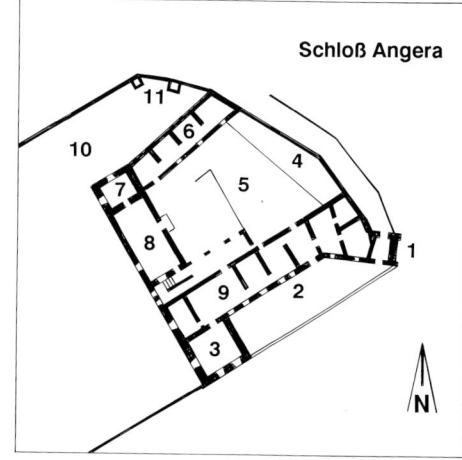

Schloß Angera

oberen See. So stößt man nurmehr auf ein paar Ruinen, am Rocca di Caldè etwa oder auf den Inseln vor Cànnero.

Und die Burg von Arona, »eine mächtige, uneinnehmbare Feste, umgeben von fünf Mauerringen«, wurde später von Napoleon geschleift. Sie bildete zusammen mit Angera einen wichtigen Sperriegel an der schmalsten Stelle des Lago Maggiore, die Uferstraßen und den Seeweg beherrschend. Letzterer war früher ungleich wichtiger als heute; Waren wurden größtenteils übers Wasser befördert. So »reiste« auch das Baumaterial für den Mailänder Dom, bei Candiglio im Valle d'Ossola gebrochen, auf dem Toce, dem Lago Maggiore, dem Ticino und dem Naviglio Grande in die lombardische Hauptstadt. Sogar militärisch hatte der See seine Bedeu-

tung; Laveno war von 1714 bis 1859 Kriegshafen der österreichischen Monarchie. Nach dem Sieg Garibaldis setzte sich die 800 Mann starke Garnison mit ihren drei Kanonenbooten in die Schweiz ab, wo sie interniert wurde.

Besiedelt war die Umgebung des untersten Seebeckens lange vor Beginn unserer Zeitrechnung; so wurden beispielsweise in der Umgebung des Weilers Golasecca, unweit vom Ticino-Abfluß, kostbare Grabbeigaben aus dem 9. bis 6. vorchristlichen Jahrhundert entdeckt. Auch die Halbinsel von Angera lieferte reiches Material, die ältesten Funde werden ins mittlere Paläolithikum datiert. Einiges kann in den beiden Museen von Sesto Calende und Angera besichtigt werden. Nachgewiesen ist auch, daß bereits die Rö-

Eine Bilderbuchburg: Schloß Angera am unteren Ende des Langensees (Lago Maggiore).

mer auf dem Rocca di Angera saßen; in dem Torturm stecken die Fundamente einer antiken Feste. Ein paar Mauerteile dürften auch noch auf die Langobardenfestung des 7. Jahrhunderts zurückgehen, doch das *Schloß Angera*, wie es sich heute präsentiert, ist die gotische Anlage der Visconti, die es in langen Kämpfen von den Torriani eroberten. Der Freskenzyklus im Sala della Giustizia gibt diese Ereignisse wieder – natürlich aus der Sicht der Sieger. Und Ottone Visconti ging mit seinem Gegenspieler nicht gerade zimperlich um; nachdem er Napo Torriani bei Desio (1277) besiegt und gefangengesetzt hatte, ließ er ihn kurzerhand in einem Käfig an den Bergfried von Castel Baradello hängen, wo er schließlich nach anderthalb Jahren verhungerte...

Den schönsten Anblick bietet das Schloß von der Seepromenade aus; deshalb sollte man auch zu Fuß von Angera zur Feste hinaufsteigen. Spätestens am Fundament der gewaltigen Umfassungsmauer, wenn man den mit dem Wappen der Borromeo geschmückten Torturm passiert, kann man ungefähr erahnen, was Macht einst bedeutete – und Ohnmacht auch...

Vom Vorhof, der einen bezaubernden Blick auf den Flecken Angera und das unterste Seebecken des Lago Maggiore bietet, gelangt man in den großen Cortile Nobile, den Burghof. Rechts, unter der hohen Umfassungsmauer, befindet sich der Weinkeller mit einer mächtigen Weinpresse von 1745, die Westecke der Anlage nimmt der Castellana-Turm ein. Im Scaliger-Flügel werden wechselnde Kunstausstellungen gezeigt; gegenüber, unter den Arkaden des Visconti-Flügels, sind mehrere Votivaltäre und Bruchstücke eines Sarkophags aus der Römerzeit aufgestellt. Die Innenräume der Burg können teilweise besichtigt werden; von kunsthistorischer Bedeutung sind dabei vor allem der Gerichtssaal und der Zeremoniensaal.

Im Sala della Giustizia begegnet der Besucher jenem unglücklichen Torriani, der in Como ein so übles Ende fand. Die gotischen Fresken schildern – nach einem Epos, das Stefanardo da Vimerate Ende des 13. Jahrhunderts verfaßte – die Kämpfe des Ottone Visconti mit seinem hartnäckigen Widersacher. Die Wandgemälde des Sala delle Cere-

monie hingen ursprünglich im Mailänder Palast der Borromäer; sie wurden im Zweiten Weltkrieg beschädigt und 1946 nach Angera verbracht. Entstanden sind die vorzüglichen Fresken Anfang des 15. Jahrhunderts. Dabei waren mehrere Künstler beteiligt, u.a. Michelino da Besozzo aus dem nahen Varese und Giovanni da Vaprio.

Keinesfalls versäumen darf man die Besteigung des Castellana-Turms, ein echter Höhepunkt der Schloßbesichtigung. Der aus romanischer Zeit stammende mächtige Torre hat an der Basis eine Seitenlänge von fast 11 Metern. Über Treppen und Stiegen geht's von Stockwerk zu Stockwerk, bis man schließlich auf dem Rundgewölbe des obersten Raumes steht, fast 30 Meter über dem Burghof. Der Blick rundum hat echte Panoramaqualität, reicht bei klarer Sicht zum weißen Dom des Monte Rosa. Gegenüber, am rechten Seeufer, liegt Arona, auch mit einem Felsen, aber seit Napoleons Zeiten ohne Burg (siehe oben). Sehr schön das untere Seebecken, genau nördlich erhebt sich als abgeflachte Pyramide der Monte Zeda (2156 m), im Nordosten der langgestreckte Rücken des Monte Campo dei Fiori (1226 m).

Nützliche Informationen

Ausgangspunkt: *Angera* (205 m), kleines Städtchen an einer Bucht des untersten Lago Maggiore. Auf guten Straßen von Sesto Calende bzw. Laveno zu erreichen. Parkmöglichkeiten vor dem Ort und am See. Auch bei der Burg (Zufahrt) gibt es einen großen Parkplatz.

Gehzeiten: In 20 Minuten steigt man von Angera hinauf zur Burg, die Straßenschleife teilweise abkürzend.

Verpflegung: Ristorante im Schloß.

Sehenswürdigkeiten der Umgebung: In *Angera* gibt es ein kleines *archäologisches Museum*, in dem Funde der Gegend ausgestellt sind. An der Straße nach Sesto Calende steht das im Kern romanische Kirchlein *San Donato* (im 17. Jahrhundert verändert); das *Archäologische Stadtmuseum* von Sesto zeigt vor allem interessantes Material der Golasecca-Kultur.

Karte: Kompass-Karte 1:50000, Blatt 90 »Lago Maggiore/Lago di Varese«.

17 Rund um den Monte Nudo

Bergauf, bergab – einmal mit dem Radl

Tourencharakter: Anstrengende Radtour auf wenig befahrenen Bergstraßen, zum überwiegenden Teil asphaltiert. Die Strecke Cittiglio – Passo di Cuvignone – Arcumeggia – Casalzuigno kann man auch mit dem Rennrad machen, ebenso die Variante über San Michele. Nur für Mountainbiker geeignet sind die Strecken am Monte Pian Nave und am Monte Ròssel.
Reine Fahrzeit: Hängt stark von der Kondition ab; gute Bergfahrer bewältigen die Runde um den Monte Nudo (23 km) in maximal 2 Std., nimmt man die Schleife über San Michele und Brissago mit (48 km), erhöht sich die Fahrzeit auf mindestens 3 Std.
Beste Jahreszeit: März bis November; im Hochsommer ist ein früher Start unbedingt ratsam.
Markierung: Die Straßen sind ausgeschildert; eine Ausnahme macht die Strecke San Antonio – San Martino.

Ganz im Schatten der berühmten »Riviera« steht das östliche, lombardische, Ufer des **Lago Maggiore**: keine Nobelorte wie Locarno, Ascona, Stresa, keine Inselgärten, kaum Parks und Prunkvillen. Das gesamte Ambiente ist ländlicher, weniger spektakulär. Ein Spektakel ganz besonderer Art hat das Ostufer allerdings zu bieten: den »Mercato« von **Luino**, jeweils am Mittwoch. Dann herrscht ein riesiges Gewusel zwischen der Seepromenade und der Piazza Garibaldi, alles, was man so brauchen kann (oder auch nicht), wird angeboten. Vor allem auf die vielen Touristen haben es die Händler natürlich abgesehen; und die kommen zu einem guten Teil aus dem benachbarten Tessin, per Auto, Schiff, ja sogar mit dem Bus (auch von Zürich oder Luzern!). Die »Navigazione del Lago Maggiore« setzt jeweils mittwochs ihre ganze Flotte ein: »Luino, ritorno, per favore«.
Doch am Ostufer des Lago Maggiore kann man natürlich nicht nur Jeans und Salami kaufen; die Hügellandschaft um das Val Cuvia lädt zum Wandern ein – und zum Radeln. Zwischen Laveno und Ponte Tresa, zwischen Luino und der Provinzhauptstadt Varese gibt es eine ganze Anzahl von (meist wenig befahrenen) Straßen, die den Mountainbiker zu einem »Ausritt« einladen. Eine Warnung ist allerdings vorauszuschicken: »mountain« muß im Wortsinn verstanden werden; bei diesen Straßen handelt es sich um echte Bergstrecken. Die meisten gehen auf die Zeit des Ersten Weltkrieges zurück, als die Italiener – aus Angst vor einem deutschen Angriff durch die neutrale Schweiz – hinter der Grenze ein Netz von Militärstraßen anlegten. Und die führten natürlich auf strategische Höhen. So erhielt fast jede Kuppe zwischen dem Lago Maggiore und dem Luganer See ihre »*Strada militare*«: Monte Piambello (1129 m), Monte Martica (1032 m), Monte Campo dei Fiori (1227 m), Monte Scerrè (796 m), Monte la Nave (988 m), I Bedeloni (972 m), Monte Pian Nave (1058 m).
Daß es sich dabei durchwegs um landschaftlich recht reizvolle Strecken handelt, versteht sich fast von selbst. Das beste Beispiel bietet die windungsreiche Route über den **Monte Nudo** (1235 m) von Cittiglio zum Passo di Sant' Antonio (637 m). Ihren höchsten Punkt erreicht sie am Passo di Cuvignone (1042 m), nach einem etwa 10 Kilometer langen Anstieg. Da muß man ganz tüchtig in die Pedale treten; die Steigungen sind zwar ausgeglichen, liegen im Mittel immerhin bei etwa 8 Prozent. Wer nicht gut drauf ist, wird das spätestens an der langen Hangstrecke unter den Pizzoni di Laveno zu spüren bekommen. Am Passo di Sant' Antonio hat man dann die Wahl: hinauf nach San Michele oder nach San Martino in Culmine (1087 m), hinab nach Arcumeggia (570 m).
Und da gibt es ganz andere Bilder zu sehen als auf der Paßfahrt, keinen See, kein Bergpanorama mit weißem Saum unter blauem Himmel: Kunst, Wandmalereien. **Arcumeggia** ist so etwas wie ein Freilichtmuseum, seit bald vier Jahrzehnten schon und immer noch wachsend. An den Fassaden der (teilweise nicht mehr bewohnten) Häuser versuchten sich zeitgenössische italienische

Künstler wie Remo Brindisi, Achille Funi, Giuseppe Migneco, Sante Monachsei, Cristoforo de Amicis und andere als Freskomaler: eine uralte Technik sollte so wiederbelebt werden. Und das Ergebnis kann sich durchaus sehen lassen; über 170 Bilder sind im Lauf der Zeit entstanden, und heute hat es den Anschein, als ob auch wieder mehr Leben in das abgelegene Bergnest zurückkehren würde: Kunst für die Menschen.

Streckenbeschreibung

Cittiglio – Passo di Cuvignone – Passo di Sant'Antonio (13 km):

Die Paßfahrt beginnt am Ortsrand von *Cittiglio* (267 m) mit ein paar Serpentinen, dann wendet sich die Straße in das nördlich gegen *Vararo* (757 m) ansteigende Tal. Oberhalb von dem Weiler beschreibt die Route eine Schleife bis knapp unter den *Passo Barbè* (873 m), bietet dabei Aussicht nach Westen, auf den See, die Borromäischen Inseln, Stresa und seinen »Hausberg«, den Mottarone (1491 m). Nach einer langen Hangstrecke gewinnt man schließlich die Scheitelhöhe (1042 m) zwischen dem *Monte la Tecia* (1106 m) und dem langgestreckten, teilweise bewaldeten Rücken des *Monte Nudo* (1235 m). Dahinter geht's in vielen Kurven und Kehren abwärts. In der kleine Senke unter dem Pizzo di Cuvignone (1018 m) steht

links etwas abseits der Straße das *Rifugio De Grandi-Adamoli* (970 m). Immer wieder hat man hübsche Durchblicke auf den See und zu den Bergketten über seinem Westufer.

Passo di Sant'Antonio – San Michele – Brissago – Mesenzana (10 km):

Aus der Paßsenke steigt das schmale Asphaltband in vielen Windungen an. Nach 2,5 Kilometern überquert man eine kleine Paßhöhe, dann senkt sich das Sträßchen leicht zur Häusergruppe *San Michele* (820 m). Hier zweigt links die geschotterte ehemalige Militärstraße nach Muceno ab; zunächst kurz ansteigend, schneidet sie die Nordostflanke des *Monte Pian Nave* (1058 m), dabei prächtige Tiefblicke auf den Lago Maggiore gewährend.

Anschließend geht's über zahlreiche Schleifen im Wald hinab nach *Muceno* (315 m; 8 km von San Michele). Wer sich für diese Variante entscheidet, sollte bedenken, daß die Ostuferstraße zwischen Castelveccana und Laveno für Radler der reinste Horror ist: schmal, mit mehreren Tunnels und stark (auch von Lastwagen) befahren!

Da ist die Talfahrt ins *Valtravaglia* bzw. ins *Val Cuvia* eher zu empfehlen: durchgehend asphaltiert und in der Ebene weniger Verkehr. Dabei kann man der Durchzugsstraße größtenteils ausweichen, indem man (mit einigem Auf und Ab) über die Dörfer fährt.

Passo di Sant'Antonio – San Martino in Culmine – Cuveglio (17 km):

Interessante Variante, allerdings sind dabei nochmals fast 500 Steigungsmeter zu bewältigen. Zudem ist der Anstieg zum *Monte Ròssel* (978 m) sehr rauh (nur für Mountainbiker); im weiteren Verlauf wird die Strecke wieder besser, und unter dem Aussichtspunkt *San Martino* stößt man auf die von *Cuveglio* (283 m) heraufkommende Asphaltstraße. Die Abzweigung zum *Monte Ròssel* ist nicht bezeichnet; sie befindet sich etwa 500 Meter entfernt von jener nach *San Michele* an der Straße Richtung *Arcumeggia*. Bei der Talfahrt von *San Martino* (Gedenkstätte am Gipfel) ist wegen der vielen, zum Teil recht unübersichtlichen Kurven besondere Vorsicht angezeigt. Wer die schönen Ausblicke ins Val Cuvia und auf den bewaldeten Rücken des Monte Campo dei Fiori genießen will, hält besser an – im eigenen Interesse!

Nützliche Informationen

Ausgangspunkt: *Cittiglio* (267 m), ein stattliches Dorf am Westeingang zum Val Cuvia, 4 km von Laveno.

Anstiegsleistungen: Cittiglio – Passo di Cuvignone: 780 m, Passo di Sant'Antonio – San Michele: 250 m, San Michele – Pian Nave: 120 m, Passo di Sant'Antonio – San Martino: 470 m. Auf der Rückfahrt über die Dörfer des Val Cuvia hat man mehrere kleine Gegensteigungen (insgesamt 100 bis 150 m).

Fahrzeiten: Variieren je nach Ausrüstung und Trainingsstand erfahrungsgemäß sehr

Gegenüber von Intra baut sich das Bergmassiv des Monte Nudo (1235 m) auf. Zwischen Laveno und Intra verkehrt das ganze Jahr über die »Ferry«.

Zeitgenössische, nicht mittelalterliche Fresken zieren die Hauswände von Arcumeggia. Wer hier mit dem Radl unterwegs ist, wird dieses Motiv besonders zu würdigen wissen.

stark. Die Runde um den Monte Nudo ist jedenfalls höchstens als Halbtagespensum anzusehen; hängt man die Schleife über San Martino an, muß mit einem entsprechend erhöhten Zeitaufwand gerechnet werden. Für die Besichtigung von Arcumeggia sollte man mindestens eine Stunde einplanen.

Verpflegung: *Rifugio De Grandi-Adamoli* (970 m) nördlich unterhalb des Passo di Cuvignone, Juni bis Oktober bewirtschaftet. *Albergo del Pittore*, in Arcumeggia (570 m), ganzjährig geöffnet.

Weitere Tourenmöglichkeiten: Für Radler und Mountainbiker ist die Gegend zwischen Lago Maggiore und Luganer See ein dankbares Terrain: viele kleine Nebenstraßen mit wenig Verkehr. Nachteil: Fast immer geht's bergauf oder bergab. Die Uferstraßen sollte man nach Möglichkeit meiden (zu viel Verkehr).

Hinweis: Zwischen Laveno und Intra-Verbania verkehrt ganzjährig eine Autofähre.

Karten: Das ganze Gebiet ist sehr schön auf der Carta nazionale dell Svizzera, Blatt 5007 »Locarno-Lugano« (1:50 000) erfaßt. Kompass-Karte 1:50 000, Blatt 90 »Lago Maggiore/Lago di Varese«.

18 Monte Tamaro (1961 m) und Monte Gambarogno (1734 m)

Zwei Klassiker

Tourencharakter: »La Traversata«: recht lange, aber wenig schwierige Höhenwanderung über mehrere Gipfel, bei Benützung der Lifte am Monte Lema und am Tamaro leichtes, sonst strammes Tagespensum. Und wer »oben« nächtigt, kommt – mit etwas Glück – in den Genuß großer Abend- und Morgenstimmungen. Besteigung des Monte Tamaro von Corte di Neggia aus bequeme Tageswanderung, wie auch die Überschreitung des Monte Gambarogno ab Indemini.

Beste Jahreszeit: Mai bis November, am schönsten ist der Spätherbst. Berüchtigt sind die Hochsommergewitter des Monte Lema.

Markierung: Vielbegangene, gut markierte Wege.

Monte Lema (1620 m), Poncione di Breno (1654 m), Monte Magino (1589 m), Monte Magno (1636 m), Monte Pola (1742 m), Monte Gradiccioli (1935 m), Monte Tamaro (1961 m), Motto Rotondo (1928 m): acht Gipfel, achtmal Aussicht, und alles an einem Tag! Das sagt einiges über die Qualität der »Traversata«, auch darüber, wann man diesen langen Gang zwischen Himmel und Erde antreten sollte: im Spätherbst, am besten bei Nordwind, wenn der Föhn (den gibt's hier auch, nicht nur in Luzern und München) für kristallklare Sicht sorgt, den Dunst in die Po-ebene hinausbläst. Im Sommer sind solche »Panoramatage« selten, statistisch gesehen werden es überhaupt immer weniger. Eine entsprechende Untersuchung hat dies eindeutig bestätigt: noch eine Klimaveränderung, hervorgerufen durch Immissionen aller Art.

Natürlich ist die **»Traversata«** ein Renner unter den Tessiner Wanderwegen, auch deshalb, weil Lifte es erlauben, den Ausgangspunkt der Tour in angenehme Höhen zu verlegen, auf die Alpe Foppa (1530 m) und zum **Monte Lema** (1550 m), im Hochsommer ein nicht zu unterschätzender Vorteil. Wer die ganze Überschreitung von Astano (631 m) bis Rivera-Bironico (471 m) an einem Tag machen will, braucht schon etwas Ausdauer und dazu sicheres Wetter, vor allem in den Gewittermonaten Juli/August. Bei einem »Einstieg« oben am Monte Lema kann man's gemütlicher angehen, Gipfelglück, Aus- und Tiefblicke in Muße genießen. Zu sehen gibt es allerhand auf der dreieinhalbstündigen Kammwanderung von Gipfel zu Gipfel: zwei Seen, den Maggiore und den Ceresio und ein Halbrund voller Bergspitzen.

Dazu dürfte der **Tamaro** der einzige Hochpunkt sein, von dem aus man die drei Städte des Tessins, Bellinzona, Locarno und Lugano, im Blickfeld hat. Und zur Rechten, östlich, liegt das von tiefen Gräben durchfurchte Malcantone, kein »schlechter« Kanton (*mal*, vielmehr eine reizvolle Hügellandschaft, von den »Segnungen« des Massentourismus weitgehend verschont. Seinen Namen verdankt das Malcantone dem Bergbau, der hier früher betrieben wurde, aber nie große Erträge brachte (*maglio* = Hammerschmiede). Die Gegend war immer arm, Auswanderungs-

land wie die meisten Tessiner Täler. Einer von denen, die ihre Heimat verließen, wurde im fernen Rußland berühmt: Domenico Trezzini (1670–1734), geboren in Astano. Er leitete unter Peter dem Großen den Aufbau von Petersburg.

Nicht weniger reizvoll ist der Blick westlich in die italienische Nachbarschaft, ins Valle Veddasca mit seinen an den Sonnenhang »getupften« Haufendörfern. Nur der hinterste Talwinkel gehört noch zur Schweiz, erreichbar über die im Winter oft verschneite Corte di Neggia (1395 m). Und unter dem Paß, am Südhang des Monte Gambarogno, liegt **Indemini** (939 m). Der verschlafene, sterbende und dann unverhofft noch einmal zum Leben erweckte Flecken »hinter den sieben Bergen« allein ist schon eine Reise wert. Leicht zu erreichen war das Nest nie, schon gar nicht zu jener Zeit, als die Eidgenossen ihre Eroberungen südlich der Alpen machten. Dabei fiel ihnen auch das Veddascatal zu, doch waren sich die neuen Herren einig, daß sie schon »genug Kastanien hätten«. So tauschten sie das Tal kurzerhand gegen das Mendrisiotto ein – so leicht ging das damals. Doch die Leute von Indemini waren offenbar mit diesem Handel nicht einverstanden; sie gruben ein altes Dokument aus, das ihre kirchliche Zugehörigkeit zu Locarno belegte.

Indemini blieb also beim Tessin, ohne eigentlich Verbindung mit ihm zu haben. Nur ein beschwerlicher Pfad über die Paßhöhe von Neggia führte hinüber ins Gambarogno, zum Lago Maggiore. Erst 1930 erhielt das sterbende Dorf eine Straße, die später sogar zur nahen italienischen Grenze verlängert wurde (und heute eine interessante Radlrunde ermöglicht). Mit der Straße kamen auch Touristen; plötzlich war Indemini nicht mehr »gottverlassen«, nicht mehr »ohne Zukunft«, sondern eine Attraktion. Mit Subventionen von Bund und Kanton wurde konserviert, was längst verlassen war, teilweise sogar wiederbelebt (auch mit Städtern), Indemini hatte wieder Perspektiven, auf jeden Fall viele Besucher. Die bestaunen die rustikale Architektur, finden die verwinkelt-engen Gäßchen einfach bezaubernd, überhören natürlich das »Züridütsch« so mancher Bewohner.

Ein Landschaftsjuwel ist das oberste Veddascatal aber geblieben, umschlossen von

hohen Bergen: Paglione (1553 m), Gambarogno (1734 m), Tamaro (1961 m) und Gradiccioli (1935 m). Sogar ein paar Almen werden
noch bestoßen, auch jene von Cedullo
(1287 m) knapp jenseits der kleinen Paßhöhe
von Sant'Anna, am Westaufstieg zum Gambarogno. Eineinhalb Stunden geht man von
der Alp zum Gipfel, zur großen Aussicht. Ob
sie schöner ist als jene vom Tamaro? Der höhere Nachbargipfel bietet das uneinge-
schränkte Panorama, der **Monte Gambarogno** dafür den tollen Seeblick. Genau gegenüber hat man das mächtige Maggiadelta, das
die beiden Ferienorte Ascona und Locarno
trennt, fast bis in die Seemitte reicht. Durch
das Valle Maggia geht der Blick bei schönem
Wetter hinauf zum vergletscherten Basòdino

(3273 m); genau von Norden öffnet sich das
Verzascatal, unverkennbar mit dem weißen
Betondreieck des Stausees. Er liefert einen
Teil jener Energie, die vom Siedlungsgeflecht
am obersten See verbraucht, auch ver-
schwendet wird: Brissago, Ascona, Losone,
Locarno, Muralto, Minusio, Tenero, Gordola.
Das Auge kann hier nicht mehr trennen, der
Sonnenhang ist zugebaut, die Magadinoebe-
ne von Bahn, Straßen und dem kanalisierten
Ticino zerschnitten. Von oben, aus der Vo-
gelperspektive, wird die Zersiedelung, Zer-
störung der Landschaft in ihrem ganzen Ausmaß sichtbar.

Der höchste Punkt zwischen Lago Maggiore und Luganer See, der **Monte Tamaro**
(1961 m), läßt sich auch von der Corte di

*Verbaut, zubetoniert: der oberste (schweizerische) Lago Maggiore mit dem weißen Dreieck
der Staumauer am Eingang ins Val Verzasca.*

Neggia (1395 m) aus besteigen, gut 1½ Stunden bis zum Gipfel. Den Rückweg nimmt man dann über den Südgrat und die Alpe di Montoia; dadurch ergibt sich eine dankbare Runde. Höhepunkt (im doppelten Sinn) ist der Tamaro mit seinem phantastischen Panorama, einem fast unübersehbaren Gipfelmeer. Und von kaum einer anderen Warte aus wird die Topographie des Ticino so deutlich sichtbar: im Süden der Sotto Ceneri mit seinem allmählich verflachenden Profil, in dem der Generoso (1701 m) einen letzten markanten Akzent setzt, nördlich der Sopra Ceneri mit seinen stark eingetieften Tälern, den steilwandigen Bergketten – eine ernst wirkende Hochgebirgslandschaft. Besonders schön zeigt sich der Aufbau der Tessiner Alpen im Valle Maggia: ein breiter, flacher Talboden, darüber unglaublich schroffe, sonnenverbrannte Felsflanken, die in hohe Grate auslaufen. Da wird einem der Unterschied zwischen absoluten und relativen Höhen wieder einmal so richtig deutlich gemacht!

Der Wegverlauf

»La Traversata«:

Genau 18 Minuten dauert die Liftfahrt von Miglieglia (706 m) hinauf zum Berghaus (1550 m) am Monte Lema; wer zu Fuß aufsteigt, muß mit 2 bis 2½ Stunden rechnen, und nochmals 10 Minuten für den Abstecher zum riesigen Gipfelkreuz, wo sich ein erstes Panorama auftut. Im Blickfeld hat man auch den langgestreckten Kamm, dem die »Traversata« – gelegentlich als dünne Spur sichtbar – folgt, bis zum Tamaro: zunächst steil hinab in die *Forcella d'Arasio* (1481 m), dann hinauf zum *Piano del Poncione*, anschließend durch die Nordwestflanke des *Poncione di Breno* (1654 m) und am Kamm entlang. Gratkuppen wie den Zottone (1567 m), den Monte Magino (1589 m) und den Monte Magno (1636 m) kann man überschreiten oder umgehen; beim *Monte Gradiccioli* (1935 m) gibt's nur eine Möglichkeit: hinauf, gut eine Stunde aus dem Sattel hinter dem Monte Magno über den langen *Südgrat*. Vom Gipfel kurz zurück, dann in die Westflanke und nördlich hinab in die *Bassa di Montoia* (1764 m) und über einen abgeflachten Rükken in die *Bassa di Indemini* (1723 m). Aus

dem Sattel kann man direkt den Ostgrat des *Tamaro* ansteuern; man spart sich gut 100 Steigungsmeter, aber auch die Gipfelschau.

Der Abstiegsweg ist vom Gipfel aus gut zu übersehen; als Richtungsweiser dient der mächtige Antennenstachel auf der *Manera* (1834 m). Zunächst über den Ostgrat hinab in die *Scharte* (1843 m) zwischen Tamaro und Motto Rotondo (1928 m), dann durch die dem Valle del Trodo zugewandten Steilhänge zur *Capanna Tamaro UTOE* (1867 m). Von der Sendeanlage entweder auf dem Serpentinensträßchen oder auf einer schmalen Wegspur direkt am Kamm hinab zur *Bergstation der Gondelbahn* (1530 m). Weiter auf der Erschließungsstraße, deren Kehren man abkürzen kann, vorbei an der Mittelstation (1129 m) und hinunter zu den *Monti di Spina* (875 m), zuletzt auf einem markierten Weg direkt abwärts nach *Soresina* (552 m) und zum Doppelort *Rivera-Bironico* (471 m).

Corte di Neggia – Monte Tamaro:

Der Anstieg von der Corte di Neggia (1395 m) folgt dem markanten Westgrat des *Tamaro*, meist auf der (schattigen) Nordseite verlaufend. Er ist bestens markiert, Wegverzweigungen sind beschildert. Von der zweiten zickzackt der Steig über leichte Felsen direkt zum Gipfel. Dabei kommt man an einer (geschlossenen) *Hütte* vorbei; hier nicht rechts auf die Terrasse, sondern links weiter aufwärts!

Ein Schild am Gipfel weist die Abstiegsrichtung zu den Monti Idacca, die angegebene Zeit werden aber nur Dauerläufer einhalten können! Über den Südgrat abwärts in die *Bassa di Indemini* (1723 m), dann am abgeplatteten Kamm entlang zur *Bassa di Montoia* (1764 m). Hier hält man sich rechts und steigt, der Wegspur folgend, ab zur *Alpe di Montoia* (1633 m). Der Rest ist genußvolles Bergabschlendern auf einem alten Alpweg, der sich, mehrere Gräben ausgehend, zu den *Monti Idacca* (1201 m) an der Straße nach Indemini senkt. Man genießt Ausblicke ins Valle Veddasca und zum Lago Maggiore; bei klarer Sicht sind am fernen Horizont Monte Rosa und Monte Viso auszumachen.

Monte Gambarogno:

In einer Stunde steigt man von *Indemini*

(939 m) hinauf zum Sattel von *Sant'Anna* (1342 m), der den Gambarogno vom Grenzberg Paglione (1553 m) trennt. Auf gut halbem Weg mündet von rechts der Höhenweg von der *Corte di Neggia*. Knapp jenseits der Wasserscheide liegt die *Alpe Cedullo* (1287 m), wo es Ziegenkäse und etwas zum Trinken gibt. Nun im Wald, später im Zickzack über freie Hänge auf den Nordwestgrat des Monte Gambarogno und zum höchsten Punkt.

An dem etwas niedrigeren Ostgipfel (1687 m) erklärt eine Tafel das Panorama; keiner weiteren Erläuterung bedarf der Abstieg zum Straßenpaß von *Neggia* (1395 m): markiert, vielbegangen, am Gratrücken entlang. Unten biegt man auf den Höhenweg ein, der, zunächst fast eben verlaufend, dann über ein paar Serpentinen absteigend, die

Südflanke des Gambarogno quert. Man hat gute Aussicht auf das Valle Veddasca und die »Traversata«, vom Tamaro zum Monte Lema; über die Talmündung zeigt sich das mittlere Seebecken des Lago Maggiore. Oberhalb von Indemini stößt man auf den Anstiegsweg; eine halbe Stunde später sitzt man drunten im Ort auf einer Steinbank, läßt sich die Nachmittagssonne auf den Buckel scheinen und genießt das kühle Bier.

Nützliche Informationen

Ausgangspunkte: *Monte Lema*, Bergstation des von Miglieglia (706 m) ausgehenden Sesselliftes. – *Corte di Neggia* (1395 m), Straßenübergang von Vira Gambarogno (209 m) nach Indemini, 13 km. – *Indemini* (939 m), kleines Bergdorf im obersten Valle Veddasca, nahe der italienischen Grenze, 4 km südlich vom Neggia-Paß.

Anstiegsleistungen: »La Traversata« von der Liftstation am Monte Lema bis zum Tamaro knapp 1000 m, bei Überschreitung aller Gipfel gut 1200 m. Corte di Neggia – Monte Tamaro: 570 m, am Rückweg bis zum Ausgangspunkt nochmals 250 m. Indemini – Monte Gambarogno: 800 m.

Gehzeiten: Monte Lema – Monte Tamaro: 3½ Std., Monte Tamaro – Alpe Foppa (Seilbahnstation): 1 Std., Alpe Foppa – Rivera – Bironico: 2 Std.; insgesamt 6½ Std. Corte di Neggia – Monte Tamaro: 1½ Std., Abstieg über die Alpe di Montoia: 2½ Std.; insgesamt 4 Std. Indemini – Sant'Anna – Alpe Cedullo: 1¼ Std., Alpe Cedullo – Monte Gambarogno: 1½ Std., Monte Gambarogno – Corte di Neggia: ½ Std., Corte di Neggia – Indemini: 1 Std.; insgesamt 4¼ Std.

Verkehrsverbindungen: Miglieglia erreicht man von Lugano mit der Bahn (Schmalspurlinie Lugano – Agno – Ponte Tresa) und dem Postauto. Der Sessellift auf den Monte Lema verkehrt von Anfang Juni bis Ende Oktober von 8.30–17.30 Uhr, April/Mai nur an Wochenenden. Rivera-Bironico liegt an der Gotthardlinie; Regionalzüge nach Bellinzona und Lugano. Die Gondelbahn zur Alpe Foppa ist von Juni bis Ende Oktober täglich von 8.30–17 Uhr in Betrieb, im Mai nur an Wochenenden. Zwischen Vira, der Corte di

Aussicht auf Aussichtsberge: vom Tamaromassiv zum Monte Gambarogno (1734 m), darüber der Gridone (2188 m).

Neggia und Indemini verkehrt ein Kleinbus (Postauto).
Unterkunft: *Ostello Monte Lema* (1550 m) bei der Bergstation des Sesselliftes, von Mai bis Oktober bewirtschaftet. *Capanna Tamaro UTOE* (1867 m), bewirtschaftet von Juni bis Oktober.
Verpflegung: Unterwegs aus dem Rucksack. Ristorante bei der Bergstation der Gondelbahn Alpe Foppa.
Weitere Tourenmöglichkeiten: Man kann den **Monte Gambarogno** auch vom See aus angehen; mit gut 1500 Steigungsmetern ein strammes Pensum. Ein markierter Pfad führt von San Nazzaro (198 m) zur *Alpe*

Cedullo, 3¼ Std.; weiter wie beschrieben zum Gipfel.
Etwas für ganz kräftige Waden: die *Radtour* rund um den **Monte Gambarogno**, mit Überquerung der Corte di Neggia (1395 m). Den Anstieg von Vira mit einer Durchschnittssteigung nahe 10 Prozent und 32 Serpentinen dürfen sich nur Besttrainierte zumuten; da ist die Steigung von Maccagno herauf leichter zu bewältigen! Vira – Corte di Neggia – Indemini – Maccagno – Vira: 52 km.
Karten: Carta nazionale della Svizzera, Blatt 1333 »Tesserete« (1:25 000). Kompass-Wanderkarte 1:50 000, Blatt 90 »Lago Maggiore/Lago di Varese«.

Luganer See

»Lugano (276 m), deutsch Lauis, die bedeutendste Stadt des Kantons Tessin, mit 13 000 Einw., reizvoll am Luganer See gelegen, eignet sich vortrefflich zu längerem Aufenthalt. Die Umgebung entfaltet die volle Pracht italienischer Gebirgslandschaften, zahlreiche Dörfer und Landhäuser blicken an den Ufern und nahen Hügeln aus Rebgeländen und Gärten hervor, gehoben durch das dunkle Grün der Kastanien- und Nußbäume. Unmittelbar im S. ragt der bewaldete Monte S. Salvatore auf. Im O. fällt der Blick auf den Monte Caprino; r. davon der Monte Generoso, l. der Monte Brè und der schöne Monte Boglia. Gegen N. öffnet sich das breite Cassarate-Tal mit seinem Gebirgskranz im Hintergrund, aus dem sich der zackige Sasso Grande und der Monte Camoghè besonders abheben.«

So stand es im »alten« Baedeker, Ausgabe 1911. **Lugano** gehörte bereits zu den renommiertesten Fremdenorten der Schweiz, der Reiseführer zählt über fünfzig Hotels auf, an der Spitze das »Grand Hôtel & Lugano Palace« (3 mal täglich Konzert, 250 Betten, Pension ab 12 Franken). Lang ist's her, und wer heute durch die Stadt bummelt oder ihr vom Monte San Salvatore auf die (Flach-)Dächer schaut, wird sich vielleicht die »gute alte Zeit« zurückwünschen, als Lugano noch kein Finanzplatz war, die Trambahn durch die Straßen rumpelte. Inzwischen ist ein Hotelzimmer fast leichter zu bekommen als ein Parkplatz, und neben den Hotelpalästen sind neue »Palazzi« entstanden: Banken.

Der Tessiner Stararchitekt Mario Botta, weltweit berühmt, verpaßte der Stadt ein postmodernes Monument, Sitz der »Banco del Gottardo«. Dafür liegt das »Palace« in Trümmern, heute eine Spekulationsruine am Seeufer.

Spekuliert wird auch gegenüber von Lugano, in Campione, das eine italienische Enklave im Kanton Tessin ist: am Spieltisch. Da sitzen auch immer viele Schweizer, doch die können ihr Geld bald einmal im eigenen Land bei Baccara und Roulette einsetzen: »Rien ne va plus!« So haben jedenfalls Parlament und Volk kürzlich entschieden und ein entsprechendes, in der Verfassung von 1874 verankertes Verbot aufgehoben. Lugano – wen wundert's – hat bereits sein Interesse an einem Casino angemeldet…

Zeiten ändern sich. Geblieben ist die Kulisse: die Berge und natürlich der See, der sich »wunderlich durch das Gebürg windet«, wie der Berner Daniel Engel bereits 1706 befand. Und wirklich, man muß schon auf die Landkarte schauen, um zu glauben, daß all die Arme zu einem Gewässer gehören, gerade 48,9 Quadratkilometer groß. Aus der eigenwilligen Form ergeben sich faszinierende Perspektiven, ungewöhnliche Bilder. So prägt der Ceresio, wie die Tessiner ihren See nennen, die Landschaft des Sotto Ceneri, des südlichen Kantonsteils. Geschaffen haben ihn die Gletscher der Eiszeit, deren Hinterlassenschaft man im Luganese allenthalben entdeckt. Sogar die Vorarbeit zur Ponte Diga, dem Seedamm zwischen Melide und Bissone, über den heute der Verkehr rollt, leisteten die Gletscher, die hier eine Endmoräne zurückließen.

Insgesamt ist das **Sotto Ceneri** – im Gegensatz zum Sopra Ceneri – eher collin als alpin, trotz Gipfelhöhen, die im Norden über der Waldgrenze liegen, im Monte Generoso immerhin noch beachtliche 1700 Meter erreichen. Die Topographie ist unübersichtlicher, kleinteiliger, aber von größerer geologischer Vielfalt: den aus kristallinen Gesteinen gebildeten Ketten des Tamaro-Lema und Camoghè stehen Dolomitzacken wie die Denti della Vecchia, Liaskalkberge wie der Brè und der Generoso gegenüber; man stößt auch auf Porphyr, etwa am Monte Arbòstora. Am Monte San Giorgio bildet das rötliche Vulkangestein die Unterlage zu mehreren Kalk- und Dolomitschichten.

Entsprechend vielfältig präsentiert sich natürlich die Vegetation, zusätzlich begünstigt durch das mild-feuchte insubrische Klima, mit einigen voreiszeitlichen Reliktpflanzen am Generoso. Die Tanne fehlt hier – im Gegensatz zum Sopra Ceneri – fast völlig; Buchen bilden in der Regel die Waldgrenze. In tieferen Lagen dominieren Kastanien und Eichen, dazu kommt eine reiche Parkflora. Früher gab es sogar Ölbaumkulturen in der Umgebung Luganos, auch Maulbeerbäume (zur Zucht von Seidenraupen für die Spinnereien in Lugano, Como und Lecco).

Als Wandergebiet läßt das **Luganese** kaum Wünsche offen. Die touristische Infrastruktur ist nahezu perfekt, was einem halt im Vergleich mit der (italienischen) Nachbarschaft besonders auffällt. Nur eines mag man vermissen: Wildnis. Zu vieles wurde erschlossen, höchstens in den unzugänglichen Ostabstürzen des Generoso ist man noch wirklich allein, allein mit der Natur.

Bilderbuchlandschaft Tessin. Blick von Brè auf den Luganer See, rechts der Monte San Salvatore (912 m).

19 Lugano und Monte Boglia (1516 m)

Lugano: Über Häuser und Hausberge

Tourencharakter: Gipfelwanderung, trotz Stadtnähe gutes Schuhwerk erforderlich, teilweise recht rauher Weg, am Südgrat einige etwas exponierte Passagen.
Reine Gehzeit: 5½ Std.
Beste Jahreszeit: Frühling und Herbst bis zum Wintereinbruch. Im Hochsommer ist der Südanstieg unangenehm heiß.
Markierung: Durchwegs gut bezeichnete, vielbegangene Wege.

Lugano. Das heißt zunächst einmal: Klischees und jede Menge Vergleiche, mehr oder weniger passende. »Königin des Ceresio« hat man das Städtchen genannt, es als »niedliches Kleinbild von Neapel« verherrlicht. Der »Zuckerhut« des Monte San Salvatore regte sogar zu exotischen Vergleichen an, die über 2200 jährlichen Sonnenstunden suggerieren ein paradiesisches Klima, eine subtropische Pflanzenkulisse läßt an die Riviera denken. Doch das Bild hat natürlich eine Kehrseite. Dem Moloch Verkehr wurde auch hier viel geopfert, und an den Flanken des Monte Brè sind die Auswirkungen der Bauwut der sechziger und siebziger Jahre unübersehbar. So mancher Palazzo beherbergt heute eine Bank – neben dem Fremdenverkehr und dem Immobiliensektor das einträglichste Geschäft dieser Kleinstadt. Aber nicht unbedingt immer das sauberste, wie so mancher kleine und größere Skandal gezeigt hat. Doch der italienischen Nachbarschaft verdankt Lugano halt nicht nur sein unvergleichliches Ambiente...

Im alten Ortskern kann man unter schweizerischem Biedersinn lombardische Tradition ausmachen. Wen wundert's, ist die Geschichte des heutigen Kantons Tessin doch bis ins ausgehende Mittelalter lombardische Geschichte mit ihren Kämpfen zwischen Mailand und Como, zwischen Guelfen und Ghibellinen, mit der Herrschaft der Visconti und Sforza. Nach der Eroberung durch die Urkantone wechselten bloß die Vögte, die

kamen jetzt von »ennet dem Gotthard«. Erst Napoleon »befreite« das Tessin, der Massentourismus brachte eineinhalb Jahrhunderte später endlich Wohlstand. Mit Granit und Kastanien – den Rohstoffen des Ticino – konnte man kaum reich werden, mit einem Grundstück über dem See dann schon eher. Aber mit den Massen kam auch die Massenkultur; eine zweite Invasion, friedlich zwar, veränderte den Kanton, zerriß ein Geflecht gewachsener Strukturen, sichtbare und kulturelle.

So muß man heute zwischen Hotels, Banken und gesichtslosen Wohnblocks auf Spurensuche gehen, will man das alte Lugano entdecken, sein lombardisches Ambiente. Am besten geht das im Winter, da sind die Tessiner (fast) unter sich, und um die Mittagszeit ist es oft warm genug für einen Espresso auf der Piazza della Riforma. Über die Stufen der Via della Cattedrale steigt man dann hinauf zur *Kathedrale von Lugano*, die in jedem Reiseführer ein Sternchen hat. Der Bau an sich ist wenig aufregend, wurde auch mehrfach dem jeweils herrschenden Zeitgeschmack angepaßt. Einmalig ist die dem Gotteshaus vorgeblendete Schaufassade, ein Hauptwerk der lombardischen Renaissance (Anfang 16. Jahrhundert). Fast gleichzeitig entstand das berühmte Kreuzigungsfresko in der Kirche Santa Maria degli Angioli, ein figurenreiches Monumentalwerk des Bernardino Luini, stark von Leonardo da Vinci beeinflußt.

Kunst von absoluter Weltgeltung gab es bis vor kurzem in der Luganer Nachbargemeinde Castagnola zu bewundern: die Sammlung Thyssen-Bornemisza. Sie hat nach langem, bemühendem Hickhack nun in Madrid eine neue Heimstatt gefunden. Doch das schönste Gesamtkunstwerk ist (trotz der erwähnten Beschädigungen) immer noch die Stadt mit ihrer Kulisse, das Halbrund der Seebucht, wirkungsvoll eingerahmt von den »Hausbergen«, dem schroffen San Salvatore (912 m) im Süden, dem Brè (925 m) im Osten. Beide besitzen sie ihr Bähnchen, das einen rasch und zuverlässig auf die aussichtsberühmte Höhe befördert – ein »Muß« für jeden Lugano-Besucher. Mit Glück kann man am fernen südwestlichen Horizont hinter Turin dann die ebenmäßige Pyramide des Monte Viso

(3841 m) ausmachen; weit mehr fasziniert allerdings der Blick auf den Luganer See, dessen eigenartige Form sich erst aus der Vogelperspektive erschließt. Am schönsten dem Wanderer, etwa auf dem vielbegangenen Weg über Carona nach Morcote (Tour 22) oder am Aufstieg von Brè zum **Monte Boglia**.

Wem dies zu anstrengend ist, der kann auch bergab wandern, von Brè hinab nach Gandria, dessen Häuser, mehr über- als nebeneinander gebaut, sich über dem felsigen Seeufer an den Steilhang schmiegen. Daß das Gedränge in den engen Gassen auch bei nicht besonders empfindsamen Seelen mitunter Fluchtreflexe auslöst, ist kein Geheimnis; am schnellsten entkommt man dem Trubel mit einem Kopfsprung in den See. Manche retten sich aufs Schiff, um mit einem Schlenker über Cantine di Gandria (originelles Schmuggelmuseum) nach Lugano zurückzukehren, andere nehmen den schön angelegten Uferweg nach Castagnola. Wen angesichts der subtropischen Vegetation dann echtes Fernweh überfällt, darf sich in der Villa Helenum nach Afrika, Indonesien und Ozeanien entführen lassen, im Museum für Außereuropäische Kulturen...

Der Wegverlauf

Vom *Monte Brè* (925 m) aus kann man gleich »Maß nehmen«, steht das Tourenziel doch

Unmittelbar über der Bucht von Lugano erhebt sich der Monte Brè (925 m), statistisch der »sonnigste Berg der Schweiz«. Und einer der am stärksten überbauten, wie man vom San Salvatore aus leicht erkennen kann. Dahinter und darüber der Monte Boglia (1516 m) mit seinem grasigen Gipfeldreieck.

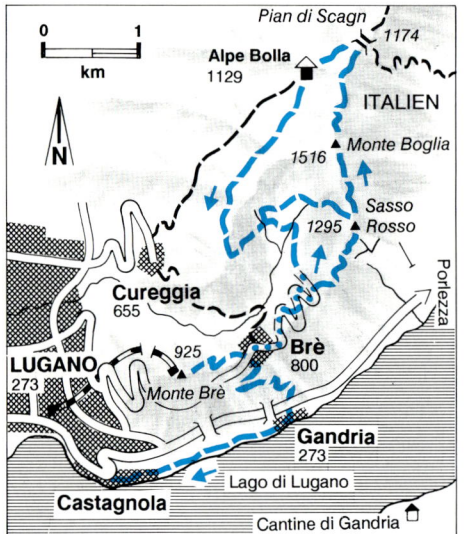

direkt vor einem, ein ganzes Stück höher, mit kahlem Gipfel. In der Senke zwischen den beiden »Monti« liegt das schmucke *Dörfchen Brè* (800 m), darüber setzt die nur teilweise bewaldete Südflanke an, die sich allmählich in einen Gratrücken verwandelt, auch zunehmend aufsteilt. Gut auszumachen sind die Straßenserpentinen über dem Ort, höher am Kamm dann ein felsiger Absatz, der *Sasso Rosso* (1295 m). Zwischen dem Güterweg und dem »roten Stein« hat man die Wahl zwischen zwei Wegen: einer »Direttissima«, die steil und direkt über den Sonnenhang ansteigt, und einer gemütlicheren Route, die den Höhenunterschied in einem weit ausholenden Rechtsbogen überwindet. Oben am Gipfel gibt's dann tolle Tiefblicke auf den Luganer See.

Beim Abstieg über den Nordgrat stehen die Dolomitzacken der Denti della Vecchia (1491 m), bevorzugtes Kletterrevier der Luganesi, vor einem; links unter dem Grenzkamm, auf der Tessiner Seite, liegt die *Alpe Bolla* (1129 m), beliebtes Ausflugsziel mit Wirtschaft. Vom Sattel *Pian di Scagn* (1174 m) sind es nur noch ein paar Minuten zur Alm; wer ganz besonders durstig ist, kann hier auch abkürzen. Für den Rückweg nach Brè nimmt man dann den markierten Steig, der zunächst fast eben die bewaldete Westflanke des *Monte Boglia* quert, dann über eine Schulter am Ansatzpunkt des Val

dei Cugnoli, das eigentlich nur eine felsige Rinne ist, in einem Bogen hinableitet nach *Brè*. Immer den Wegzeigern folgend über den steilen Hang hinab zur Uferstraße und nach *Gandria* (273 m). Ein breiter, von subtropischer Vegetation gesäumter Spazierweg leitet schließlich zurück nach Lugano-Castagnola.

Nützliche Informationen

Ausgangspunkt: *Monte Brè* (925 m), Bergstation der Standseilbahn von Lugano-Cassarate herauf.
Anstiegsleistung: Brè–Monte Boglia: 720 m.
Verkehrsverbindungen: Von Gandria kann man mit dem Schiff nach Lugano zurückfahren, direkt oder mit einem Umweg über Cantine di Gandria.
Gehzeiten: Insgesamt 5½ Std.; Monte Brè – Brè – Monte Boglia: 2½ Std., Monte Boglia – Alpe Bolla: ¾ Std., Alpe Bolla – Brè: 1 Std., Brè – Gandria: 1¼ Std.
Verpflegung: Mehrere Gaststätten in Brè und in Gandria; Einkehrmöglichkeit auf der Alpe Bolla.
Museen: Lugano besitzt einige interessante Museen, die einen Besuch wert sind (es kann ja auch mal regnen!). *Museo Cantonale d'Arte*, Via Canova 10, vor allem Tessiner und Schweizer Künstler des 19./20. Jahrhunderts: geöffnet Mittwoch bis Samstag 10–12, 14–18 Uhr, Dienstag und Sonntag 14–18 Uhr. – *Museo Cantonale di Storia Naturale*, Viale Cattaneo 4, naturhistorische Sammlung; geöffnet Dienstag bis Samstag 9–12, 14–17 Uhr. – *Villa Favorita*, Castagnola, amerikanische und europäische Kunst des 19. und 20. Jahrhunderts, Wechselausstellungen; Wiedereröffnung April 1993. – *Museo delle Culture Extraeuropee*, Villa Helenum in Castagnola, Sammlung von Kulturgütern aus Ozeanien, Indonesien und Afrika; geöffnet Dienstag bis Sonntag 10–17 Uhr. – *Museo Doganale* (Zollmuseum) in Cantine di Gandria, präsentiert teilweise recht ausgefallenes Schmuggelgerät; geöffnet Ostern bis Mitte Oktober 13.30–17.30 Uhr.
Karten: Carta nazionale della Svizzera, Blatt 5007 »Locarno/Lugano« (1:50 000). Wanderkarte »Lugano e dintorni«, mit Wegeaufdruck (1:25 000).

20 Monte dei Pizzoni (1303 m)

Steiler Zahn über dem Ceresio

Tourencharakter: Kurz und bündig: aufwärts! Also kein gemütlicher Spaziergang, im Sommer sogar eine veritable Schinderei. Am Gipfelaufbau ganz kurze, leichte Kraxelei (I-II).
Reine Gehzeit: 4 Std.
Beste Jahreszeit: Frühling, Herbst bis zum Wintereinbruch (siehe oben).
Markierung: Keine Wegmarkierung, aber dennoch leicht zu finden.

»Ein mal eins«. Kein Einmaleins, nur ein Zahlenspiel, ganz leicht, aber – wie könnte es im Gebirge anders sein – ziemlich anstrengend. Stirnrunzeln als Folge schweren Nachdenkens ist nicht zu befürchten, dafür wird man sich bald einmal den Schweiß von der Stirn wischen müssen, vor allem, wenn dieses »ein mal eins« zur Sommerzeit stattfindet. Dann wird's heiß unter dem Hemd und der eine Kilometer, um den der Monte dei Pizzoni den Luganer See überragt, zur Fron: Schritt um Schritt. Dafür resultiert aus dem einem Kilometer, der – diesmal horizontal gemessen – Gipfelkreuz und Wasserspiegel trennt, ein hinreißender Tiefblick. Aber bitte nicht gleich springen, es sei denn, der Gleitschirm ist im Gepäck!

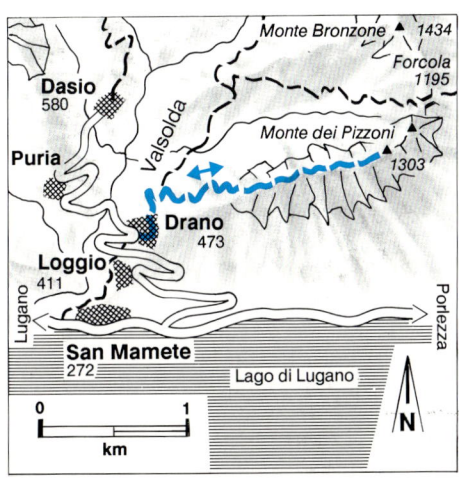

»Entdeckt« habe ich den Monte dei Pizzoni auf der Landkarte; erst später »sah« ich ihn richtig, während einer Autofahrt von Lugano zum Comer See, am steilen Nordufer des Ceresio entlang. Da zeigt sich sein Steilabfall besonders eindrucksvoll; die Felsen scheinen buchstäblich ins Wasser zu stürzen. Recht viel Besuch erhält der Berg trotz seiner Vorzugslage nicht; in nächster Nähe gibt's halt so manches Gipfelziel, bekannter oder höher: der Monte Brè (925 m) mit seiner Standseilbahn, der Monte Boglia (1516 m), nur zwei Gehstunden vom Dörfchen Brè, die Cima di Fojorina (Cima di Fiorina, 1809 m) und der Torrione (1809 m), schließlich die Denti della Vecchia (1491 m) im Grenzverlauf zwischen der Schweiz und Italien, die »Altweiberzähne«, frequentiertes Kletterziel vorab der Luganesi.

Sie bilden zusammen die alpine Kulisse des Valsolda, jener »*piccolo mondo antico*« des Dichters Antonio Fogazzaro, die sich zum Ceresio hin öffnet: kleine Dörfer, an abschüssige Hänge geklebt, im Mündungsbereich ein paar Weinberge, viele Kastanienbäume, Kalkfelsen, zu bizarren Formen verwittert. Eine »kleine Welt«, doch bei genauerem Hinsehen hat das romantische Bild schon ein paar Kratzer: zwischen den alten Steinhäusern ist Beton sichtbar, da und dort entdeckt man geschmacklose Neubauten, häßliche Blechdächer. Im Stall steht der Fiat, und am Fernsehen, via Antennenschüssel empfangen, kicken gerade die TV-Fußballer des Signore Berlusconi gegen die Mailänder Stadtrivalen von Inter. Ein Auto braucht hier fast jeder, denn Arbeit und Auskommen findet man am leichtesten im benachbarten Tessin oder in Como, und zum Einkaufen fährt man in den Supermercato, der hinter Porlezza auf der grünen Wiese steht.

Arbeit in der Fremde, das gab's hier immer; Reichtum und Ansehen aber nur für die wenigsten, die auszogen. Immerhin, einer aus dem Valsolda ist berühmt geworden: Pellegrino Tibaldi, 1529 im Dörfchen Puria (504 m) geboren. Er war in Bologna, in Rom und Mailand als Architekt und Maler tätig, wurde 1585 von Philipp II. an den spanischen Hof berufen, wo er im Escorial bedeutende Fresken für die Bibliothek und den Kreuzgang schuf. Kunstbeflissenen begegnet

Nichts für ganz heiße Tage! Der Aufstieg zum Monte dei Pizzoni (1303 m) folgt dem steilen, felsdurchsetzten und sehr sonnigen Westgrat. Im Vordergrund die Kirche von Castello (451 m), das sich einer reizvollen Lage über dem Eingang ins Valsolda erfreut.

der Manierist in mancher Stadt des heutigen Italien; auch in der engeren Umgebung seiner Heimat hat er ein paar Arbeiten hinterlassen. Von ihm stammen der Kreuzgang des Collegio Papio in Ascona, der Palazzo Gallio in Gravedona und die Villa d'Este am Comer See (Cernobbio), heute Nobelherberge und deshalb nur gegen entsprechenden Obolus zugänglich…

Doch zurück in die »kleine Welt«, genauer: nach Drano (473 m) im **Valsolda**. Hier beginnt der Aufstieg zum Monte dei Pizzoni, unmarkiert, aber nicht weglos. Die Orientierung bietet kaum Probleme, folgt der gesamte Anstieg doch dem markanten Westgrat des Kalkstocks. Daraus resultiert viel Aussicht, unterwegs kommt also kaum Langeweile auf, und zuletzt sorgt eine Felspassage für ein originelles Finale.

Der Wegverlauf

Man kann die Tour auch direkt am See beginnen, von San Mamete (272 m) auf dem alten Plattenweg, die Serpentinen der Straße abkürzend, über Loggio (411 m) nach *Drano* (473 m) aufsteigen, 40 Minuten. Durch den malerisch verwinkelten Flecken zu einer *Kapelle* (Brunnen), dann auf breitem Weg talein. Man passiert zwei Kehren, wenig weiter zweigt das Gipfelweglein rechts ab. Im Zickzack bergan, über den breiten Rücken, zunächst in angenehm schattigem Wald. Nach und nach wird aus dem Hang ein richtiger Kamm, dem erst ein paar flache Buckel, später dann ein paar Felszacken entwachsen. Der deutliche Weg weicht zwei-, dreimal in die dem See abgewandte *Nordflanke* aus. Ein paar kleine Türme umgeht man links absteigend in eine enge *Scharte*; anschließend über leichte Felsen steil und etwas luftig auf die nächste Kuppe, dann erneut kurz abwärts, um einen Turm herum und anschließend gleich rechts hinauf in einen mannsbreiten Spalt. Kraxelnd (I-II) links aus der Rinne und in lichtem Wald, zuletzt über einen Wiesenhang zum *Gipfelkreuz*. Vorsicht: Nach Osten bricht der Monte dei Pizzoni über eine senkrechte Wand ab; ein Weiterweg zum Ostgipfel (1289 m) und zur Forcola (1195 m) ist nicht möglich. Unser Versuch, den Gipfel links zu umgehen, endete auf einem exponierten Wandvorsprung bzw. in steilen Grashängen – nicht unbedingt nachahmenswert.

Nützliche Informationen

Ausgangspunkt: *Drano* (473 m), ein kleiner Weiler der Talgemeinde Valsolda, kurvenreiche Zufahrt von San Mamete, 2,7 km. Kleiner Parkplatz am Ortseingang.
Anstiegsleistung: 870 m.
Gehzeiten: Insgesamt 4 Std. Drano – Monte dei Pizzoni: 2½ Std., Abstieg auf dem gleichen Weg: 1½ Std.
Verkehrsverbindungen: Die Dörfer des Valsolda besitzen Busverbindung mit Porlezza.
Unterkunft: Keine.
Verpflegung: Unterwegs aus dem Rucksack.
Weitere Tourenmöglichkeiten: Wer rauhe, nur teilweise markierte Wege nicht scheut und über etwas Bergerfahrung verfügt, findet rund um das Valsolda einige lohnende Ziele. Von Albogasio Superiore (376 m) aus kann man den **Monte Boglia** (1516 m) besteigen (vgl. Tour 19), markiertes Weglein über Madonna del Faggio (1130 m), 3½ Std. Kürzer, aber anspruchsvoller gestaltet sich die Besteigung des **Sasso di Mont** (1262 m), der unmittelbar über Dasio (580 m) aufragt. Der nicht markierte Anstieg führt, alte Almwege benutzend, in einem Bogen rechts um den Berg herum, durch ein kleines Tal in die Scharte (1196 m) in seinem Rücken und über leichte Felsen zum höchsten Punkt, 2 Std.
Karten: Carta nazionale della Svizzera, Blatt 5007 »Locarno-Lugano«, 1:50000. Kompass-Karte 1:50000, Blatt 91 »Lago di Como/ Lago di Lugano«.

21 Monte Garzirola (2116 m) und Torrione (1809 m)

Ein Heiliger, ein Langweiler und ein Gespaltener

Tourencharakter: San Lucio und Monte Garzirola sind ganz leichte Wanderziele, die Gratüberschreitung zur Cima di Fojorina verlangt einen sicheren Tritt, der Torrione »ergibt« sich erst nach kurzer, leichter Kraxelei.
Reine Gehzeit: 5 Std. (Monte Garzirola) bzw. 4½ Std. (Torrione).
Beste Jahreszeit: Den Monte Garzirola besteigt man vor allem der weitreichenden Rundschau wegen, also am besten im Spätherbst. Auch im Frühling sehr dankbar sind die Cima di Fojorina (Blumen!) und der Torrione.
Markierung: Kammweg vom Monte Garzirola zur Cima di Fojorina gut bezeichnet; Torrione kurzer Abstecher, unmarkiert.

Grenzen. Davon gab und gibt es einige rund um das Sotto Ceneri, alte wie neue, längst vergessene wie etwa jene, die aus der Rivalität zwischen Mailand und Como entstanden. Ghibellinen und Guelfen, im Mittelalter verfeindet, sorgten für neue Grenzen, später kamen die Eidgenossen als Eroberer, und schließlich verfügte auch Napoleon Grenzkorrekturen. Er machte aus dem Südzipfel des Tessins einen Kanton der (kurzlebigen) Helvetischen Republik. Natürlich müssen Grenzen auch gesichert werden, der Staat hat Flagge zu zeigen. So bauten die Italiener eine Straße hinauf zum Grenzpaß San Lucio; die Schweizer versuchten, mit einem Drahtzaun den florierenden Schmuggel über die Bergpfade des Val Colla zu unterbinden.

Wie erfolgreich diese Aktion war, weiß ich nicht; die Überreste dieses »Vorhangs aus Eisen« rosten längst still vor sich hin, das Zollhaus am Passo di San Lucio verfällt, jenes am »Schneeloch« (Buco della Neve, 1974 m) dient seit ein paar Jahren als Berghütte. Die Grenzsteine stehen noch; ein paar haben sogar eine neue (sinnvolle) Funktion: rot-weiß bepinselt dienen sie als Wegmarkierungen! Ansonsten ist von der Grenze wenig geblieben, und Mitte August ist am Paß »grenzenloses« Vergnügen angesagt. Dann feiern die Leute aus dem (Tessiner) Val Colla und dem (lombardischen) Val Cavargna nämlich gemeinsam das Fest des heiligen Lucius, des Hirtenheiligen. Wie viele Stangen Zigaretten dabei jeweils die Nationalität wechseln, wird man wohl nie erfahren…

Den Naturfreund interessieren geologische Grenzlinien ohnehin weit mehr als politische. Und eine solch uralte »Naht« verläuft wenig südlich des Passo di San Lucio; sie trennt die kristallinen Gesteine, aus denen die **Garzirola** aufgebaut ist, vom Kalk der Cima di Fojorina und des Torrione. So hat man dies- und jenseits des »Heiligen« zwei ganz unterschiedliche Berge: Den weiten Wiesenhängen um den »Langweiler« Garzirola stehen die schrofferen Felsen der **Cima di Fojo-**

rina und des »gespaltenen« **Torrione** gegenüber. Letzterer ragt, aus dem Talrund weit vorgeschoben, hoch über dem Valsolda auf. Er hat zwei Gipfel, die durch einen Felsspalt getrennt sind, was man aber erst bei näherem Hinsehen bemerkt; der schmale Einschnitt vermittelt den Zugang zum höchsten Punkt – originelles Finale dieser Besteigung.

Die Rundschau von der Garzirola (im Tessin: Gazzirola) ist natürlich erheblich weiter (aber nur, wenn die atmosphärischen Bedingungen es zulassen!); dafür hat man vom Torrione packende Tiefblicke in das Valsolda und auf den Luganer See. Fast genau westlich, in der Verlängerung des Grenzkamms, ragen – wie ein verfaultes Gebiß – die Denti della Vecchia (1491 m) auf, bevorzugter Klettergarten der Luganesi. Weiter links steht der Monte Boglia (1516 m), Grenz-, Panorama- und Wanderberg wie die Garzirola. Darüber hinaus ist der Monte Garzirola aber auch ein beliebter Skiberg; seine sanften, größtenteils baumfreien Flanken ermöglichen phantastische Abfahrten – wenn genug Schnee liegt… Im Sommer kann man das Val Cavargna, das sich, in mehrere Seitentäler verästelt, zwischen Passo di San Lucio, Garzirola und Pizzo di Gino (2245 m) ausbreitet, gut mit dem Fahrrad erkunden. Die gewundene Straße berührt mehrere Dörfer, die einen durchaus hablichen Eindruck machen. Tagsüber trifft man hier aber kaum junge Menschen; sie arbeiten fast alle drunten im Tal: *modern times…*

Der Wegverlauf

Die Straße zum Passo di San Lucio hat ihren Ausgangspunkt bei den Häusern von *Dasio* (1118 m), am Übergang vom Val di Rezzo ins Val Cavargna. Knapp 4 Kilometer mißt die Strecke: kein Asphalt, dafür (wenn's trocken ist) reichlich Staub und ein idyllischer Rastplatz unter mächtigen Buchen auf halbem Weg. Den schattigen Platz wird man im

Ein tiefer Einschnitt spaltet den »Turm« (Torrione, 1809 m); er vermittelt den leichtesten Zugang zum Gipfel.

Das Kirchlein am Grenzpaß von San Lucio (1542 m) ist Ausgangspunkt der Kammwanderungen zur Garzirola (2116 m) und zum Torrione (1809 m).

Sommer kaum links liegen lassen, ist der weitere Anstieg doch voll der Sonne ausgesetzt. Unmittelbar an der Paßhöhe (1542 m) steht das dem Hirtenheiligen *San Lucio* geweihte *Kirchlein*, 1½ Std.

Monte Garzirola:
Der Aufstieg folgt dem langgestreckten, grasigen Südgrat; nach etwa zwei Dritteln der Wegstrecke kommt man am *Rifugio Garzirola* (1974 m) vorbei, 1¾ Std.

Torrione:
Abwechslungsreicher gestaltet sich die Kammwanderung vom Passo di San Lucio nach Süden, bis zur Cima di Fojorina ist sie auch gut bezeichnet. Aus dem Wiesensattel zunächst genau am Grat entlang, dann entweder links um *Monte Cocca* (1624 m) und *Colmo di San Bernardo* (1616 m) herum oder – rot-weiß markiert – über die beiden Grashügel in die *Bocchetta di San Bernardo* (1586 m). Nun steil an dem latschenbewachsenen Hang bergan, immer der Grenzlinie folgend in den *Passo di Fojorina* (1691 m), wo sich ein stimmungsvoller Tiefblick in das Valle di Fiorina auftut. Zur *Cima di Fojorina* (1809 m) hat man nochmals rund 100 Hö-

henmeter; kurz vor der abgeflachten Gipfelkuppe zweigt links der (unmarkierte) Zugang zum *Torrione* ab: am Kamm entlang zum Felsfuß, dann durch die schmale Rinne zwischen den beiden »Hälften« des markanten Turms auf die Südseite und links in leichter Kletterei (I-II) zum höchsten Punkt, 1½ Std.

Beim Rückweg kann man alternativ von der (noch bestoßenen) *Alpe Colmine* (1483 m; unter dem Monte Cucco) durch einen prächtigen Buchenwald nach *Seghébbia* (1110 m) absteigen; etwas »Pfadfinder«-Erfahrung ist dabei allerdings von Vorteil. Die einzige Markierung an einem Baum unterhalb der Alphütte vermittelt den Einstieg, dann geht's immer der Nase entlang…

Nützliche Informationen

Ausgangspunkt: *Dasio* (1118 m) erreicht man von Porlezza auf Bergstraßen durch das Val di Rezzo bzw. das Val Cavargna, 10 bzw. 20 km. Kleiner Parkplatz an der Abzweigung der Straße zum Passo di San Lucio. Als Ausgangspunkt kommt auch das Bergdorf *Cavargna* (1071 m) in Frage; Saumpfad zum Passo di San Lucio, 1¼ Std.

Anstiegsleistungen: Dasio – Passo di San Lucio – Garzirola: 1000 m, Dasio – Passo di San Lucio – Torrione: 700 m.
Gehzeiten: Insgesamt 5 bzw. 4½ Std. Dasio – San Lucio: 1½ Std., San Lucio – Garzirola: 1¾ Std., Abstieg nach Dasio: 1¾ Std. San Lucio – Torrione: 1½ Std., Abstieg 1½ Std.
Verkehrsverbindungen: Ins Val Cavargna fährt ein Bus, Endpunkt der Linie ist Cavargna.
Unterkunft: *Rifugio Garzirola* (1974 m), Juni bis September an Wochenenden bewirtschaftet, im August durchgehend.
Verpflegung: Unterwegs aus dem Rucksack.
Weitere Tourenmöglichkeiten: Höher, bekannter als die Garzirola ist der **Camoghè** (2227 m), einer der großen Aussichtsberge des Tessins. Von der Garzirola über den Monte Segor (2097 m) und die Bocchetta di Revolte (1970 m) 1¼ Std., Trittsicherheit erforderlich, markiert.
Die Kammwanderung zur Cima di Fojorina läßt sich über die Denti della Vecchia zum **Monte Boglia** (1516 m) fortsetzen; eine sehr genußreiche Überschreitung, etwa 4 Std.
Karten: Für die beiden Touren zur Garzirola bzw. zum Torrione empfiehlt sich die Carta nazionale della Svizzera, 1:25000, Blatt 1334 »Porlezza«.

22 Monte San Salvatore (912 m) und Morcote

»Schweizwandern«

Tourencharakter: Familienwanderung auf bequemen Wegen. »Aufstieg« zum Monte San Salvatore mit der Standseilbahn, Rückfahrt über den See.
Reine Gehzeit: 3 Std.
Beste Jahreszeit: Fast das ganze Jahr über möglich; besonders schön im Frühjahr und spät im Herbst.
Markierung: Bestens bezeichnete Wege.

Ein absoluter Hit unter den Wegen des Sotto Ceneri: die Höhen- und Bergabwanderung vom San Salvatore über Carona nach Morco-te, beinahe im Status eines »Nationaldenkmals«. Ganze Generationen von Schulkindern, vorab aus der deutschen Schweiz, waren schon auf dem bewaldeten Höhenrücken unterwegs, durften die kurze Rumpelfahrt mit dem altehrwürdigen Standseilbähnchen zum Monte San Salvatore genießen, einen Blick in die Kirchen von Carona tun. »Zvieri« gab's auf der Alpe Vicania, und schließlich zählte man die 404 Stufen von der Kirche Madonna del Sasso hinab nach Morcote, wo die Rasselbande dann aufs Schiff verfrachtet wurde: zurück nach Lugano.

Zigtausende tun es alljährlich den Kindern gleich, nehmen den Höhenweg unter die Füße, erleben die farbenfrohen Tessinbilder, von denen man so manches aus Kalendern kennt: den Zuckerhut des San Salvatore mit seinem Antennenstachel, rustikale Architektur in Carona, die überquellende Barockpracht von Madonna d'Ongero und schließlich **Morcote**, vielbesungenes »Schmuckkästchen am Ceresio« und beliebtestes Ausflugsziel am See. Obwohl schon früh vom Tourismus entdeckt, ist es hier – im Gegensatz zu anderen Tessiner Orten – gelungen, die historische Bausubstanz weitgehend zu bewahren. So bleibt die Illusion eines Fischerdorfes lebendig, zumindest in den schmalen, oft gerade mannsbreiten Gäßchen; ganz den Touristen gehören dagegen die zum See hin offenen Portici (Lauben).

Hier tritt man sich gegenseitig auf die Zehen, wird der übliche Souvenirkitsch angeboten, darunter natürlich ganze Korbladungen von Boccalino. Wer aus der alten Krugform eine (höchst unpraktische) Tasse gemacht hat, weiß ich nicht; sicher ist nur, daß sich mindestens ein Exemplar in fast jedem deutschschweizerischem Haushalt findet: salute – aber nicht verschütten!

Angesichts der (architektonischen) Enge erstaunt es nicht weiter, daß die Pfarrkirche hoch über dem Flecken auf einer Hangterrasse thront. Ein 1718 angelegter Treppenweg verbindet den Borgo mit der Kirche und dem stimmungsvollen Friedhof. *Santa Maria del Sasso* (338 m) geht im Kern auf das 13. Jahrhundert zurück, wurde um 1462 umgebaut, später barockisiert; es lohnt sich, einen Blick auf die beachtlichen Renaissancefresken zu werfen. Der zweite Blick gilt dann natürlich dem See: Gegenüber hat man die Bucht von Porto Ceresio, im Osten schaut links vom bewaldeten Monte San Giorgio gerade noch der hohe Grat des Generoso (1701 m) hervor. Das westliche Ende der Aussichtsterrasse markiert die Kapelle Sant' Antonio di Padova, ein origineller Zentralbau der Barockzeit (1676).

Kunst zu bewundern gibt es auch in **Carona** (599 m), das in einer kleinen Senke zwischen San Salvatore und Arbòstora auf dem langgestreckten Bergrücken liegt; malerische Winkel allenthalben, vorab barocke Sakralkunst in der Pfarrkirche, die zusammen mit der Casa del Comune und dem arkadenartig gestalteten Straßendurchlaß eine malerische Baugruppe bildet, dann natürlich Madonna d'Ongero (17. Jahrhundert), Barockjuwel im Ticino. Carona ist Heimat zahlreicher bedeutender Künstlerfamilien wie der Solari, Casella, Scala und Petrini. In Madonna d'Ongero hat der Maler Giuseppe Antonio Petrini (1677–1759) ein Hauptwerk hinterlassen.

Die prunkvollen Stukkaturen stammen von Alessandro Casella (1646).

Doch was wäre all diese Kunst ohne den bezaubernden Landschaftsrahmen? Und gleich am Anfang der Tour sollte man eine kurze Pause einschalten, oben auf der Panoramaterrasse des **Monte San Salvatore**. Der »Zuckerhut« bietet nämlich ein interessantes Panorama, eine gelungene Mischung von Nah-, Fern- und Tiefblicken. Die Vogelschauperspektive offenbart allerdings auch schonungslos die Bausünden Luganos, zeigt die landschaftsfressende Zersiedelung, die Schneisen im historischen Stadtkern. Doch denkt man sich die Flachdächer und Hochhäuser, die breiten Straßen einmal weg, so erscheint – mit etwas Phantasie – wieder jenes bezaubernde Bild, von dem die Besucher des letzten Jahrhunderts schwärmten.

Nicht verändert hat sich seit jener »guten alten Zeit« der weite Horizont mit dem Monte Viso (3841 m), der (manchmal) hinter Turin aus dem Dunst aufragt, als fernstem

Bilderbuch-Tessin. Tiefblick vom Monte San Salvatore (912 m) auf den Luganer See; in der Bildmitte der Seedamm (Ponte Diga), rechts darüber der bewaldete Monte San Giorgio (1097 m).

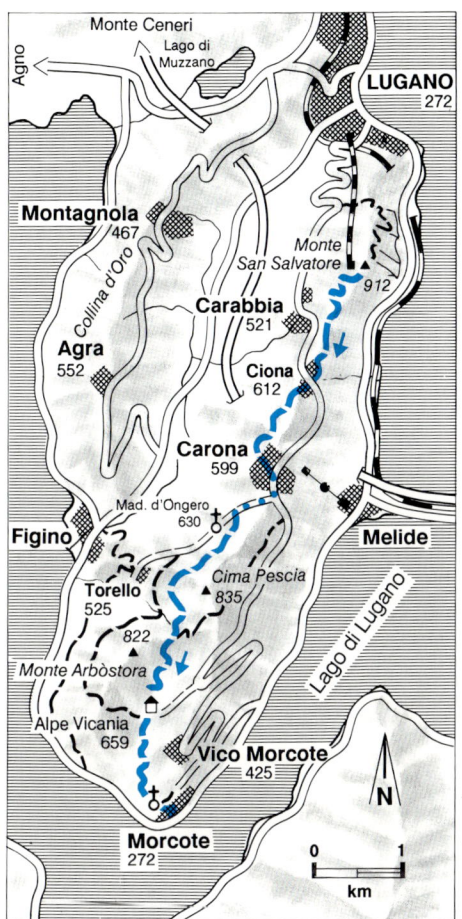

Immerhin, auf Tessiner Seite ist in den letzten Jahren viel für eine Verringerung der Schadstoffeinleitung getan worden, in der italienischen Nachbarschaft blieb es bis heute weitgehend bei vollmundigen Versprechungen...

Zum Bild des Sotto Ceneri gehört natürlich auch ein üppig mediterranes Vegetationskleid, mit vielen exotischen Gewächsen, aber auch zahlreichen alpinen Arten. Auf den Kalkböden des San Salvatore blüht manch seltenes Pflänzchen; hier befindet sich der einzige Standort des Apennin-Sonnenröschen (*Helianthum apenninum*) in der Schweiz, und im Herbst verfärbt der eigenartige Perückenstrauch (*Cotinus coggyria*) seine Steilflanken karminrot. Eine Gesamtschau der heimischen Flora präsentiert der Botanische Garten bei Carona; eine exotische Traumkulisse bietet der »Parco Scherrer« – etwas für ganz romantische Seelen!

Der Wegverlauf

Die Höhenwanderung beginnt mit dem recht steilen, rauhen Abstieg vom *Monte San Salvatore* (912 m). Bei *Ciona* (612 m) stößt man auf die Straße nach *Carona* (599 m). Am südlichen Ortsausgang, in der Nähe des Sportzentrums, weist eine Wegtafel nach *Madonna d'Ongero* (630 m). Noch vor der Kirche zweigt links der markierte Weg zur *Alpe Vicania* (659 m) ab. Er schneidet die bewaldete Westflanke der Cima Pescia (835 m) und trifft im Sattel (743 m) unter dem *Monte Arbòstora* auf einen breiten Güterweg, der über ein paar Kehren zur Alm hinabzieht. Alternativ kann man den Arbòstora (822 m) auch westlich umwandern; dieser Weg vermittelt bemerkenswerte Ausblicke auf die »Varesiner Riviera« des Luganer Sees. Beim Abstieg nach Santa Maria del Sasso (338 m) hat man dann fast ständig die Bucht von Porto Ceresio und die Hügelketten des Varesotto vor sich; mit den 404 Stufen des Treppenweges hinab zum See schließt die beliebte Wanderung.

Nützliche Informationen

Ausgangspunkt: *Monte San Salvatore* (912 m), Bergstation der von Lugano-Paradiso (272 m) ausgehenden Standseilbahn.

Punkt. Am schönsten zeigt sich vom San Salvatore aus aber der spinnenbeinige Luganer See. Zwischen den steilen Hängen des Monte Brè (912 m) und der Sighignola (1314 m) erstreckt er sich östlich bis zur Bucht von Porlezza, südlich über den Seedamm hinaus bis zum »Haupt des Sees« (Capolago). Morcote und Porto Ceresio verstecken sich hinter dem grünen Rücken der Cima Pescia (835 m), dafür ist über der Collina d'Oro der westliche Seefuß sichtbar, von Laveno über Caslano bis herauf nach Agno, wo sein einziger bedeutender Zufluß, der Vedeggio, mündet. Daß sich nur ein paar Kilometer weiter, bei Ponte Tresa, auch der Abfluß (Tresa) befindet, hat ziemlich fatale Folgen für die Ökologie des Sees: Sein Wasserinhalt wird gerade alle acht Jahre einmal ausgetauscht!

Und noch ein Kalendersujet: die Kirche von Vico Morcote (425 m) mit dem hohen, felsigen Kamm des Monte Generoso (1701 m). Darüber – natürlich – der blaue Tessiner Himmel!

Anstiegsleistung: Knapp 200 m.
Gehzeiten: Insgesamt 3 Std.; San Salvatore – Carona: 1 Std., Carona – Alpe Vicania: 1¼ Std., Alpe Vicania – Morcote: ¾ Std.
Verkehrsverbindungen: Die Talstation der Standseilbahn auf den Monte San Salvatore in Lugano-Paradiso erreicht man vom Stadtzentrum aus mit dem Bus oder zu Fuß (20 Min.). Rückfahrt von Morcote nach Lugano mit einem Schiff der »Navigazione del Lago di Lugano«.
Unterkunft: Keine.
Verpflegung: Auf der Alpe Vicania.
Weitere Tourenmöglichkeiten: Von *Madonna d'Ongero* (630 m) führt ein vielbegangener, markierter Weg über die romanische Kirche von *Torello* (525 m) in einem weiten Bogen um den Monte Arbòstora herum nach **Morcote**, 1½ Std.
Sehenswürdigkeiten: *Botanischer Garten bei Carona*, von März bis Oktober täglich geöffnet. Die *Feriensternwarte Carona* hält Astronomiekurse ab – da gibt's das ganz große Panorama! Auskunft über Tel.: 091/68 83 47. *»Parco Scherrer«* am westlichen Ortsausgang von Morcote mit verschwenderischer subtropischer Vegetation und exotischen Bauten, u. a. einer Casa Arabica und einem siamesischen Teehaus; geöffnet März bis Oktober täglich 9–17 Uhr.
Karten: Carta nazionale della Svizzera, Blatt 5007 »Locarno-Lugano« (1:50000). Carta nazionale della Svizzera, Blatt 1353 »Lugano« (1:25000).

23 Monte San Giorgio (1097 m)

Saurier, Alpenveilchen und Schmetterlinge

> **Tourencharakter:** Leichte Gipfelwanderung, lohnend auch ohne großes Panorama, besonders für Naturfreunde.
> **Reine Gehzeit:** 4¼ Std.
> **Beste Jahreszeit:** Frühling/Frühsommer (Blütezeit); fast das ganze Jahr über möglich.
> **Markierung:** Bestens bezeichnete Wege, teilweise Naturlehrpfad mit Schautafeln.

Der **Monte San Giorgio** ist – trotz einiger hübscher Tal- und Seeblicke – kein großer Aussichtsberg, aber ein Berg, der einem so manche Einsicht vermitteln kann. Weniger zu fernen Horizonten geht der Blick als vielmehr zurück, zurück in die Vergangenheit: Natur- und Kulturgeschichte werden hier lebendig, gegenwärtig. Den Auftakt macht **Ri-va San Vitale**, das nicht nur eine sehr bewegte Geschichte aufweist (es war 1798, in den Wirren nach dem Untergang der alten Eidgenossenschaft, für 16 Tage unabhängige Mini-Republik!), sondern auch zwei Kunstdenkmäler von überregionaler Bedeutung besitzt.

Das *Baptisterium San Giovanni* neben der Pfarrkirche gilt als ältestes erhaltenes Gotteshaus in der Schweiz. Der von einem achteckigen Tambour bekrönte Zentralbau – ursprünglich mit überdachtem Umgang – geht auf die Zeit um 500 n. Chr. zurück. Jüngeren Datums sind die Ostapsis und die Freskenreste, darunter eine ottonische Kreuzigung (um 1000). Links neben der Altarapsis spätgotisches Fragment des in Riva verehrten Manfredo Settala (er lebte als Einsiedler am Monte San Giorgio, wo er auch 1217 starb). Aus der Bauzeit des Baptisteriums stammt der kunstvoll verlegte Mosaikboden; in seiner Mitte ist eine achteckige »Piscina« eingetieft, die ursprünglich zur Taufe diente. Erst im Frühmittelalter wurde der Taufstein, ein mächtiger Monolith mit fast zwei Meter Durchmesser, aufgestellt.

Meride (578 m), am Südfuß des Monte San Giorgio gelegen, besitzt ein sehenswertes Ortsbild mit reizvollen architektonischen Details. Im Bild die Casa Oldelli von 1760.

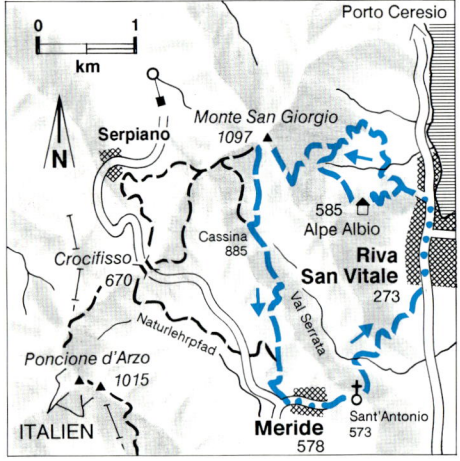

Nicht zu übersehen am nördlichen Ortsrand von Riva San Vitale ist der Turm von *Santa Croce*. Das Gotteshaus, im ausgehenden 16. Jahrhundert erbaut, gilt als eine der gelungensten Schöpfungen der Renaissance auf Schweizer Boden. »Grandioser Innenraum mit acht eingestellten Kolossalsäulen, über denen sich ein kräftig verkröpftes Gebälk, die Pilaster des Tambours und die Gurten der Kuppel entwickeln... Santa Croce ist ein stolzer Nachfahre der großen Renaissancezentralbauten mit Kuppeln (St. Peter in Rom, Montepulciano, Todi), nimmt aber bereits mit der Fassade und dem betonten Chor Elemente des richtungsbezogenen barocken Kirchenbaus vorweg.« Soweit die Aussage des Kunstführers Schweiz, der noch anmerkt, daß sich der Architekt möglicherweise von der Form des über ein Jahrtausend früher entstandenen Taufhauses inspirieren ließ.

Sehenswürdigkeiten ganz anderer Art finden sich droben am Berg, der (zufällig?) nach dem Drachentöter Georg benannt ist: Saurier, bestens konserviert in einer dünnen Bitumenschicht, zwischen Kalk- und Dolomitgestein. Es handelt sich dabei um Ablagerungen des Tethysmeeres aus der Trias (vor etwa 225 Millionen Jahren). Entdeckt wurde diese fossilienreiche Schicht zuerst im benachbarten Besano, wo u. a. der bekannte italienische Naturforscher Antonio Stoppani schürfte. Am Monte San Giorgio begann man in den zwanziger Jahren mit systematischen Grabungen, die überaus erfolgreich waren.

Paradefundstück ist das 2,3 Meter lange Gerippe eines Ceresiosaurus, bestens erhalten; der Paranothosaurus, auch er in den Gewässern des Monte San Giorgio heimisch, wurde gar bis vier Meter lang. Einziger Landsaurier, von dem man Überreste freilegte, ist der Ticinosuchus, seinem Gebiß nach zu urteilen ein recht gefräßiger Räuber.

Der Wanderer, unterwegs zwischen Tal und Gipfel, bekommt von dieser »tierischen« Vorgeschichte des Monte San Giorgio nichts mit; ausgewähltes Fundmaterial wird neben allerlei Gesteinsbrocken im kleinen Museum von Meride gezeigt. Einblick in den Bau des Bergstocks vermittelt auch der etwa 7 Kilometer lange **Naturlehrpfad** mit seinen 11 Stationen (Informationstafeln). Verraten sei hier, daß das bescheidene Massiv am Alpenrand prominente »Verwandtschaft« hat, erdgeschichtlich betrachtet: die Dolomiten. So besteht der Gipfel des benachbarten Poncione d'Arzo (1015 m) aus dem gleichen Material wie die Drei Zinnen! An seinem Fuß, in den aufgelassenen Marmorbrüchen von Arzo, kann man selbst nach Versteinerungen suchen. Wir haben da vor zwanzig Jahren schöne Brachiopoden gefunden.

Nach all diesen Abstechern in die Vergangenheit soll aber die Gegenwart nicht zu kurz kommen. Wer ein Auge fürs Detail hat, wird am Weg über den Berg so manches alpine oder mediterrane Gewächs entdecken, sich über die vielen bunten Schmetterlinge freuen. Und im Frühsommer ist der Berg übersät mit Alpenveilchen (*Cyclamen europaeum*), die im Schatten von Buchen und Eichen blühen. Gelegentlich ergeben sich unterwegs auch reizvolle Ausblicke, nördlich auf den Ceresio (Luganer See), südlich ins Mendrisiotto. Nicht ganz zu Unrecht hat man diesen südlichsten Zipfel des Kantons Tessin als »Vorhof der Lombardei« bezeichnet; die Alpen liegen hinter einem, eine andere, mediterrane Lebensfreude atmende Welt tut sich auf. Die harten Konturen in der Landschaft sind verschwunden, sanftwelliges Hügelland breitet sich aus – Wiesen, Maisfelder, dazwischen kleine Wasserläufe, ins Grün »getupfte« Dörfer. Nicht zu übersehen sind allerdings auch die Verwüstungen, die diese Idylle in den letzten Jahrzehnten hinnehmen mußte: Tanklager, Autobahn, Indu-

Berge am Südrand der Alpen. Blick vom Generosomassiv auf den Monte San Giorgio (1097 m) und (links dahinter) den Poncione d'Arzo (1015 m). In der Tiefe der südöstliche Arm des Luganer Sees.

strieanlagen ziehen sich als dicker Strang vom Südende des Luganer Sees bis zur Grenze bei Chiasso. Wir sind an einer Schlagader der europäischen Wirtschaft.

Der Wegverlauf

Der Anstieg zum San Giorgio beginnt nördlich von *Riva San Vitale* (273 m), bei der Kirche *Santa Croce*. Er ist zwar recht steil, verläuft aber weitgehend im Wald, was man vor allem während der heißen Jahreszeit zu schätzen weiß. Im unteren Abschnitt hat man

die Wahl zwischen zwei Wegen, die links und rechts vom düsteren Graben des *Cumaval* verlaufen. Der südliche (linke) Wegast führt an der kleinen *Alp Albio* (585 m) vorbei, von der man einen Prachtblick zum »Haupt des Sees« (Capolago) und auf den Monte Generoso hat. Eine halbe Gehstunde höher kommen die beiden Steige wieder zusammen; bei *Punkt 995* ist der Südgrat erreicht, wenig später steht man am *Gipfel* (kleine Kapelle).

Der Abstieg über den Südhang bietet zum Auftakt ein paar hübsche Ausblicke übers

Mendrisiotto; dann taucht der Weg wieder ein in den Wald. Bei *Cassina* (885 m) stößt man auf den *»Sentiero Naturalistico«*. Ihm folgt man bergab bis zur Wegverzweigung (675 m) oberhalb von *Meride* (578 m); hier geradeaus hinunter in das schmucke Dörfchen. Durch den Ort und über Wiesen zur *Kapelle Sant' Antonio* (573 m), die sich einer hübschen Aussichtslage erfreut. Der Weg quert nun den wilden Graben des Val Serrata nach Norden hin; dann geht's im Zickzack hinab ins Tal und zurück nach *Riva San Vitale.*

Nützliche Informationen

Ausgangspunkt: *Riva San Vitale* (273 m), 15 km von Lugano, 5 km von Mendrisio.
Anstiegsleistung: Riva San Vitale – Monte San Giorgio: 820 m.
Gehzeiten: Insgesamt 4¼ Std.; Riva San Vitale – Monte San Giorgio: 2½ Std., Monte San Giorgio – Meride: 1 Std., Meride – Riva San Vitale: ¾ Std.
Unterkunft: Gasthäuser in Meride.
Verpflegung: In Meride; unterwegs aus dem Rucksack.
Verkehrsverbindungen: Riva San Vitale hat Busverbindung mit Capolago und Mendrisio. Nächste Bahnstation ist Capolago (273 m), zu Fuß 15 Min. von Riva San Vitale.
Weitere Tourenmöglichkeiten: An der Grenze zu Italien erhebt sich der doppelgipflige **Poncione d'Arzo** (1015 m); markierte Anstiege von Crocifisso (670 m, 2 km ab Meride) und von Arzo (486 m).
Sehenswürdigkeiten: *Meride* (578 m) beeindruckt durch sein intaktes Ortsbild mit vielen reizvollen Details; westlich außerhalb steht die *Pfarrkirche San Silvestro* (farbenprächtige Chorausmalung von Francesco Antonio Giorgioli, um 1690). *Das Museo dei Fossili* ist täglich von 8 bis 17 Uhr geöffnet. *Mendrisio* (354 m) mit rund 7000 Einwohnern Hauptort des Mendrisiotto, besitzt einen sehenswerten alten Stadtkern. Berühmt sind seine Osterprozessionen (jeweils Gründonnerstag und Karfreitag).
Karten: Carta nazionale della Svizzera, Blatt 5007 »Locarno-Lugano« (1:50000). Carta nazionale della Svizzera, Blatt 1373 »Mendrisio« (1:25000).

24 Monte Generoso (1701 m)

Wege am »Rigi der Südschweiz«

Tourencharakter: Je nach Routenwahl Halbtagswanderung oder Tagestour. Am Gipfelgrat kurzer, aber recht luftiger Klettersteig.
Reine Gehzeit: 7 Std. (von Rovio aus) bzw. 2½ Std. (ab Bocca d'Orimento).
Beste Jahreszeit: Im Frühsommer blüht an den Flanken des Generoso eine artenreiche Flora, im Herbst sind die Chancen, das große Panorama auch wirklich zu erleben, am besten.
Markierung: Durchwegs ordentlich markierte Wege.

Der **Generoso** ist ein Berg für jedermann/frau: Auf der Gipfelplattform (säuberlich mit Geländer versehen, damit niemand hinunterfällt) drängeln sich Ausflügler, eben der Bahn entstiegen, und zünftige Wanderer, manche nach dem langen Aufstieg noch etwas außer Atem. Das Sprachengewirr ist babylonisch, ganz dem Ruf eines »Rigi der Südschweiz« entsprechend. Nur Kletterer trifft man keine am Monte Generoso; seine Westabstürze, aus der Ferne eine Mauer von alpinem Ausmaß, erweisen sich als haltloser Abgrund: jähe Grasflanken, zerbröckelnder Fels. Wenn er schon kein Berg zum Klettern ist, eignet sich der Calvagione (so heißt er im Intelvi) immerhin zum Fliegen: mit dem Paraglider zu Tal – sofern die richtigen Winde wehen. Herauf kommt man leicht, seit 1890 schon an der Zahnstange, in absehbarer Zukunft vielleicht am Drahtseil. Nein, hier ist kein Klettersteig gemeint (den gibt's bereits!), sondern eine Seilschwebebahn. Sie soll Gewinne statt Verluste einfahren wie die Zahnradbahn, die ständig zwischen Überlastung (an Wochenenden) und zu geringen Frequenzen pendelt – das wenigstens behaupten die Manager des Migros-Konzerns, dem die Bahn gehört.

Wer über den Generoso berichtet, darf zweierlei nicht vergessen: das Panorama, wirklich einmalig, und die Flora. Nicht umsonst haben die Botaniker dem Berg den Eh-

Ein richtiger »Panoramasteig« ist die Via ferrata am Gipfelgrat des Monte Generoso (1701 m). Im weiten Rund dominiert der höchste Berg der Schweiz, der Monte Rosa (4634 m).

rentitel »*princeps montium*« verliehen; wer nach der Schneeschmelze, im Mai oder im Juni an seinen Flanken wandert, versteht auch weshalb. Da blüht (und duftet) es dann so üppig, daß einem bald einmal der Schritt stockt, man ins Schauen und ins Schwärmen gerät, die Zeit vergißt. Über zwanzig Orchideenarten soll es am Generoso geben, darunter die Stendelwurz-Orchidee (*Serapias vomeraca*), einer von mehreren Endemiten. Der seltene Affodill (*Asphodelus albus*) ist hier heimisch, die Pfingstrose (*Paeonia officinalis*) ebenso wie der Pyrenäen-Milchstern (*Ornithogalum pyrenaicum*) und der Hundszahn (*Erythronium dens canis*).

Und dann, oben, das Panorama! Viel weiter als jenes des deutschschweizerischen Rigi, spannt es sich von den Ligurischen und Cotti-schen Alpen bis zur Bernina, ein Halbrund voller Zacken und Spitzen, in starkem Kontrast zur Weite der Poebene, über der im Süden die flachen Bergrücken des Apennin stehen. Einige der markantesten Gipfel kann man (bei entsprechend klarer Sicht) leicht ausmachen, im Südwesten etwa, ganz isoliert und auffallend ebenmäßig gebaut, die Pyramide des Monte Viso (3841 m). Ziemlich genau über dem bewaldeten Gipfel des Monte San Giorgio (1047 m) zeigt sich der Gran Paradiso (4061 m), dann folgt als größter »Brocken« der Monte Rosa. Und rechts hinter seinem mehrgipfligen Grat ist ein spitzes Horn zu erkennen: der berühmteste Gipfel der Alpen, das Matterhorn (4478 m). Im Uhrzeigersinn schließen Mischabel (Dom, 4545 m) und Weissmies (4023 m) an. Von

den Viertausendern der Berner Alpen ist das Finsteraarhorn (4274 m) herausragend, ein schlanker, mächtiger Turm, wenig rechts vom Antennenstachel des San Salvatore (912 m) aufragend. Die höchsten Erhebungen des Tessins, Basòdino (3273 m) und Rheinwaldhorn (3402 m) stehen ebenfalls im Gipfelrund; rechts hinter dem Tamaro sind Galenstock (3583 m) und Dammastock (3630 m) auszumachen.

Der zwischen Gotthard- und Adulamassiv absinkende Alpenhauptkamm erlaubt – genau nach Norden – einen Durchblick zum Tödi (3614 m), dem höchsten Gipfel der Glarner Alpen. Er steht über dem behäbig breiten Rücken des Monte Boglia (1516 m), hinter dem die Denti della Vecchia (1491 m), Dolomit-Klettergarten der Luganesi, hereinlugen. Über dem grasigen Kamm, der das Intelvital nordöstlich abschließt (Monte Tremezzo, 1700 m), fallen drei Gipfel ins Auge: Piz Bernina (4049 m), neben ihm, etwas näher und deshalb (scheinbar) höher, der Monte Disgrazia (3678 m) und – auf halber Distanz – der Monte Legnone (2609 m), höchster Gipfel am Lario. Die Berge jenseits des Comer Sees sind es dann, die das Alpenpanorama im Osten beschließen: Pizzo dei Tre Signori (2554 m), die Grigne mit ihrem Nordgipfel (Grignone, 2409 m) und dem Südgipfel (Grignetta, 2177 m), zuletzt der Resegone (1875 m). Ein gutes Stück näher, zwischen dem beiden Südarmen des Sees, erhebt sich der Monte San Primo (1682 m), der über einen langen Kamm nördlich in der Kuppe von Bellagio ausläuft.

Frage, bereits angenehm hoch und dem Gipfel schon recht nahe. Wer von Rovio aufsteigt, kann – um seine Kniegelenke zu schonen – für den Rückweg auch die Bahn benützen, im sicheren Gefühl, den Gipfel ja »ehrlich« bezwungen zu haben…

Der Wegverlauf

Rovio – Monte Generoso:
Von *Rovio* (495 m) folgt man dem breiten Weg taleinwärts bis zur Weggabelung von Soldino (583 m). Hier links in Kehren aufwärts nach *Salera* und in die Scharte (798 m), die den Monte Sant' Agata (939 m) vom Generosomassiv trennt. Nun rechts bergan, auf den bewaldeten Rücken von *Pianche* und über ihn, zuletzt in die Südflanke ausweichend, zur Gratsenke (1360 m) unter der *Cima Crocetta* (1391 m). Hier mündet der von Arogno heraufkommende, markierte Steig.

Weiter am teils recht schmalen Grenzkamm entlang über die *Cima dei Torrioni* (1489 m) hinauf zum *Nordgrat des Generoso,* wo man knapp unter der Graskuppe der *Cima della Piancaccia* (1610 m) auf den italienischen »Sentiero alto« stößt. Er führt in angenehm gleichmäßiger Steigung durch die steilen Osthänge des Generoso zum Gipfel. Die dunklen, auffallend geschichteten Gratzacken bleiben rechts, sie sind das »Gerüst« für den vor einigen Jahren angelegten **Klettersteig.** Er läuft über den Nordgipfel des Generoso, den *Baraghetto* (1659 m), mit recht luftigem Auftakt (drei kurze, senkrechte Leitern) und einer soliden Brücke als Finale. Ein paar Drahtseile sichern dann (überflüssigerweise) auch noch den kurzen Direktanstieg zur Gipfelplattform.

Wer zu Fuß nach Rovio absteigen will, hat im Weg über die *Alpe di Melano* (917 m) eine interessante Alternative zur Anstiegsroute. Vom Gipfel zunächst hinab zur *Bahnstation* (1601 m), dann den Gleisen folgend abwärts zu einer kleinen *Gratsenke* (1452 m), auf die der markierte Zickzackweg von der Alp mün-

Von Rovio (498 m) aus ist der Generoso fast mehr als ein Wanderberg, der Aufstieg verlangt einige Ausdauer und, trotz markierter Steige, auch einen sicheren Tritt. Ganz anders die Wege von Osten, über die italienische Flanke des Bergstocks: sanft gerundete Buckel, breit hingelagert, im Sommer grün, später dann braun werdend, bis der Wintereinbruch eine weiße Haube darüberzieht. Nur unmittelbar am Grat tritt der blanke Fels hervor, stehen ein paar bescheidene Türme. Und daran ist auch prompt eine kurze und ziemlich überflüssige *Via ferrata* geheftet worden, mehr ein Gag mit ein paar Leitern, Drahtseilen und einer soliden Brücke, die einen kleinen Spalt überquert.

Als Ausgangspunkt im Osten des Generoso kommt vor allem die *Bocca d'Orimento* in

det. Westlich mit schönen Tiefblicken auf den Luganer See bergab und auf einem bequemen Saumpfad – zunächst nur leicht an Höhe verlierend – um den *Sasso Piatto* (1091 m) herum und durch das Valle della Carbonera zurück zum Ausgangspunkt.

»Sentiero alto«:
Von der *Bocca d'Orimento* (1275 m) ist der Abstecher zum Generoso gerade ein Halbtagsausflug. Aus dem Sattel zunächst eben talein, dann nicht auf den breiten, am gegenüberliegenden Hang sanft ansteigenden Weg (»*Sentiero basso*«), sondern über einen licht bewaldeten Hang, der dünnen Wegspur folgend, aufwärts zum langgestreckten *Nordgrat* des Generoso. Man gewinnt ihn an einer kleinen, namenlosen *Senke* (1353 m). Hier links, immer in Kammnähe, zuletzt in die schrofige Ostflanke ausweichend, zum *Gipfel*.
Für den Rückweg bietet sich der »*Untere Weg*« an, dessen Verlauf man vom Anstiegsweg aus gut verfolgen kann. Er setzt etwas tiefer am Ostgrat des Generoso (ca. 1590 m) an und quert dann, allmählich Höhe verlierend, die Hänge über dem Valle Squadrina.

Nützliche Informationen

Ausgangspunkte: *Rovio* (495 m), malerisches Tessiner Dorf über dem Südostarm des Luganer Sees. Ordentliche Bergstraße von Melano (293 m), 3 km. Parkmöglichkeit am Ortseingang. – Die *Bocca d'Orimento* (1275 m) erreicht man vom Intelvital aus auf einer Serpentinenstraße, 8,5 km von Casasco (822 m), Abzweigung am Ortseingang. Beschränkte Parkmöglichkeit am Paß.
Anstiegsleistung: Rovio – Monte Generoso: 1210 m, Bocca d'Orimento – Monte Generoso: 430 m.
Gehzeiten: Rovio – Monte Generoso: 4¼ Std., Abstieg über die Alpe di Melano: 2¾ Std.; insgesamt 7 Std.
Bocca d'Orimento – Monte Generoso: 1½ Std., Abstieg auf dem »Sentiero basso«: 1 Std.; insgesamt 2½ Std.
Verkehrsverbindungen: Rovio erreicht man von Melano mit dem Postauto. Casasco hat Busverbindung mit den Ortschaften des Intelvi (zu Fuß zur Bocca d'Orimento, 1½ Std., teilweise auf der Straße).

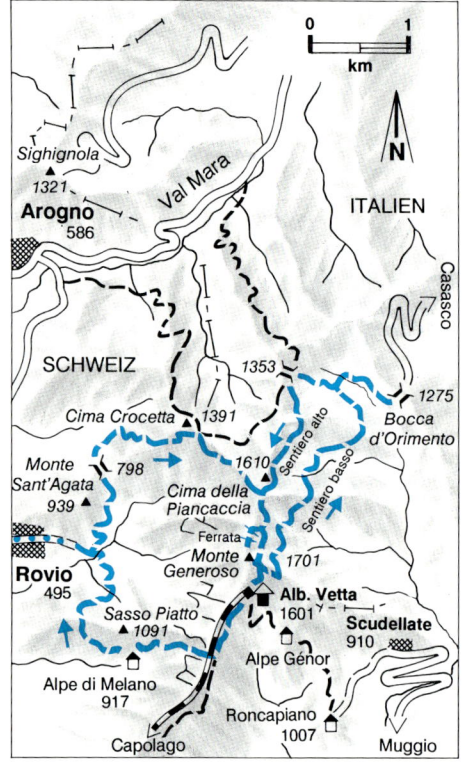

Unterkunft: Bei der Bergstation der Zahnradbahn (Capolago – Generoso) *Albergo-Ristorante Vetta* (1601 m), Juni bis Mitte November geöffnet.
Verpflegung: Unterwegs aus dem Rucksack. Auf der Bocca d'Orimento gibt's eine urige Osteria.
Weitere Tourenmöglichkeiten: Markierte Wege führen auch von Norden bzw. Süden auf den **Monte Generoso**. Von *Arogno* (586 m) muß man mit einer Anstiegszeit von 4 Std. rechnen, von *Scudellate* (910 m) im obersten Valle di Muggio mit etwa 2½ Std.
Sehenswürdigkeiten: In *Rovio*, das als »Soana« in Gerhart Hauptmanns Novelle »Der Ketzer von Soana« in die Literaturgeschichte eingegangen ist, verdient die westlich außerhalb des Dorfes zwischen den Rebbergen stehende *Kapelle San Vigilio* (11. Jh.) Beachtung.
Karten: Carta nazionale della Svizzera, Blatt 1353 »Lugano« (1:25 000). Kompass-Wanderkarte 1:50 000, Blatt 91 »Lago di Como/ Lago di Lugano«.

Comer See

Fläche 146 Quadratkilometer, maximale Tiefe 410 Meter. Damit ist der Lario weder der größte noch der längste unter den oberitalienischen Seen. Aber der tiefste. Und das sagt einiges: Er ist ein richtiger Alpenfjord, vom Grund bis zur Spitze des Monte Legnone (2609 m) fast drei Kilometer hoch – Rekord! Eine Schiffahrt bestätigt diese Zahlenspielerei: Die Ufer sind steiler als drüben am Lago Maggiore, das Gewässer insgesamt schmaler, es fehlen die Taleinschnitte, die Horizontlinie verläuft höher. All das verleiht dem See ein ganz anderes Ambiente, weniger mediterran, rauher. Und es macht ihn besonders interessant für den Alpinisten. Daran sind allerdings wiederum nicht nur die beachtlichen Höhenunterschiede schuld, auch die »Dolomiten« an seinem Ostufer. Bereits über Lecco ragen Kalkmauern senkrecht in den Himmel, und wenn ich von den Piani Resinelli hinaufschaue zur Grignetta, ist der Vergleich mit den Cadinispitzen nicht weit: ein Wald von Türmen, Zinnen und Zacken hier wie dort, nur der Lario ist halt etwas größer als der Misurinasee, an dessen Ufern im Frühling ja auch keine Azaleen und Magnolien blühen. Dafür im Sommer das Edelweiß, doch das findet man auch auf den Höhen rund um den Comer See, wie die Flora hier überhaupt durch besondere Artenvielfalt glänzt.

Da erstaunt es kaum, daß am Lario schon früh die ersten Alpenvereinshütten gebaut wurden, daß Lecco eine Bergsteigerstadt mit Tradition ist. Über dem Westufer des Sees gibt es eine durchgehend markierte Höhen-

Schönste Wanderzeit an den Insubrischen Seen ist der Herbst. Blick auf den Nordarm des Comer Sees; in der Bildmitte der breite Kamm des Monte San Primo (1682 m).

route, von Cernobbio bis zum oberen See-Ende, die »*Via dei Monti Lariani*« samt einer alpinen Variante, der »*Alta via del Lario*«, zwischen dem Monte Grona und dem Resegone fast zwei Dutzend Klettersteige, darunter einige, die jeden Vergleich mit berühmten Dolomitensteigen aushalten. Der Lario – ein Dorado für Bergfreunde.

Aber das Hochglanzbild hat (natürlich) auch ein paar Flecken. Die Städte sind hier noch näher als am Lago Maggiore: Como, Lecco. Das bedeutet Industriesmog über dem See, an Wochenenden jede Menge (Ausflugs-)Verkehr, auch von Mailand, das macht die Seeufer und Wegränder nicht sauberer, die Höhen nicht stiller. Aber es sollte auch nicht den Blick verstellen auf das kulturelle Erbe der Region. Mag die Banlieue von Como mit ihren Fabriken und Wohnsilos noch so trist und menschenfeindlich wirken, die alte Città in ihrem altrömischem Geviert hat unverwechselbaren Charme, dem See zeigt die »kühle Schöne« ihr nobles Gesicht. »*Pura seta di Como*« ist weltweit ein Begriff; die Seide hat auch den Wohlstand der Stadt begründet. Zu Beginn des 16. Jahrhunderts

richtete Pietro Boldini hier die erste Seidenmanufaktur ein, und bis heute bestimmt die Seidenkonjunktur den wirtschaftlichen Pulsschlag. Auch drüben am anderen, östlichen Fuß des Sees, der auf der Landkarte ausschaut wie ein auf den Kopf gestelltes Ypsilon, in Lecco, spielte die Seidenverarbeitung eine Rolle, doch hat ihr die Eisenindustrie längst den Rang abgelaufen. Rußgeschwärzte Mauern und Hochschlote prägen das Bild der 50000-Einwohner-Stadt, deren Namen untrennbar mit einer Romanze der Weltliteratur verbunden ist: Alessandro Manzonis »*I promessi sposi*« (Die Verlobten). Was für ein Kontrast!

Doch Gegensätze gehören zum Bild des Lario: am Legnone liegt noch Schnee, wenn an der Tremezzina bereits die Azaleen und Rhododendren blühen, Bellagio wird von Touristen überschwemmt, auf den Almen verfallen die Hütten. Eiseskälte auf den Gipfeln, Sonnenschein an den Gestaden des Sees: Vielleicht ist es gerade dieses Nebeneinander des scheinbar Unvereinbaren, das zum Zauber des Lario beiträgt. Muß es unbedingt der Gardasee sein?

Versteckte Sehenswürdigkeit: das ehemalige Kloster von San Pietro al Monte im Valle dell'Oro oberhalb von Civate (Tour 27). Blick auf den Monte Barro (922 m).

25 Monte San Primo (1682 m)

Nur der Aussicht wegen?

Tourencharakter: Bequemer Aufstieg, Abstieg dafür sehr steil, bei Nässe nicht ratsam.
Reine Gehzeit: 2½ Std.
Beste Jahreszeit: Anfang Mai bis Spätherbst.
Markierung: Kaum Bezeichnungen, Orientierung aber trotzdem leicht.

Ein kurzer Blick auf die Landkarte genügt, um zu verstehen, weshalb man den **Monte San Primo** besteigen *muß*: der Aussicht wegen. Erst ganz oben zeigen sich seine Vorzüge, die Lage nämlich zwischen den drei langen Fjorden des Comer Sees – was für eine Schau! Aus dieser Perspektive ist der Lario ein richtiger Alpensee, mit schroffen Ufern und hohen Gipfeln rundum; keine andere Warte gewährt eine ähnlich umfassende Sicht auf all seine Bergketten. Genau westlich hat man das markante Horn des Sasso Gordona (1410 m; Tour 28); rechts dahinter erhebt sich der breite, kahle Rücken des Monte Generoso (1701 m; Tour 24). Im Nordwesten, über der breiten Senke von Intelvi, lugt der Monte Boglia (1516 m; Tour 19) herein, über der Tremezzina erkennt man den langen Kamm, der im Crocione (1641 m; Tour 29) ausläuft und jäh gegen Menaggio abfällt. »Hausberg« des Uferortes ist der Monte Grona (1736 m; Tour 30); ein schmaler Grat verbindet ihn mit dem Monte Bregnago (2107 m). Dahinter stehen die Zacken des oberen Lario mit dem Piz Ledù (2503 m) und dem Sasso Canale (2411 m; Tour 32).

Die Gipfelparade über dem Ostufer beginnt mit dem Monte Legnoncino (1714 m); Blickfang ist aber sein großer Nachbar, der Legnone (2609 m; Tour 33), höchste Erhebung am Comer See, ein massiger, düsterer Koloß. Ganz anders das Kalkmassiv der Grigne: heller Kalk, mächtige Wandfluchten, filigrane Turmbauten. Es kulminiert im Grignone (Grigna Settentrionale, 2409 m; Tour 38), den ein langer Grat mit der Grignetta (Grigna Meridionale, 2177 m; Tour 41) verbindet.

Gleich einem Schiffsbug schiebt sich der Coltignone (1474 m; Tour 42) gegen die Talmulde von Lecco vor; über ihr steht der Zackenkamm des Resegone (1875 m; Tour 45). Den Blick auf die Stadt verstellt der Monte Moregallo (1276 m), rechts flankiert von dem auffallenden Profil der Corni di Canzo (1373 m; Tour 26).

An klaren Tagen, vor allem im Herbst, ist der Horizont noch viel weiter, reicht die immense Schau bis zum Monte Rosa (4634 m) und zum Monte Viso (3841 m), dessen ebenmäßig gebaute Pyramide im Südwesten hinter Turin auszumachen ist. Nach Süden geht der Blick hinaus zum Po; meist liegt aber Dunst über der Ebene, Smog natürlich auch, weshalb sich die Madonnina auf dem Mailänder Dom nur höchst selten zeigt. Dafür hat man mit ein bißchen (Wetter-)Glück einen ungehinderten Blick auf die »Perle des Lario«: Bellagio.

Eigentlich müßte man die Tour auf den Monte San Primo hier beginnen, an der schmalen Landzunge zwischen den beiden südlichen Armen des Sees, an diesem unvergleichlich schönen Platz. Von »bello lago« – sagen die Einheimischen – kommt der Name des Ortes, richtig ist allerdings die römische Wurzel »bilacus«, also »zwischen den Seen«. Doch wer den unverwechselbaren, altmodisch-gediegenen Charme des Ortes einmal erlebt hat, neigt vielleicht eher zur volkstümlichen Ableitung. Man braucht ja nicht gleich in romantischen Überschwang zu verfallen, wie Flaubert, der schrieb: »On voudrait vivre ici et y mourir.«

Einen Besuch ist der Flecken aber allemal wert, trotz Touristeninvasionen und »Überfällen«, die fast jeden Sonntag von mehr oder minder gelangweilten Mailändern inszeniert werden, akute Parkplatznot auslösen, unten in den Portici und an den Bars zu einem unübersichtlichen Gedränge führen, ehe sich der Spuk im Dunkel der Nacht wieder auflöst. Am anmutigsten ist **Bellagio** im Frühling, zur Blütezeit, und im Herbst, wenn die Luft klar wird, die tiefstehende Sonne warme Farben in die Landschaft zaubert, der Nordwind die Wasseroberfläche kräuselt und das grüne Spitzchen des Crocione ganz nahe heranrückt.

Doch im Frühling gehört Bellagio zuerst

den Romantikern; dann muß man zumindest einen der berühmten Parks besuchen, sich den Düften und der exotischen Farbenpracht hingeben. Der Park der Villa Melzi wartet sogar mit einer künstlichen Grotte, einem »Nymphensee« und einem maurischen Tempelchen auf. Hier sollen schon Franz Liszt und die Gräfin d'Agoult Händchen gehalten haben, nachdem sie im Sommer 1837 nach Bellagio geflüchtet waren, um dem Klatsch der Pariser Gesellschaft zu entgehen…

Der zweite große Park, jener der Villa Serbelloni, liegt auf der gegenüberliegenden Seite der Landzunge, der winzige Borgo mit seinen eng zusammengebauten Häusern schmiegt sich an den Westhang – was für ein Kontrast zu der auf Repräsentation angelegten Architektur rundum! Schmale Treppengäßchen führen von der Seepromenade hinauf zur Pfarrkirche, einer romanischen Basilika, deren Turm im 17. Jahrhundert barock erhöht wurde.

Doch zurück in die Berge! Das geht ganz leicht über die Serpentinen der Straße, die von Bellagio hinaufzieht nach *Madonna del Ghisallo* (755 m), 10 Kilometer, gerade richtig für gut trainierte Radler. Die hätten ja allen Grund, diesen Abstecher unter die Räder zu nehmen; immerhin gilt die Madonna von Ghisallo in Italien als Schutzpatronin der »*Girini*« (so heißen hier die Radler). Das Denkmal bei der Kapelle ist allen Radsportlern gewidmet, Siegern wie Besiegten. Fast immer zu den Gewinnern (wenigstens im

Sport) gehörte Fausto Coppi, den nicht nur Italiener für den größten Radrennfahrer aller Zeiten halten. Eine Büste erinnert an den 1960 gestorbenen Campionissimo.

Auf der Höhe von Ghisallo weist ein Wegzeiger zum *Parco Monte San Primo*: noch ein paar Kilometer, einige Kurven, am Straßenende ein großer Parkplatz und drei Schlepplifte. Von einem Naturpark entdeckt man wenig, dafür immer wieder Abfälle, achtlos am Weg deponiert oder in den Wald geworfen. Und wenn man dann oben am alten Kriegsweg auch noch auf Spuren schwerer Motorräder stößt, ist die Freude an der Wanderung doch leicht getrübt: Wenn die Aussicht nicht wäre…

Der Wegverlauf

Vom Parkplatz des *Parco Monte San Primo* (ca. 1120 m) führt ein schmales Asphaltsträßchen hinauf zur *Alpe del Borgo* (1181 m). Von der Alm steigt man über einen Wiesenhang an in die kleine *Senke* (1312 m) unter dem Monte Forcella, dann in einem Rechtsbogen zum Hauptkamm des Monte San Primo. Hier stößt man auf eine alte, schon recht verwachsene Straßentrasse, die, sanft ansteigend, bis unter den grasigen Gipfel führt. Man genießt freie Sicht nach Süden, auf die Höhen rund um das Vallassina und, nachdem man den Südgrat der *Cima del Costone* (1614 m) passiert hat, auch zum Südwestarm des Comer Sees.

Im Gegensatz zum Anstieg ist der Abstieg extrem steil, zumindest auf den ersten 100 »Tiefenmetern« – kein Thema bei Nässe oder gar Regen (aber dann geht man ohnehin nicht auf diesen Berg). Mühe mit dem Gleichgewicht hat man auch bei trockener Spur, und gelegentlich hilft nur der Griff ins Unterholz, wird eine knorrige Wurzel zum dankbar angenommenen Haltepunkt. Freundlicherweise hält der »Weg« die Falllinie nicht lange ein, geht er in leichtes Zickzack über, was die Stimmung hebt und die

Der alte Borgo von Bellagio schmiegt sich an den Westhang der Landzunge, die weit in den Comer See hinausgreift.

So etwas gibt es nur in Italien: das Denkmal für den Radrennsport, für Sieger und Verlierer, in Madonna del Ghisallo, an der Paßstraße von Bellagio in das Vallassina.

Gelenke etwas schont. Man steigt über den Nordgrat des Monte San Primo ab bis zum *Rifugio Martina* (1233 m). Wenig tiefer stößt man auf die Straße, die fast eben zurückführt zum *Ausgangspunkt.*

Nützliche Informationen

Ausgangspunkt: *Parkplatz des Parco Monte San Primo* (ca. 1120 m), auf guter Straße direkt von Bellagio oder via Madonna del Ghisallo (755 m) erreichbar, 13 bzw. 16 km.
Anstiegsleistung: 560 m.
Gehzeiten: Insgesamt 2½ Std. Parkplatz – Monte San Primo: 1½ Std., Abstieg über das Rifugio Martina: 1 Std.
Verkehrsverbindungen: Von Bellagio fährt ein Bus nach Madonna del Ghisallo.
Unterkunft: Keine.
Verpflegung: Unterwegs aus dem Rucksack.
Weitere Tourenmöglichkeiten: Wer auf den Bus angewiesen ist, kann *Civenna* (638 m) bzw. *Magreglio* (744 m) als Basis für eine Gipfelbesteigung wählen. Von Civenna kommt man zu Fuß abseits der Straße in

1½ Std. zum Parco Monte San Primo; etwas kürzer ist der Zustieg von Magreglio.
Der Monte San Primo läßt sich auch von Süden her leicht besteigen; als Ausgangspunkt bietet sich **Piano del Tivano** (973 m) an. Ein Tip für **Mountainbiker**: Vom Colma del Piano (1124 m), dem Straßenübergang aus dem Vallassina nach Nesso, kann man auf alten Militärstraßen bis knapp unter den Gipfel fahren, etwa 7 km.
Ein bekannter Aussichtsberg im Hinterland von Bellagio ist auch der **Monte Nuvolone** (1094 m); markierter Weg von der Zufahrt zum Parco Monte San Primo, ab Rovenza (724 m) etwa 1½ Std.
Sehenswürdigkeiten: In Bellagio sollte man zumindest einen der großen Parks besuchen: *Villa Melzi*, geöffnet März bis Oktober 9–12.30, 14.30–18 Uhr, im Sommer 9–18.30 Uhr. *Villa Serbelloni*, Führungen täglich außer montags 10–16 Uhr.
Informationen: Promobellagio, Via Mella 2, I-22021 Bellagio.
Karten: Kompass-Wanderkarte 1:50 000, Blatt 91 »Lago di Como/Lago di Lugano«.

26 Corni di Canzo (1371 m)

Jamais le dimanche!

Tourencharakter: Je nach Routenwahl Gipfelwanderung oder Überschreitung mit und ohne Klettersteig-Zugabe. Die »Ferrata Trentennale OSA« ist sehr anspruchsvoll, jene am Westgipfel etwas leichter, der gesicherte Steig am benachbarten Monte Moregallo für jeden trittsicheren Wanderer problemlos zu machen.
Reine Gehzeit: 3¼ bis 5¼ Std. (je nach Routenwahl).
Beste Jahreszeit: Vom Frühjahr bis zum Wintereinbruch.
Markierung: Die Wege und Steige sind durchwegs ordentlich bezeichnet.

Um rund einen Kilometer überragen die Kalkzacken von Canzo, drei markante »Hörner«, die Brianza; der Alpenrand ist also ganz nahe und damit der Wochenendansturm unvermeidlich, zumindest bei Schönwetter. Roß- und Buchstein lassen schön grüßen! Picknicker, Wanderer und Klettersteigler, Ausflügler aller Couleurs geben sich an Sonn- und Feiertagen ein Stelldichein rund um und auf den Corni di Canzo. Wen wundert's: die Aufstiege sind nicht allzu lang, ein Netz markierter Wege überzieht den Bergstock, dazu gibt es noch zwei Klettersteige, eine prächtige Aussicht auf den Comer See samt Bergkulisse und zwei bewirtschaftete Hütten.

Steigt man allerdings an einem Wochentag spät im Herbst hinauf zu den »Hörnern« – das Laub hat sich bereits verfärbt, der Weg ist mit aufgeplatzten Kastanien übersät –, so hat man diesen Bergwinkel meist für sich allein; paradiesisch die Ruhe, es riecht ein wenig nach feuchtem Laub, die Sonne steht schon recht tief, verklärt die Farben, zaubert herrlich warme Töne ins Landschaftsbild: Der Winter ist nicht mehr fern…

»Alle Wege führen nach Rom«; mehr als einer auch auf die **Corni di Canzo**. Bei etwas zweifelhaftem Wetter geht man am besten gleich von Canzo (402 m) aus; dieser Anstieg führt unweit des mittelalterlichen Kirchleins

San Miro vorbei. Für den Gipfelstürmer nicht ganz unwichtig, gilt der Ortsheilige doch als Wettermacher. Nun, die Bauern der Gegend werden ihn wohl eher um Regen bitten; der Bergwanderer dagegen wünscht sich blauen Himmel, klare Sicht und angenehme Temperaturen. Ins Schwitzen kann man aber dennoch kommen, nicht auf den Wanderwegen, aber an den beiden Klettersteigen, von denen der eine seine Entstehung einem 25jährigen Jubiläum (»*Ferrata Venticinquennale*«) verdankt, der andere bei einem 30jährigen (»*Ferrata Trentennale OSA*«) entstand.

Vor allem letzterer ist durchaus geeignet, einem den (Angst-)Schweiß auf die Stirn zu treiben; senkrecht läuft die Route durch den Südabsturz des Corno Rat (906 m). Seine Fortsetzung über den teils felsigen, teils bewaldeten Kamm zum Ostgipfel (Corno Orientale di Canzo, 1232 m) ist dann vergleichsweise leicht, wie auch die gesicherte Route am Hauptgipfel. Und gerade richtig für Anfänger ist das mit ein paar Ketten versehene Steiglein auf den benachbarten Monte Moregallo (1276 m), dessen zerklüftete Ostflanke direkt zum Lario abfällt und der deshalb besonders stimmungsvolle Tiefblicke bietet. Und einem interessanten Berg steht man genau gegenüber: dem Monte Collignone (1473 m). Durch seine wilden Westabstürze verlaufen mehrere markierte, abschnittweise auch gesicherte Wege – ein Tourenziel für den nächsten Tag?

Die Rundschau von den Corni di Canzo kann sich durchaus sehen lassen, auch wenn es ihr etwas an Weite fehlt. Das wird aber durch den Kontrastreichtum der Bilder mehr als wettgemacht: da stehen den Kalkmauern der Grigne die sanften grünen (im Herbst braunen) Kämme des Monte San Primo gegenüber, dem Blau des Sees der Fleckerlteppich der Brianza; an klaren Tagen zeigen sich im Norden sogar ein paar Erhebungen des Alpenhauptkamms. Ein lohnendes Tourenziel, die Corni di Canzo, nur nicht gerade an einem Wochenende…

Der Wegverlauf

Valbrona – Corni di Canzo:
Der kürzeste Zugang, von der ehemaligen *Alpe Oneda* (719 m) knapp 2 Stunden zum

Gipfel. Bis zum *Rifugio SEV* (1225 m), das sich einer hübschen Lage auf der Anhöhe von Pianezzo erfreut, hat man einen Güterweg, dessen steilste Passagen betoniert sind. Während des Anstiegs kommen die beiden »großen« Hörner (1371 m) ins Blickfeld (das »Kleine«, 1232 m hoch, steht weiter links, auch etwas zurück). Man steuert die Senke zwischen den Gipfeln an: rechts zum *Corno Occidentale* (1371 m), links zum *Corno Centrale* (1371 m), deutliche Wegspuren dann zu den Gipfeln, ziemlich abgeschmierte, aber leichte Felsen.

Canzo – Corni di Canzo:
Ein bequemer Zugang, günstig auch für Begeher der »Ferrata del Ventincinquennale«, hat seinen Ausgangspunkt bei *Canzo* (402 m), an der Mineralquelle *Fonti di Gajum* (485 m). Auf einem Sträßchen talein Richtung *San Miro* (geologischer Lehrpfad), dann im Val Ravella aufwärts zur *Terza Alpe Grasso* (793 m) und weiter zum Sattel *La Colma* (1000 m), wo auch der Anstieg von Valmadrera mündet. Hier links über den bewaldeten Hang bergan gegen den *Ostgipfel* (1232 m), dann in einem Linksbogen um den Corno Centrale herum zur Hütte *SEV* (1225 m) und wie oben beschrieben zum *Corno Occidentale* bzw. *Corno Centrale.*

Valmadrera – Corni di Canzo:
Etwas weiter ist der Aufstieg von Süden; dabei hat man die Wahl zwischen zwei markierten Wegen, die ihren Ausgangspunkt im Industrieort *Valmadrera* (234 m) haben: über die *Bocchetta di Sambrosera* (1110 m) zum *Rifugio SEV* (1225 m) oder durch das Valle del Gattone und via *La Colma* (1000 m). Letzterer führt an dem aussichtsreich auf einer Terrasse gelegenen Hof San Tomaso (580 m) vorbei.

»Ferrata del Venticinquennale«:
Recht kurzer Klettersteig am Westgrat des *Corno Occidentale* (1371 m); zum Einstieg kommt man vom *Rifugio SEV* in längerer Hangtraverse unter den Felsen des Westgipfels, etwa 20 Minuten, von der Terza Alpe Grasso (793 m) in einstündigem Anstieg. Den Auftakt macht ein steiler Felsaufschwung, der am durchlaufenden Drahtseil zu meistern ist.

Die Schlüsselstelle, eine fast senkrechte, trittlose Platte, verlangt vollen Einsatz – nichts für Anfänger! In leichterem Gelände quert man anschließend nach rechts zum nächsten Drahtseil, das zu einer etwa 12 Meter hohen Leiter führt. Über eine Steilrinne (Drahtseile) läuft die Ferrata am Gipfelgrat aus.

»Ferrata del Trentennale«:
Sehr sportlicher Anstieg zum Ostgipfel (1232 m). Die Hauptschwierigkeiten liegen allerdings nicht am Corno Orientale di Canzo, sondern an der *Cima Rat* (906 m), einem felsigen Vorbau, der bereits vom Tal aus gut zu erkennen ist. Hier geht die bestens gesicherte Route kompromißlos in die Vertikale – nur für »*Esperti*« ein echtes Vergnügen. Vom Vorgipfel kann man auf markiertem Weg ins Tal absteigen; die abschnittweise noch gesicherte Route folgt weiter dem bewaldeten Kammrücken und leitet dann über die Gipfelfelsen zum höchsten Punkt des »kleinen« Horns.

Nützliche Informationen

Ausgangspunkte: *Valbrona* (490 m) an der Straße von Asso nach Onno am Comer See. Zufahrt zu den Wochenendhäusern auf der *Alpe Oneda* (719 m), 2,5 km. Parkplatz; Weiterfahrt nur für Anrainer (Sperrschranken). *Canzo* (402 m) im unteren Vallassina. Zufahrt bis zu der Mineralquelle von Gajum (485 m), 1,5 km von der Ortsmitte. Parkplatz. *Valmadrera* (234 m), großer, stark von Industrie und Verkehr geprägter Flecken. Parkmöglichkeiten im Ortsteil Belvedere (294 m).
Anstiegsleistungen: Alpe Oneda – Corno Centrale: 660 m, Fonti di Gajum – Corno Centrale: 880 m, Valmadrera – Corno Centrale: 1080 m.
Gehzeiten: Alpe Oneda – Corno Centrale: 2 Std., Abstieg auf dem gleichen Weg: 1¼ Std. Fonti di Gajum – Corno Centrale: 2½ bis 3 Std., Abstieg auf dem gleichen Weg: 1¾ Std. Valmadrera – Corno Centrale: 3¼ Std., Abstieg auf dem gleichen Weg: 2 Std. Alpe Oneda – »Ferrata del Venticinquennale« – Corno Occidentale: 2¾ Std., Abstieg auf dem Normalweg: 1¼ Std. Valmadrera –

Zauber der Berge: die Corni di Canzo (1371 m) im Abendlicht.

»Ferrata del Trentennale« – Corno Orientale: 3 Std., Abstieg: knapp 2 Std.

Verkehrsverbindungen: Valbrona, Canzo und Valmadrera haben Busverbindung.

Unterkunft: *Rifugio SEV* (1225 m), durchgehend bewirtschaftet im August, sonst nur an Wochenenden. *Rifugio CAI Cesano Maderno*, eine Viertelstunde unterhalb vom Rif. SEV; nur an Wochenenden bewirtschaftet. *Rifugio Terza Alpe* (793 m) im Val Ravella, von Mitte März bis Mitte November bewirtschaftet, im Winter nur an Wochenenden.

Verpflegung: In einer Hütte oder aus dem Rucksack.

Weitere Tourenmöglichkeiten: Ein dankbares Tourenziel ist auch der **Monte Moregallo** (1276 m); Aufstieg von Valmadrera zur Bocchetta di Sambrosera (1110 m), dann über den abschnittweise gesicherten Südwestgrat zum Gipfel, 3¼ Std. Markierter Abstieg über den Ostrücken zum Kirchlein San Isidoro (647 m) und zum Ausgangspunkt, 2 Std.

Karte: Kompass-Wanderkarte 1:50000, Blatt 91 »Lago di Como/Lago di Lugano«.

Tourenskizze: Siehe Seite 108.

27 San Pietro al Monte und Monte Rai (1259 m)

Ein Kulturdenkmal und ein »Fernseh-Gipfel«

Tourencharakter: Kunstspaziergang, der sich zu einer Gipfelüberschreitung erweitern läßt. Beim Abstieg vom Monte Rai braucht es einen sicheren Tritt.

Reine Gehzeiten: San Pietro al Monte 2 Std., Monte Rai 5¼ Std.

Beste Jahreszeit: Kunst, vor allem die »alte«, ist bekanntlich zeitlos, San Pietro al Monte deshalb zu jeder Jahreszeit ein dankbares Ziel; für den Monte Rai wünscht man sich gute Sichtverhältnisse.

Markierung: Vielbegangene, bezeichnete Wege.

Brianza. So heißt das Alpenvorland südlich des Comer Sees, am Rand der Poebene, eine sanfthügelige Moränenlandschaft, Relikt der

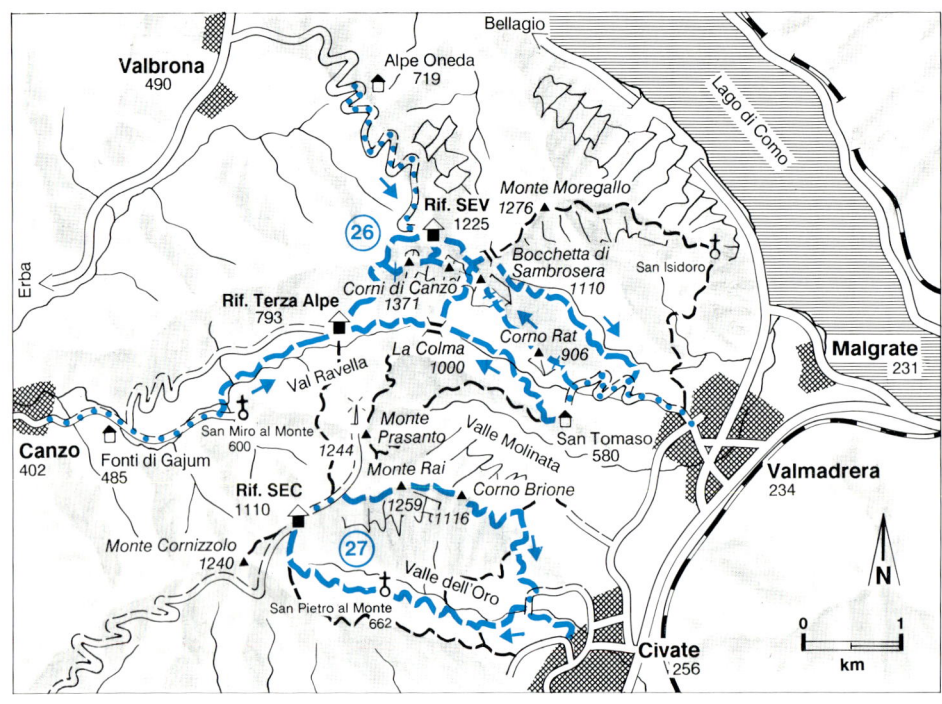

Eiszeit, Hinterland für die Mailänder. Die wußten schon früh um die klimatischen Vorzüge der Gegend; wer Geld hatte, baute sich hier ein Haus, um den fiebrig-heißen Hochsommermonaten in der lombardischen Metropole zu entkommen. Die Luft in Mailand ist im Lauf der Zeit nicht besser geworden, der Smog nahm dafür umso mehr zu. Doch auch die Brianza hat sich verwandelt, die ländliche Idylle ist längst verschwunden. Wer zwischen Como und Lecco unterwegs ist, kann es nicht übersehen: Wo sich einst Bauerndörfer an den Fuß der letzten Alpenhügel schmiegten, ist ein fast zusammenhängendes Siedlungsgeflecht entstanden, ungeordnet, Industrie neben Wohnhaus, Schrebergärten zwischen Spekulationsruinen. Da und dort entdeckt man eine alte Kirche, ein paar schöne Renaissancehäuser, eingezwängt zwischen gesichtsloser Moderne – kein Platz für Schönheit, Fortschritt heißt die Devise. In den Fels des Monte Barro (922 m) bei Lecco wühlen sich die Tunnelbaumaschinen, am Lago di Annone wird die Straße nach Mailand noch breiter gemacht, und bei Civate spricht ein riesiges Schild vom Bau einer Kläranlage (Mailand hat noch keine!), doch auf der Wiese dahinter rostet nur ein Kran still vor sich hin…

All das geht mir durch den Kopf, als ich von Civate hinaufsteige durch das kleine Valle dell'Oro. Am Monte Rai hängen die Nebel, ein diffuses Licht liegt über der Szenerie: Es wird wohl bald regnen. Der Straßenlärm ist längst verstummt, nur in meinen Gedanken hallt er noch nach. Bis schließlich **San Pietro al Monte** aus dem Grau auftaucht: ein turmloser, langgestreckter Bau mit halbkreisförmigem Vorbau an der Ostseite, von dem eine Treppe hinab zum Oratorio San Bededetto führt. Die Architektur schlägt einen sogleich in ihren Bann; das ganze Ensemble strahlt Ruhe, Erdverbundenheit aus, die halbrunden Fenster, der unverputzte, grobgefügte Stein. Mehr als tausend Jahre Geschichte sind an diesen Mauern vorübergegangen; ein Langobardenkönig, Desiderius nennt die Überlieferung, soll das Bergkloster gegründet haben, die Mailänder Bischöfe gestalteten es im 11. Jahrhundert um. Dabei wurde der Eingang nach Osten verlegt, um so eine Verbindung mit dem tiefer gelegenen Zentralbau von San Benedetto, ursprünglich wohl Totenkapelle, zu erreichen.

Aus jener Zeit stammen auch Fresken und Stuckschmuck, durch die San Pietro eine herausragende kulturhistorische Bedeutung gewinnt. Die Arbeiten, von mehreren Künstlern ausgeführt, verraten byzantinischen Einfluß. Großartig das Lünettenfresko, den Kampf der Engel mit dem siebenköpfigen Drachen darstellend. Das Ziborium zeigt starke Ähnlichkeit mit Sant'Ambrogio in Mailand; herausragend die Stuckarbeiten eines unbekannten Künstlers. Das Baldachingewölbe über dem Altar ist ausgemalt; in der Krypta blieben neben Freskenresten ebenfalls Stukkaturen erhalten.

Weshalb das Benediktinerkloster gerade in dieser Bergabgeschiedenheit entstand, ist ungeklärt, hat San Pietro aber jenen Rahmen bewahrt, den ein Platz von so spiritueller Kraft braucht: Natur und Menschenwerk als Einheit. Und wer bei schönem Wetter hierher kommt, sollte weitersteigen, gipfelwärts. In gut zwei Stunden erreicht man den **Monte Rai**, wo sich – klare Sicht vorausgesetzt – eine prächtige Rundschau auftut. Doch für einmal ist nicht der Lario alles überstrahlender Blickfang, es ist die freie Sicht hinaus ins Flache, über die Hügel und Seen der Brianza in die weite Poebene. Als einen »Balkon am Alpenrand« könnte man den Gipfel bezeichnen, tausend Meter über dem Lago di Annone (224 m). Natürlich zeigt sich auch der Comer See, im Osten mit der Bucht von Lecco, und im Norden, links hinter den Corni di Canzo (1371 m). Nach Nordosten hin begrenzen die Zackengrate der Grigne den Horizont; sanftere Bergformen stehen im Nordwesten: Monte San Primo, Monte Palanzone und Monte Bolettone.

Siesta am alten Gemäuer. San Pietro al Monte ist nicht nur ein Kunstdenkmal von überregionaler Bedeutung, sondern auch ein beliebtes Ausflugsziel.

Der Wegverlauf

Den Auftakt zur Wanderung macht eine Schluchtstrecke. Wer sich auf malerisch-verwegene Eindrücke freut, liegt allerdings falsch: die kleine Klamm am Eingang ins *Valle dell'Oro* wurde so gründlich verbaut, daß nurmehr ein beklagenswerter »Naturrest« überblieb. Weg hier! Weiter talein wird die Kulisse freundlicher; man stößt auf den alten Klosterweg, der – einst liebevoll angelegt – hinaufsteigt zu dem bereits lange sichtbaren Kloster »am Berg« (*al monte*). Eine Etage höher, auf dem langgestreckten Kamm, der vom Monte Cornizzolo zum Monte Rai zieht, zeigt sich das *Rifugio SEC* (Consiglieri, 1110 m): eineinhalb Stunden ab San Pietro, zunächst in lichtem Wald, dann über die Wiesenhänge des Talschlusses.

Hinter dem stattlichen Haus stößt man auf eine Straße; sie kommt von Carella herauf und setzt sich nordöstlich zu dem riesigen Sendeturm am Monte Prasanto (1244 m) fort. Wenigstens steht er nicht am *Monte »RAI«*, obwohl dessen Name geradezu nach den bunten Bildern des italienischen Staatsfernsehens verlangt. Immerhin, Bilder liefert der Gipfel schon, wenn auch stehende: eine kontrastreiche Rundschau, gewürzt mit packenden Tiefblicken. Letztere genießt man auch während des Abstiegs, in immer neuen Variationen. Den Vordergrund liefert der felsige Ostgrat des Berges, dem das Weglein folgt, zunächst steil hinab und hinüber zum *Corno Brione* (1116 m), dann durch jähe Wiesenhänge, Mulden ausgehend, Gelände-rippen überspringend, bis das Terrain schließlich flacher wird. Vor einer abgeflachten *Kuppe* (715 m) rechts abwärts, an der Abzweigung nach San Pietro vorbei und talauswärts Richtung *Civate*. Oberhalb des *Orrido* stößt man wieder auf den Anstiegsweg, schließt sich die abwechslungsreiche Runde.

Nützliche Informationen

Ausgangspunkt: *Civate* (256 m) an der Strecke Como – Erba – Lecco. Im Ort, den Hinweistafeln »San Pietro al Monte« folgend, hinauf zu einem eigens für Besucher des ehemaligen Klosters angelegten Parkplatz (ca. 290 m) oberhalb der Fabrik »Star«.

Anstiegsleistung: San Pietro al Monte: 370 m, Monte Rai: knapp 1000 m.
Gehzeiten: Insgesamt 2 bzw. 5¼ Std. Civate – San Pietro al Monte: 1¼ Std., San Pietro al Monte – Rifugio SEC: 1½ Std., Rifugio SEC – Monte Rai: ¾ Std., Abstieg: 1¾ Std.
Verkehrsverbindungen: Civate hat gute Busverbindungen mit Como, Erba und Lecco.
Unterkunft: *Rifugio SEC Marisa Consiglieri* (1110 m), Juli/August durchgehend, von März bis Oktober nur an Wochenenden bewirtschaftet.
Verpflegung: In der Hütte oder aus dem Rucksack.
Weitere Tourenmöglichkeiten: Ein guter Aussichtspunkt ist auch der **Monte Cornizzolo** (1240 m), 30 Min. vom Rifugio SEC. Abstieg über den Ostgrat nach Civate, Markierung 11; insgesamt etwa 4½ Std.
Karten: Kompass-Karte 1:50000, Blatt 91 »Lago di Como/Lago di Lugano«. Ein weit schöneres Kartenbild zeigt die Carta nazionale della Svizzera, Blatt 297 »Como« (1:50000). Allerdings ohne Wegmarkierungen, im italienischen Teil auch nicht nachgeführt.

28 Sasso Gordona (1410 m)

Im Schatten des Generoso

Tourencharakter: Rundwanderung, im Gipfelbereich ist Trittsicherheit erforderlich. Schöner Aussichtsberg, weniger überlaufen als der Monte Generoso. Halbtagestour.
Reine Gehzeit: 2½ Std.
Beste Jahreszeit: April bis Anfang Juni für Naturfreunde (Blumen); klare (Fern-)Sicht herrscht vor allem im Herbst.
Markierung: Bezeichnungen teilweise mangelhaft, aber trotzdem keine Orientierungsprobleme.

Eigentlich müßte der **Sasso Gordona** ein Grenzberg sein, geht die Wasserscheide zwischen dem (Tessiner) Valle di Muggio und dem (italienischen) Intelvi doch genau über diesen Gipfel. Weil die Bauern aus dem Intelvital aber seit jeher auch Almen südlich des Sasso Gordona besaßen, verläuft die Landesgrenze auf der »schweizerischen« Seite des Gipfels. Den Wanderer kümmert das wenig; er wird kaum einem Grenzer begegnen, und aus dem alten Zollhaus am Wiesensattel zwischen Poncione di Cabbio (1263 m) und Sasso Gordona ist schon lange eine Schutzhütte des CAI geworden. Statt Schmugglern trifft man heute – vor allem an Wochenenden – zahlreiche Ausflügler, manche mit voller Picknick-Ausrüstung: halt immer noch das Freizeitvergnügen der Italiener, weit von der Stadt, aber nicht zu weit von der Straße… Deshalb sind unten am Pian delle Alpi die besten Plätze auch schon bald vergeben; zum Rifugio Prabello kommen nicht mehr so viele. Die Hütte erfreut sich einer hübschen Lage; hier läuft die »*Via dei Monti Lariani*« vorbei, eine Höhenroute an der Westflanke des Comer Sees, fünf Tagesetappen lang, alten Almwegen folgend.

Heute verfallen viele dieser einst kunstvoll angelegten Steige, andere sind zu Straßen ausgebaut, um den modernen (temporären) Bergbewohnern einen bequemeren Zugang zu ihrem Rustico zu ermöglichen. Einige der Wege im Grenzbereich zur Schweiz haben allerdings unheiligere Väter: Sie stammen aus dem Ersten Weltkrieg, damals gebaut, weil Italien sich vor einem deutschen Angriff durch die Schweiz fürchtete. So ein Sträßchen führt von Casasco zur Bocca d'Orimento (1275 m), ein anderes bis unter den Sasso Gordona. In den Felsen des Gipfelaufbaus entdeckt man mehrere Kavernen, heute allenfalls noch als Notunterstände bei einem Unwetter tauglich. Doch so etwas wünscht man natürlich keinem der »Gipfelstürmer«, denn die kommen auch der Aussicht wegen, und die ist von beachtlicher Weite, wiewohl der breite Rücken des berühmten Nachbarn das Bild etwas beeinträchtigt. Dafür stören am Sasso Gordona (im Gegensatz zum Generoso) selten (allzu) viele Besucher, oft hat man das ganze Panorama sogar für sich allein. Und das reicht immerhin im Südwesten bis zum Monte Viso, westlich zu den Walliser Alpen, nach Norden bis zum Alpenhauptkamm. Und im Osten, jenseits des Comer Sees, stehen Monte Legnone (2609 m),

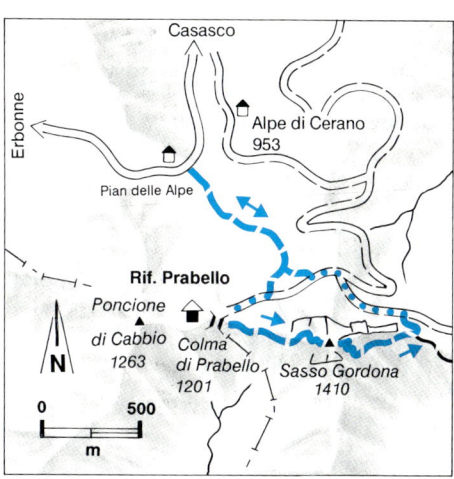

Grigne (2409 m) und Resegone (1875 m) – dankbare Gipfelziele (und in diesem Buch natürlich beschrieben).

Nördlich unter dem Sasso Gordona breitet sich das **Intelvi** aus, ein weites grünes Tal, recht dicht besiedelt. Die meisten der Haufendörfer liegen auf Höhenterrassen über dem Telobach. Ein »malerisches« Bild, und zwar in doppeltem Sinn, ist das Tal doch Heimat zahlloser Maler, Stukkateure, Steinmetze und Architekten, deren Wirken sich in vielen Ländern Europas nachweisen läßt.

Parallelen mit dem benachbarten Tessin sind unübersehbar; auch hier verblüfft die Fülle künstlerischer Talente, die eine arme Bergregion hervorbrachte. Über ein halbes Jahrtausend hinweg beeinflußten die »*Maestri Intelvesi*« Baukunst, Bildhauerei und Freskomalerei der Lombardei, lieferten sie darüber hinaus einen bedeutenden Beitrag zur europäischen Kunst. Ein früher »*Maestro*« ist Benedetto Antelami, der im 13. Jahrhundert in Parma als Bildhauer tätig war und dort das Baptisterium ausschmückte. Besonders zahlreiche Kunstwerke hinterließen die »Antelami« (so nannte man sie früher nach dem alten Talnamen) in Genua. Lorenzo degli Spiazzi wirkte Ende des 14. Jahrhunderts als Dombaumeister in Mailand und Como; Domenico Quaglio baute Hohenschwangau für Kronprinz Maximilian von Bayern im Tudorstil neu auf (1832), Carlo Carlone malte u. a. in Einsiedeln, Ansbach und Wien.

***Auch südlich der Alpen scheint die Sonne nicht immer. Die von der Brianza hereindrückenden Nebel-
schwaden kündigen eine Wetterverschlechterung an. Blick vom Sasso Gordona (1410 m).***

Den Spuren der »Maestri« kann man natürlich auch in ihrem Heimattal folgen. Ein
früher Intelveser etwa baute die romanische
Saalkirche Sant'Antonio (12. Jahrhundert)
von San Fedele; in der Pfarrkirche von Castiglione waren Giulio Quaglio und Carlo Carlone tätig. Letzterer schuf auch den Fresken-
schmuck in der Pfarrkirche von Scaria (Heimatmuseum), sein Vetter Diego die üppigen
Stukkaturen. Weitere bekannte Künstlerfamilien waren die Solari aus Verna (ein – ebenfalls bedeutender – Zweig war im Tessiner
Ort Carona ansässig), die Barberini aus Lai-
no, die Bregno aus Osteno, die Prestinari aus
Claino…

Der Wegverlauf

In etwa einer ¾ Std. steigt man vom Pian delle Alpi (960 m) hinauf zum *Rifugio Prabello*
(1201 m); der breite Pfad ist nicht zu verfehlen, ein großes Hinweisschild am Waldrand,
etwa 100 Meter von der Straße, erleichtert
den »Einstieg« in die ordentlich bezeichnete
Route. Den häßlichen Bau, dem seine Vergangenheit als Zollkaserne deutlich anzusehen ist, läßt man rechts; über den Wiesen-
kamm leitet ein schmaler Weg aufwärts. Daß
der »Sasso« seinen Namen nicht zu Unrecht
hat, zeigt sich spätestens am Gipfelaufbau.
Da muß man zwei-, dreimal die Hände zu
Hilfe nehmen, auch am Abstieg, der in kurzen Serpentinen gegen den Ostgrat hinableitet. Allenthalben entdeckt man Überreste
von militärischen Anlagen: Schützengräben,
Kavernen. Etwa 200 Meter unter dem Gipfel
wechselt man auf die Nordseite des Kamms;
links unter einer überhängenden Wand entdeckt man eine aus dem Fels gehauene große
Kaverne. Wenig tiefer stößt man auf jene Militärstraße, die von der *Alpe di Cerano* heraufkommt, sich unter dem Sasso Gordona

gabelt und östlich zum Colma di Schignano (1135 m), westlich zum Rifugio Prabello führt. Man folgt ihr bis zu dieser Verzweigung, steigt dann, einer dünnen Spur ohne Markierung im Wald folgend, schräg ab zum Anstieg. Alternativ kann man auch der Straße Richtung *Prabello* so weit folgen, bis rechts der Hohlweg einmündet (kleiner Umweg).

Nützliche Informationen

Ausgangspunkt: *Pian delle Alpi* (960 m), auf ordentlicher Straße von Casasco (822 m) erreichbar, etwa 3 km. Das langgestreckte Dorf besitzt eine ebenso malerische wie enge Ortsdurchfahrt; Zufahrt von Argegno über Castiglione, von Porlezza via Osteno. Ausreichend Parkmöglichkeit, Bar-Ristorante am Pian delle Alpi.
Anstiegsleistung: 450 m.
Gehzeiten: Insgesamt 2½ Std. Pian delle Alpi – Sasso Gordona: 1½ Std., Abstieg: 1 Std.
Verkehrsverbindungen: Casasco besitzt, wie die meisten Orte im Intelvi, Busverbindung. Zu Fuß erreicht man Pian delle Alpi in etwa ¾ Std.
Unterkunft: *Rifugio Prabello* (1201 m) am Colma di Prabello, bewirtschaftet an Wochenenden von Anfang Mai bis Ende Oktober.
Verpflegung: Unterwegs aus dem Rucksack.
Weitere Tourenmöglichkeiten: Den **Sasso Gordona** kann man auch von *Schignano* (607 m) aus besteigen, 2½ Std. via Colma di Schignano (1135 m), Abstieg über Pian delle Alpi bzw. Alpe di Cerano; insgesamt 4 Std.
Via dei Monti Lariani: Der erste Abschnitt dieses Höhenweges führt von Cernobbio (201 m) nach San Fedele d'Intelvi (779 m), etwa 28 km Wegstrecke, reine Gehzeit 9 Std. Durchgehend rot-weiß-rot bezeichnet (Markierung 1).
Informationen: Azienda Autonoma di Soggiorno e Turismo, I-22024 Lanzo d'Intelvi.
Karten: Ein sehr schönes Kartenbild liefert das Blatt »Locarno-Lugano« (1:50000) der Carta nazionale della Svizzera (auf italienischem Gebiet nicht nachgeführt); fürs Wegnetz empfiehlt sich zusätzlich die Kompass-Wanderkarte 1:50000, Blatt 91 »Lago di Como/Lago di Lugano«.

29 Monte Crocione (1641 m)

Was für eine Aussicht!

Tourencharakter: Recht anstrengende Wanderung, für die man im Sommer (Sonne!) nicht nur Kondition, sondern auch eine gute Motivation mitbringen sollte. Gipfelaufschwung sehr steil, bei Nässe nicht ratsam. Tagestour.
Reine Gehzeit: 5½ Std.
Beste Jahreszeit: Frühling (Blumen!) und Herbst bis zum Wintereinbruch. Im Hochsommer ziemlich schweißtreibend.
Markierung: Bis zur »Galleria« als Teilstück der »Via dei Monti Lariani« gut markiert; der weitere Aufstieg ist zwar ohne Markierung, bietet aber dennoch keine Orientierungsprobleme.

Daß der **Monte Crocione** ein besonders schöner »Hochsitz« sein muß, verrät schon der Blick auf die Landkarte. Fast eineinhalb Kilometer über der glitzernden Wasserfläche reckt sich sein Gipfeldreieck in den Himmel; die Aussicht geht gleichermaßen in die Ferne wie in die Tiefe. Alle drei Arme des Lario hat man im Panoramabild, und den Horizont füllen an klaren Tagen zahllose Gipfel und Zakken. Über dem oberen See-Ende stehen die Granittürme der Bergeller Dreitausender um den Piz Badile (3308 m), weiter rechts, zwischen dem Eingang ins Veltlin und dem Val Varrone, baut sich die massige, dunkle Silhouette des Monte Legnone (2609 m) auf, des höchsten Gipfels am See.

Da kann der Crocione mit 1641 Meter natürlich nicht mithalten, doch wer ihn direkt vom Seeufer aus angeht, wird sich – spätestens am steilen Schlußaufstieg – der Relativität von absoluten Höhenquoten deutlich bewußt werden.

Besonders gut »Maß nehmen« kann man vom Schiff aus, etwa auf der Überfahrt von Varenna oder Bellagio zum Westufer des Sees. Da zeigt der Monte Crocione sein unverwechselbares Antlitz: bauchig-kahl der Vorbau, mit einem hellen Kalkring, der ihn, nach rechts ansteigend, umzieht, darüber das grüne Spitzchen. Die vielleicht 50 Meter ho-

he, nahezu senkrechte Felsbarriere erweist sich als »pièce de résistance« des Aufstiegs. Sie läßt sich aber problemlos überwinden, bloß den Kopf muß man einziehen in dem rund 120 Meter langen Tunnel, einem Kriegsrelikt (wie der gesamte Weg)! Nach diesem Abstecher ins Bergesinnere windet sich der zunehmend stärker verwachsene Pfad in vielen flachen Serpentinen gipfelwärts; man gewinnt nur allmählich an Höhe,

fast ohne Anstrengung dafür. Die bleibt für das Finale aufgespart; vom Vorgipfel (auch schon ein prächtiger »Guck-ins-Land«) geht's über einen Wiesenhang in der Direttissima zum Gipfelkreuz – aber nur, wenn das Gras trocken ist!

Eine bequemere Möglichkeit, sein Ziel zu erreichen, bietet die ehemalige Kriegsstraße, welche, nur leicht steigend, die Südflanke des Berges schneidet. Man folgt ihr bis in die

Jahr unterwegs; im Strauchwald und auf den Wiesen blühten bereits die ersten Herbstzeitlosen. Eine Kreuzotter genoß die Sonnenwärme, zog sich bei unserem Näherkommen dann aber rasch zurück; weniger Scheu zeigte eine Gottesanbeterin, die sich gleich auf meinem Arm niederließ. Und immer wieder Eidechsen, die uns ihre Kletterkünste vorführten, dann flink in einem Spalt verschwanden. Sogar zwei oder drei ihrer großen, farbenprächtigen Verwandten bekamen wir zu Gesicht: Smaragdeidechsen.

Der Wegverlauf

Der Aufstieg zum Crocione ist teilweise identisch mit einem Abschnitt der »*Via dei Monti Lariani*« und auch entsprechend gut markiert. Bis in die *Bocchetta di Nava* (848 m) folgt man einem schmalen Asphaltsträßchen, teilweise ganz schön steil. Aus der Senke, stets von der Markierung 2 geleitet, leicht abwärts zu den Hütten von Nava, dann in bequemen Serpentinen wieder bergan. Man passiert die kleine *Alp Brente* und steht wenig später vor dem mächtigen Felsriegel, der die gesamte Ostflanke des Crocione durchzieht. Scheinbar kein Durchkommen, das Auge sucht den Weiterweg, entdeckt schließlich ein düsteres Loch: rund 120 Meter lang,

Hoch über der Tremezzina sticht das spitze Horn des Crocione (1641 m) in den Himmel.

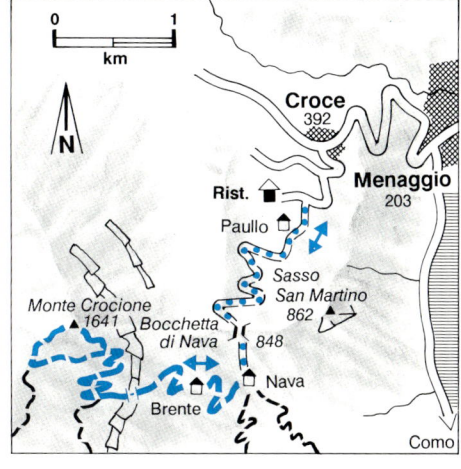

Hangmulde unterhalb der Bocchetta di Tremezzo (1602 m); von der Senke, die man weglos ansteuert, ist es zum großen Kreuz, zum Gipfelpanorama nurmehr ein Katzensprung.

Der Crocione ist aber mehr als nur ein Aussichtsberg; nicht weniger Aufmerksamkeit verdienen die Sehenswürdigkeiten am Weg: Blumen, Tiere. Um die reiche Flora zu bewundern, waren wir allerdings zu spät im

ein Relikt aus dem Ersten Weltkrieg, gut zu begehen. Am anderen Ende des Tunnels öffnet sich ein schöner Tiefblick auf die bewaldete Halbinsel von Balbianello; dann geht's in langen Serpentinen weiter bergwärts. Man verläßt die »Via dei Monti Lariani«, hält das monotone Links-rechts ein. Nach insgesamt 20 Kehren ist der Vorgipfel des *Crocione* (ca. 1420 m) erreicht, eine kleine Kuppe mit prächtigem Tiefblick auf Menaggio und den See. Bis zum Gipfel sind es noch gut 200 Höhenmeter: ein Finale mit Pfiff, steil über den grasigen Südostgrat, bei Nässe allerdings eine einzige Rutschpartie.

Nützliche Informationen

Ausgangspunkt: Von Menaggio bzw. Porlezza nach *Croce* (392 m), dann, der Hinweistafel »Campo Croce« folgend, auf einem Asphaltsträßchen aufwärts, links am Eingang zum Golfplatz vorbei. Rechts bleibt auch die Abzweigung zur »Baita« (Ristorante); wenig weiter, noch unterhalb der Häuser von Paullo, versperrt eine Schranke die Weiterfahrt, 2 km ab Croce (ca. 560 m). Parkmöglichkeiten links und rechts des Fahrweges.
Anstiegsleistung: 1100 m.

Gehzeiten: Insgesamt 5½ Std. Paullo – Bocchetta di Nava: ¾ Std., Bocchetta di Nava – Vorgipfel (ca. 1420 m): 2 Std., Vorgipfel – Monte Crocione: ¾ Std. – Abstieg auf dem gleichen Weg: 2 Std.
Verkehrsverbindungen: Croce ist von Menaggio bzw. von Porlezza aus mit dem Bus erreichbar.
Unterkunft: Keine.
Verpflegung: Unterwegs aus dem Rucksack.
Weitere Tourenmöglichkeiten: Man kann den **Monte Crocione** auch von Tremezzo bzw. Griante aus besteigen. Beide Wege sind markiert und bieten schöne Tiefblicke auf den Comer See; an der Bocchetta di Nava stößt man auf den Zustieg von Croce bzw. Paullo, etwa 2½ Std. vom Seeufer.
Der bequemste Zugang zum Crocione ist mehr Höhenwanderung als Gipfeltour: Vom *Rifugio Boffalora* (1252 m), das man auf zum Teil schmalen Straßen von Intelvi aus erreicht, über das kleine, an Sommerwochenenden bewirtschaftete *Rifugio Venini-Cornelio* (1576 m), 2½ bis 3 Std. – eine wenig Abwechslung bietende Wanderung quer durch die kahlen Flanken des Monte di Lenno (1589 m), des Monte Calbiga (1698 m) und des Monte di Tremezzo (1700 m).

Eine Hinterlassenschaft aus dem Ersten Weltkrieg: der gut 100 Meter lange Tunnel am Crocione.

Sehenswürdigkeiten: Seine ganze Pracht entfaltet der Comer See an der *Tremezzina*. Im Schutz hoher Berge (darunter auch des Monte Crocione) ist das Klima hier besonders angenehm; nicht umsonst wird dieser Uferstrefen auch »Azaleenriviera« genannt – im Frühling kann man's riechen! Und es ist gewiß kein Zufall, daß gerade an der Tremezzina eine der schönsten Villen des Lario steht, die *Villa Carlotta*, ein im Kern barocker Bau, der sein streng klassizistisches Äußeres erst zu Beginn des 19. Jahrhunderts erhielt. Fast mehr noch als die prunkvoll ausgestatteten Räumlichkeiten beeindruckt der herrliche Terrassengarten (geöffnet März bis Oktober täglich).

Für den Kunstfreund gibt's noch ein paar interessante Objekte: die Kirche *Santa Maria Maddalena* in *Ossuccio*, ein romanischer Bau mit einem recht eigenartig geratenen Campanile, der erst in gotischer Zeit das reichgegliederte Glockengeschoß erhielt; *Santo Stefano* in *Lenno* mit einer Hallenkrypta aus dem 11. Jahrhundert und Fundamenten einer römischen Villa (Comoedia von Plinius?). Ein hübscher Blick auf den See bietet sich von der Wallfahrtskirche *Madonna del Soccorso* (419 m), zu der man von Ossuccio über einen Kreuzweg hinaufsteigt. Gut 1½ Std. weiter bergwärts, im Val Perlana, dessen Stille einen wohltuenden Gegensatz zu der hektischen Betriebsamkeit am Seeufer bildet, liegt das Kirchlein *San Benedetto* (11. Jh.).

Isola Comacina: Die einzige Insel des Sees, gerade 12 Hektar groß, liegt vor der Tremezzina; sie besitzt eine ungewöhnliche Geschichte. Bereits zur Römerzeit bewohnt, entwickelte sich im Mittelalter hier ein blühendes Gemeinwesen, das seines Reichtums wegen auch Crisopolis – »Goldene Stadt« – genannt wurde. Das Ende war dann grauslich: Como nahm schrecklich Rache dafür, daß Comacina im zehnjährigen Krieg (1118–1127) mit Mailand paktiert hatte… Die Siedlung wurde dem Erdboden gleichgemacht.

Informationen: Azienda Autonoma di Soggiorno e Turismo, Piazzale Trieste 3, I-22019 Tremezzo.

Karte: Kompass-Karte 1:50 000, Blatt 91, »Lago di Como/Lago di Lugano«.

30 Monte Grona (1736 m)

Wanderberg und Aussichtsbalkon mit Klettersteigvariante

Tourencharakter: Gipfelwanderung auf bezeichneten Wegen; am Südgrat rassiger Klettersteig. Entsprechende Ausrüstung für die Ferrata unerläßlich!
Reine Gehzeit: 3 bis 6¼ Std. (je nach Routenwahl).
Beste Jahreszeit: Herbst, im Hochsommer heiß und selten gute Fernsicht.
Markierung: Durchwegs ordentlich markierte Wege, keine Orientierungsprobleme.

»Erstklassige Lage, unverbaubar, mit toller Aussicht, bestens erschlossen.« Keine Angst, hier soll weder ein Grundstück noch ein Haus angeboten werden, obwohl es gerade rund um Menaggio, an der Riviera Tremezzina, weiß Gott genug herrliche Anwesen gibt, auf welche die Anpreisung zutrifft. Doch die einen sind nicht veräußerbar, wie etwa die Villa Carlotta (die man immerhin besichtigen darf), andere recht verwildert, die meisten schlicht zu teuer. Fast nichts, nur etwas Schweiß kostet ein Besuch des oben erwähnten »Gipfel-Grundstücks«.

Der **Monte Grona** steht im Winkel zwischen Luganer und Comer See, seine zerklüfteten Flanken überragen die Gewässer um rund eineinhalb Kilometer. Eine erstklassige Lage, die Aussicht unverbaubar, und der Aufstieg wird durch eine (freundlich) bewirtschaftete Hütte aufgelockert.

Spätestens am Rifugio Menaggio muß man sich dann für einen der vier (!) Gipfelwege entscheiden: den »*Normalweg*«, der über die Forcoletta (1611 m) und den Ostgrat verläuft, die »*Direttissima*«, den »*Sentiero Panoramico*« oder die »*Ferrata del Centenario*«. Letztere ist allerdings etwas für Experten, denn die rund 400 Höhenmeter am Drahtseil haben es ganz schön in sich: steil bis senkrecht, über mehrere Türme laufend, mit einer kurzen »Variante difficile«, die einen kräftigen Bizeps verlangt. Wer genug hat von der Kraxelei, kann an mehreren Stellen vorzeitig

Nicht weniger als vier Wege führen zum Gipfelkreuz am Monte Grona (1736 m); »solo per esperti« geeignet ist der Klettersteig am Südgrat mit zahlreichen exponierten Felspassagen.

ausscheren, zum Panoramaweg oder in den Canalone. Am Gipfel genießen Wanderer und Klettersteigler gemeinsam ein weites Panorama und packende Tiefblicke – sofern das Wetter es zuläßt. Im Sommer sind die klaren Tage selten, oft sieht man weder Luganer noch Comer See, von der Poebene schiebt sich der Smog in die Südalpentäler. Ganz anders im Herbst, da ist die Schau schier grenzenlos, am fernen südwestlichen Horizont oft sogar die spitze Pyramide des Monte Viso (3841 m) zu erkennen – immerhin stattliche 220 Kilometer weit weg!

Der Wegverlauf

In der Regel wird man zwei der Gipfelwege zu einer kleinen Runde verbinden. Beim Aufstieg zum Rifugio Menaggio (1380 m) hat man auch schon zwei Möglichkeiten; wenig oberhalb der Monti di Breglia (996 m) gabelt sich der Weg in einen »Sentiero Basso« und einen »Sentiero Alto«. Beide führen zur Schutzhütte, der »obere Weg« im Gegensatz

zum unteren nicht durchs Unterholz, sondern über freie Hänge mit entsprechend reizvoller Aussicht. Die bietet auch das *Rifugio Menaggio*, natürlich hinab auf das Städtchen, von dem es seinen Namen hat, dann auf die schmale, in einem teilweise bewaldeten Hügel auslaufende Landzunge von Bellagio und auf das Ostufer des Lario, über dem sich die Kalkbastion der Grigne (Grignone, 2409 m) aufbaut.

Hinweistafeln rund um die Hütte informieren über den Weiterweg: Der Normalanstieg, gelb-rot markiert, umgeht die Kalkfelsen des Monte Grona östlich, steigt in Serpentinen an zur Forcoletta (1611 m) und folgt dann dem schrofigen Ostgrat. Auf der kleinen Senke zwischen Ost- und Hauptgipfel mündet die »Direttissima«, die im Zickzack durch den Canalone heraufzieht.

Der »Sentiero Panoramico« macht seinem Namen alle Ehre; er läuft in einem weiten Rechtsbogen um den Monte Grona herum und vermittelt dabei Aussicht erst auf den Comer See, dann auch zum Luganer See, über dem – links vom Steilabbruch der Cima dei Pizzoni (1303 m) – der Monte San Salvatore (912 m) mit seinem Antennenstachel auszumachen ist.

Zum *Klettersteig* geht's von der Hütte über eine kleine, bereits sichtbare Scharte zum Felsfuß, zuletzt kurz etwas absteigend. Die Route folgt dem Südgrat des Monte Grona über insgesamt vier Türme; schwierige Passagen wechseln dabei ab mit flacheren Zwischenstücken, die Gelegenheit zum Verschnaufen bieten. Recht rasant bereits der Auftakt; eigentliche Schlüsselstelle ist der dritte Turm: gut 12 Meter nahe der Vertikalen in festem Fels. Künstliche Tritte gibt es keine, nur ein durchlaufendes Drahtseil, in kurzen Abständen verankert, sichert die Route.

Doch – Hand aufs Herz! – wer nimmt es nur zur Sicherung her, legt nicht ab und zu ein paar Klimmzüge ein? Ferratisten sind halt doch keine Kletterer …

Nützliche Informationen

Ausgangspunkt: *Breglia* (749 m) erreicht man von Menaggio (203 m) auf gut ausgebauter Bergstraße (7 km), die sich über ein paar Serpentinen bis zu den Ferienhäusern von Monti di Breglia (996 m) fortsetzt, weitere 3 km. Parkplatz am Ortseingang von Breglia, beschränkte Parkmöglichkeit auch in Monti di Breglia.
Anstiegsleistung: 1000 m (ab Breglia) bzw. 750 m (ab Monti di Breglia).

Am Fuß des Monte Grona (1736 m) liegt Menaggio, beliebter Ferienort am Westufer des Comer Sees (und veritables Nadelöhr für den Straßenverkehr …).

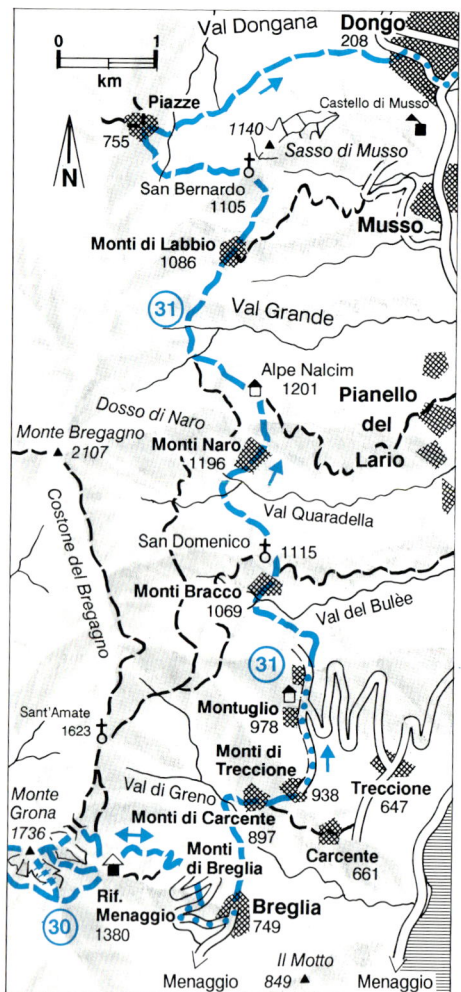

Gehzeiten: Insgesamt 3 bis 6¼ Std. (je nach Routenwahl). Breglia – Monti di Breglia: 45 Min., Monti di Breglia – Rifugio Menaggio: 1 Std., zum Gipfel vom Rifugio Menaggio über die Forcoletta 1¼ Std., auf der »Direttissima« 1 Std., über den »Sentiero Panoramico« 1½ Std., über die »Via del Centenario C.A.O.« 2 bis 2½ Std. Abstieg (je nach Routenwahl) zu den Monti di Breglia 1 bis 1½ Std., nach Breglia 20 Min. mehr.

Verkehrsverbindungen: Breglia (749 m) erreicht man von Menaggio aus mit dem Bus.

Unterkunft: *Rifugio Menaggio* (1380 m), durchgehend bewirtschaftet von Juni bis September, März/April und Oktober nur an Wochenenden.

Verpflegung: Im Rifugio Menaggio oder aus dem Rucksack.

Weitere Tourenmöglichkeiten: Ein prächtiges Panorama bietet auch der **Monte Bregagno** (2107 m), der durch einen langen, kahlen Kammrücken mit dem Monte Grona verbunden ist. In etwa 2½ Std. wandert man vom Rifugio Menaggio über die kleine Senke von Sant'Amate (Kapelle; 1623 m) und den Costone del Bregagno zum Gipfel. Dabei wechselt man vom Kalk des Monte Grona in die Zone kristalliner Gesteine, aus denen die Berge rund um den oberen Lario aufgebaut sind.

Informationen: Azienda Autonoma di Soggiorno, I-22017 Menaggio.

Karten: Für die Geländedarstellung Carta nazionale della Svizzera, 1:25 000, Blatt 1334 »Porlezza«, fürs Wegnetz die Kompass-Wanderkarte 1:50 000, Blatt 91 »Lago di Como/Lago di Lugano«.

31 Via dei Monti Lariani

Auf den Spuren der Alten

Tourencharakter: Lange, aber leichte Wanderung über dem Westufer des Comer Sees. Vorwiegend Alpwege, gutes Schuhwerk dennoch vorteilhaft.
Reine Gehzeit: 6¼ Std.
Beste Jahreszeit: Fast das ganze Jahr über möglich; besonders lohnend im Frühling und im Spätherbst.
Markierung: Durchgehend mit »Via dei Monti Lariani« und der Nummer 3 bezeichnet. Man kann sich aber trotzdem verlaufen: viele Wegverzweigungen! Also gut auf Markierung achten, vor allem beim Einstieg ins Valle Vezzedo.

Noch zu Beginn unseres Jahrhunderts – Como war als »Città della seta« längst ein Begriff, in Lecco wurde Erz zu Stahl verarbeitet – war der obere Lario ganz bäuerlich geprägt. See, Wald und Almen bestimmten den Jahresablauf; im Frühling stieg man hinauf zu den Maiensäßen, den Monti, im Sommer auf die Almen, im Herbst wurden Kastanien gesammelt und die Reben gelesen. Dann ging es zurück ins Dorf, wo man den Winter verbrachte. Heute geht das viel schneller: Anfahrt am Freitagabend über die Autobahn zum Lario und hinauf zu den Monti, wo das zum Wochenendhäuschen umgebaute Rustico steht, leicht zu erkennen an Solarzellen und/oder Antennenschüssel auf dem Dach sowie ein paar mehr oder weniger geschmackvollen Anbauten. Am Sonntag dann zurück in die Stadt, in den Alltag. Auch ein Lebensrhythmus…

Was ursprünglich Stall, Speicher und schlichte Unterkunft war, wird so zur rustikalen Zweitwohnung für erholungsbedürftige Städter: zurück zur Natur! Immerhin ist auf diese Weise – das muß gerechterweise gesagt werden – auch einiges an Bausubstanz bewahrt worden, und manche der alten, kunstvoll angelegten und immer wieder ausgebesserten Pfade sind heute markierte Wanderrouten – wie die »*Via dei Monti Lariani*«. Auf rund 120 Kilometern folgt dieser Weg den Spuren der Bergbauern am Lario, von Cernobbio bis Sorico – fünf ausgefüllte Tagesetappen mit jeder Menge Aussicht und vielleicht ein paar Einsichten ins harte Leben der Alten und die Auswirkungen der Konsum- und Freizeitgesellschaft auf das vielbeschworene »Gleichgewicht« in der Natur…

Ein besonders schöner Wegabschnitt führt von Breglia ins Val Dongana, von Monti zu Monti, in Höhenlagen zwischen 700 und

Füttern nicht verboten! Lustige Begegnung an der »*Via dei Monti Lariani*«.

Auf der »Via dei Monti Lariani« kommt man an zahlreichen – mehr oder weniger gut erhaltenen – Maiensäßen vorbei. Hier die Monti di Treccione (938 m).

1200 Metern, mit herrlichen Blicken auf den oberen Seearm und seine ausgeprägt alpine Kulisse. Dabei quert man mehrere Gräben und Taleinschnitte, wandert man von einem Aussichtspunkt zum nächsten, über Wiesen und durch Waldpartien. Daß die Monti immer mehr an das Straßennetz angebunden werden, stört zuweilen etwas das Ambiente, ist aber – ihrer »modernen« Nutzung entsprechend – wohl kaum zu vermeiden.

Für die Strecke von Breglia bis Dongo muß man mit einer reinen Gehzeit von 6 bis 6½ Stunden rechnen, Brotzeit- und Fotopausen nicht eingerechnet. Wem das zu weit ist, kann über einen der zahlreichen zum Seeufer hinabführenden Wege abkürzen; von Montuglio nach Rezzonico (Straße), von San Domenico nach Cremia, von der Alpe di Nalcim nach Pianello oder von Labbio nach Musso. Und wer den Bus nach Breglia be-

nützt hat, nimmt dann zurück nach Menaggio ein Schiff der »Navigazione del Lario« – wenn das kein stilvoller Abschluß eines schönen Wandertages ist!

Die **»Via dei Monti Lariani«** gliedert sich in vier Etappen, die auch entsprechend markiert sind: rot-weiß-rot mit den Wegnummern 1 bis 4. Da der vierte Abschnitt allerdings rund 45 Kilometer lang ist, hätte man ruhig »bis fünf zählen können«; wer mag schon einen 16-Stunden-Wandertag?

Erste Etappe: Cernobbio (201 m) – Colma del Bugone (1119 m) – Rifugio Binate (1200 m) – Rifugio Prabello (1201 m) – Bocca d'Orimento (1275 m) – San Fedele Intelvi (779 m). Wegstrecke ca. 28 km, reine Gehzeit 9 Std., Anstiegsleistung ca. 1350 m.

Zweite Etappe: San Fedele (779 m) – Boffalora (1252 m) – Narro (988 m) – Bocchetta di Nava (848 m) – Cardano (396 m; Fraktion der Gemeinde Grandola ed Uniti). Wegstrecke ca. 26 km, reine Gehzeit 9 Std., Anstiegsleistung ca. 600 m.

Dritte Etappe: Cardano (396 m) – Breglia (749 m) – Monti di Treccione (938 m) – San Domenico (1115 m) – San Bernardo (1105 m) – Val Dongana (654 m) – Garzeno (662 m). Wegstrecke ca. 30 km, reine Gehzeit 9 Std., Anstiegsleistung ca. 900 m.

Vierte Etappe: Garzeno (662 m) – Valle del San Jorio (981 m) – Dosso del Liro (625 m) – Peglio (633 m) – Livo (657 m; ab Garzeno ca. 8 Std.) – Valle di Livo (659 m) – Pighè (1120 m) – Montalto (990 m) – Sorico (213 m). Wegstrecke ca. 46 km, reine Gehzeit 15½ Std., Anstiegsleistung ca. 1200 m.

Der Wegverlauf

In den engen Gäßchen von *Breglia* (749 m) entdeckt man den ersten Hinweis auf die *»Via dei Monti Lariani«*. Gleich hinter dem Ort taucht der Weg ein in den Wald. Zuerst leicht steigend, dann wieder an Höhe verlierend, führt er in den tiefen Graben des *Val di Greno*. Man überschreitet den Bach und erreicht bald die ersten Monti, jene von *Carcente* (897 m), 1 Std., mit mehreren guterhaltenen *»masòn«* und schönem Blick zum Comer See. Weiter auf einem Karrenweg, der ab Monti di Treccione (938 m) zum Sträßchen wird, in mäßigem Anstieg zu den verstreuten Häusern von *Montuglio* (978 m) mit Straßenanbindung, Aussicht und einem Gasthaus. Danach heißt es aufpassen, daß man den *»Einstieg«* ins *Val del Bulèe* (Valle Vezzedo) nicht verpaßt; also gut auf die teilweise in größeren Abständen gesetzten Markierungen achten! Man quert den Graben zu den *Monti Bracco* (1069 m); wenig später kommt man am Kirchlein *San Domenico* (1115 m), 2¼ Std., vorbei. Dann führt der Weg erneut in eine Talmulde, ins steinige *Val Quaradella*, das vom Monte Bregagno (2107 m) herabkommt.

Durch lichten Wald erreicht man die *Monti Naro* (1196 m); über die *Alpe Nalcim* (1201 m) geht's anschließend nochmals leicht aufwärts zum höchsten Punkt der Route (1277 m). Diese Umrundung des Dosso di Naro vermittelt herrliche Aussicht auf den See und seine Bergumrahmung. Unter den felsigen Hängen des Sass de Malanocc senkt sich der Pfad über die *Monti Adacca* (1188 m) zu den *Monti di Labbio* (1086 m). Im Vorblick hat man den mächtigen Sasso di Musso (1140 m); auf dem kleinen Sattel in seinem Rücken steht das erst jüngst restaurierte Kirchlein *San Bernardo* (1105 m), 4½ Std., ein besonders stimmungsvoller Wegpunkt mit Aussicht ins Val Dongana (Valle Albano).

Die »Via« quert nun taleinwärts und führt dann über Wiesenhänge abwärts zu dem Haufendörfchen *Piazze* (755 m). Hier verläßt man den Höhenweg und steigt über Tegano hinab zum Uferort *Dongo* (208 m).

Nützliche Informationen

Ausgangspunkt: *Breglia* (749 m), von Menaggio (203 m) aus über Plesio auf kurvenreicher Bergstrecke, 7 km. Parkplatz bei der Kirche.
Anstiegsleistung: Insgesamt etwa 550 m.
Gehzeiten: Insgesamt 6¼ Std., Breglia – Montuglio: 1½ Std., Montuglio – San Domenico: ¾ Std., San Domenico – San Bernardo: 2¼ Std., San Bernardo – Dongo: 1¾ Std.
Verkehrsverbindungen: Breglia hat Busverbindung mit Menaggio, ebenso alle Ortschaften am Seeufer. Zwischen Dongo und Menaggio verkehren auch Kursschiffe (Fahrplan erfragen).
Unterkunft: Keine.
Verpflegung: Das Gasthaus in *Montuglio* ist im Hochsommer durchgehend geöffnet, sonst nur an Wochenenden.
Sehenswürdigkeiten: In *Gravedona* (201 m), wenige Kilometer nördlich von Dongo, sind für Kunstfreunde zwei Gotteshäuser von Interesse, beide am südlichen Ortsrand: *San Vincenzo*, das im Kern (Krypta) auf das 11. Jahrhundert zurückgeht, in der Barockzeit allerdings umgebaut wurde, und vor allem *Santa Maria del Tiglio*, die schönste romanische Kirche am oberen Lario (im Innern riesiger Christus, 13. Jh., und Reste eines umfangreichen Freskenzyklus, 12.-14. Jh.). Bei Schlechtwetter sind Museen gefragt: in *Pianello del Lario* gibt es ein Bootsmuseum, *»La Raccolata della Barca Lariana«*, von Juli bis Mitte September täglich geöffnet.
Karte: Kompass-Wanderkarte 1:50 000, Blatt 91, »Lago di Como/Lago di Lugano«.

32 Sasso Canale (2411 m)

Das unbekannte Gegenüber des Legnone

Tourencharakter: Bergwanderung auf markiertem Weg, im Gipfelbereich Trittsicherheit erforderlich.
Reine Gehzeit: 5½ Std.
Beste Jahreszeit: Ideal ist der Herbst (Fernsicht), der südseitige Anstieg bleibt oft bis Ende November schneefrei. Im Hochsommer ziemlich schweißtreibend.
Markierung: Etwas verblaßte Markierungen, aber kaum Orientierungsprobleme.

Der **Sasso Canale**: kein renommierter Name, keine Höhenquote, die aufhorchen läßt, kein markantes Profil. Gut 3 Stunden Anstieg, ein paar Almen am Weg, zuletzt Geröll, Schrofen... Lohnend?

Die Frage stellte sich uns überhaupt nicht an jenem Novembertag. Schon während der Kurvenfahrt von Gera (201 m) über »Halbberg« (Montemezzo) hinauf nach San Bartolomeo (1204 m) entfaltete die Seen- und Berg-Landschaft am oberen Lario ihren ganzen Zauber. Ein zarter Dunstschleier lag über Wasser und Talmulden, ließ die Bergketten wie in einer Theaterkulisse hintereinander gestaffelt stehen, der Horizont weitete sich mit jeder Straßenserpentine. Ein trockener Nordwind blies vom Alpenhauptkamm herab, schüttelte Blätter und stachelige Früchte von den Kastanienbäumen, sorgte für glasklare Fernsicht. Da wird der Schritt gleich etwas schneller, der Blick geht voraus, die Gedanken sind schon längst oben, am Kamm, am Gipfel. Ob sich Bernina, Ortler, Adamello im Panorama zeigen, im Südwesten gar der Monte Viso über der Poebene auszumachen ist?

Keine Auflistung, bitte. Die schönsten Bilder liefert ohnehin der Alpenfjord, etwa mit den Steinhütten der Alpe di Mezzo (1536 m) im Vordergrund. Allerdings fehlen die Gletscher; die entdeckt man dafür am östlichen Horizont: Disgrazia (3678 m), Adamello (3538 m).

Ein weiteres Kalenderbild öffnet sich am Grat: über dem gewaltigen Graben des Meratals wachsen die Eckpfeiler der Bergeller Alpen in den Himmel. Und Pfeiler darf hier

Über dem breiten Graben des Val Chiavenna stehen die Granitgipfel der südlichen Bergeller Alpen. Rechts im Vordergrund der Monte Berlinghera (1930 m), ein leicht erreichbarer, dankbarer Aussichtspunkt.

durchaus wörtlich verstanden werden; die Abstürze des Pizzo di Prato (2727 m) oder des Sasso Manduin (2888 m) fallen fast zweieinhalb Kilometer weit ab in den breiten Talboden, über Wände und extrem steiles Gehänge, von Rüfen zerfurcht, von Muren gezeichnet, mit tiefen Gräben, die den Erosionsschutt hinaus in die Ebene tragen. Auf diese Weise wird der Comer See laufend »verkleinert«; vor ein paar Jahrtausenden reichte die zusammenhängende Wasserflä-che über den (mittlerweile abgetrennten) Lago della Mezzola hinaus.

Noch mehr Steine auf den Wiesenhängen unter dem Grat, und hier sogar säuberlich zu einer Mauer aufgeschichtet: der »*Termino-ne*«; schnurgerade, fast einen Kilometer lang, markiert er eine uralte Almgrenze. Kurioserweise wird die Alpe di Mezzo seit jeher von Samolaco im Chiavennatal aus bestoßen. Das Vieh muß zweimal im Jahr den beschwerlichen Weg über die Bocchetta Chia-

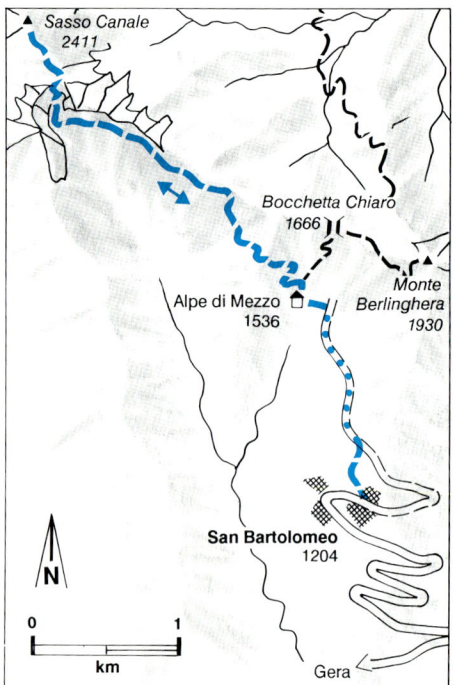

links über den Bach zu den Steinhütten der *Alpe di Mezzo* (1536 m) und auf teilweise abgerutschtem Pfad am Hang aufwärts gegen den Kamm, der Sasso Canale und Monte Berlinghera (1930 m) verbindet. Unweit vom *»Terminone«* kommt man zum *Grat* (1854 m), wo sich eine packende Schau ins Val Chiavenna und auf die Bergeller Gipfel öffnet: Höhe und Tiefe auf einen Blick!

Die ordentlichen *gelben Markierungen* führen aufwärts gegen den Gipfelstock des Sasso Canale, gelegentlich von der Gratschneide in die Südflanke ausweichend. Blockwerk, Geröll und karge Wiesen wechseln ab, dann leitet die dünne Pfadspur in den düsteren Karwinkel unterhalb der Anticima (2397 m). *»Molto friabile!«* – also zwei Schritt vor, einer zurück. Schließlich ist man doch am Grat und spaziert hinüber zum Vorgipfel. Wer ganz oben sein will, kann auch dem zweiten SIP-Reflektor noch einen Besuch abstatten: etwa eine Viertelstunde und nicht einmal 20 Meter Höhengewinn bei fast identischem Panorama.

Nützliche Informationen

Ausgangspunkt: Ferienhaussiedlung *San Bartolomeo* (1204 m) oberhalb von Gera (201 m), asphaltierte Zufahrt (kein Bus) via Bugiallo (640 m), 11,5 km. Ausreichend Parkmöglichkeit am Straßenende.
Anstiegsleistung: 1200 m.
Gehzeiten: Insgesamt 5 1/2 Std. San Bartolomeo – Alpe di Mezzo: 1 Std., Alpe di Mezzo – Sasso Canale: 2 1/2 Std., Abstieg auf dem gleichen Weg etwa 2 Std.
Verkehrsverbindungen: Gera (201 m), am oberen Ende des Comer Sees gelegen, besitzt gute Busverbindungen mit Chiavenna und Menaggio.
Unterkunft: *Rifugio Berlinghera* (1076 m), an der Straße von Gera nach San Bartolomeo (10 km); 12 Schlafplätze, bewirtschaftet von April bis November.
Verpflegung: Unterwegs aus dem Rucksack.
Weitere Tourenmöglichkeiten: Eine ähnlich interessante, wenn auch nicht so weitreichende Aussicht wie der Sasso Canale bietet der **Monte Berlinghera** (1930 m), der sich in der Verlängerung des Sasso-Canale-Ostrates unmittelbar über dem Lago di Mezzola

ro (1666 m) nehmen, vorbei an dem Riesenmast der Hochspannungsleitung, die transformierte Wasserkraft dem Wirtschaftsraum Mailand zuführt. Die Elektrizität kommt auf mächtigen Stelzen daher; zur Sicherstellung der Kommunikation hat sich die SIP (italienische Telefongesellschaft) einen besonderen Gag einfallen lassen: Reflektoren, natürlich an besonders markanten Punkten aufgestellt. Zwei dieser Ungetüme »zieren« auch den Sasso Canale – Symbole einer neuen »Kommunikations«-Gesellschaft? Da sind mir altmodische Kreuze und ein Gespräch von Angesicht zu Angesicht halt immer noch lieber…

Der Wegverlauf

Am Endpunkt der asphaltierten Straße nach San Bartolomeo entdeckt man ein Hinweisschild: »*Sasso Canale 3 ore, Capanna Como 11 ore«.* Wegspur und (gelegentliche) Markierungen leiten im Wald aufwärts, an den letzten Ferienhäusern vorbei. Bald stößt man auf eine Schotterpiste; sie führt zu den Almen unter der *Bocchetta Chiaro* (1666 m). Hier

erhebt. Anstieg über die Alpe di Mezzo zur Bocchetta Chiaro (1666 m), 2¹/₄ Std.

»Alta Via del Lario«: Mit dem Aufstieg zum Sasso Canale beginnt diese anspruchsvolle Route, durchgehend (wenn auch gelegentlich etwas spärlich) markiert, teilweise in leichtem Felsgelände verlaufend. Drei anstrengende Tagesetappen von je etwa 10 Std.: San Bartolomeo – Sasso Canale – Bocchetta del Cannone (2260 m) – Capanna Como (1790 m); Capanna Como – Passo dell'Orso (2152 m) – Bocchetta di Camedo (1973 m) – Rifugio Il Giovo (1714 m); Rifugio Il Giovo – Forcella del Gino (2068 m) – Bocchetta di Rozzo (2033 m) – Rifugio Menaggio (1380 m). Nur für ausdauernde, erfahrene Bergsteiger, Zwischenabstiege zum Comer See möglich; Notunterkünfte am Lago di Ledù (2248 m; erste Etappe) und im oberen Valle Albano (Rifugio Sommafiume, 1806 m, unbewirtschaftet; dritte Etappe).

Karten: Die beste Geländedarstellung bietet die Carta nazionale della Svizzera 1:50 000, Blatt 277 Roveredo (allerdings ohne farbige Hervorhebung der markierten Wege). Kompass-Wanderkarte 1:50 000, Blatt 92 »Chiavenna-Val Bregaglia«.

33 Monte Legnone (2609 m)

Der Größte!

Tourencharakter: Bergwanderung, im Gipfelbereich ist Trittsicherheit notwendig. Tagestour.
Reine Gehzeit: 5³/₄ Std.
Beste Jahreszeit: Ab Ende Mai in der Regel gut zu machen; Schnee liegt dann meist nur noch am kurzen Gipfelgrat. Besonders lohnend im Herbst (Fernsicht).
Markierung: Gut bezeichneter Weg, eindeutig im Verlauf, deshalb keine Schwierigkeiten mit der Orientierung.

Vergleiche mögen zwar oft hinken, nützlich sind sie gelegentlich doch. Garmisch-Partenkirchen, weltberühmter Ferienort im schönen

Bayern, hat zwar keinen See, dafür aber die Zugspitze, einen »Fast-Dreitausender«, vom Ort aus sehr eindrucksvoll anzuschauen. Und um gut 2300 Meter überragt er die Spitze des Garmischer Kirchturms, bei einer Horizontalentfernung von gut zehn Kilometer.

Da muß man sich in Cólico schon ein Stück weiter zurücklehnen, will man den Gipfel des **Legnone** ins Auge fassen: 2609 Meter brutto, 2400 Meter netto auf gerade einmal gut fünf Kilometer Abstand, horizontal gemessen! Und das bei einem Berg, der da steht, wo die meisten Bayern bereits Alpenvorland vermuten. Dies nur, um einmal die Topographie des Comer Sees ins richtige Licht zu rücken – vertikal.

Natürlich gibt es jede Menge Unterschiede zwischen Deutschlands ganzem Gipfelstolz und dem höchsten Punkt am Comer See. Hier spricht man bayrisch (oder preußisch), am Lario lombardisch (oder italienisch), der Legnone besteht nicht aus Kalk, sondern aus kristallinen Gesteinen, was ihm ein etwas düsteres Aussehen gibt. So »zackig« wie die Zugspitze ist er nicht, Seilbahnen und Lifte entdeckt man an seinen Steilflanken keine, aber immerhin eine kurvige Bergstraße, die es erlaubt, den Ausgangspunkt zur Gipfeltour von gut 200 (!) Meter auf angenehme 1400 Meter ü.N.N. zu verlegen. Denn wer möchte den gewaltigen Höhenunterschied nun wirklich auch so direkt erleben, hinauf und hinab? Da ist der Weg über den Westgrat ungleich gemütlicher, gut markiert, erst oberhalb der kleinen Ca' da Legn (2146 m) steil, mit einer winzigen Kraxelstelle an der Anticima. Und am Gipfel gibt's dann, wenn man das Glück hat, einen klaren Tag zu erwischen, das ganz große Schauerlebnis, eine immense Gipfelparade, vom »höchsten Spiz Tirols«, dem Ortler, über die Schweizer Alpen – Monte Rosa und Matterhorn inklusive – bis zur ebenmäßigen Pyramide des Monte Viso in den fernen Cottischen Alpen, über den Quellen des Po. Bergsteigerherz, was willst du mehr?!

Wem die Kammwanderung zum Gipfel zu wenig Ansporn ist, kann sich an einer Variante für ganz Harte versuchen: einem »Duathlon« besonderer Art. Startpunkt ist *Dervio* (204 m) an der Mündung des Valle Varrone. Zunächst gut 25 km auf dem Mountainbike,

über Tremenico Richtung Premana, bis man nach Querung des kleinen Val Vaniga auf die Abzweigung einer alten Militärstraße stößt. Auf allmählich schlechter werdender Trasse in langgezogenem Links-rechts hinauf zum Piancone Basso (2069 m) am Südgrat des Legnone, dann in die Südflanke, bis es nicht mehr weiter geht. Rad deponieren und im Dauerlauf zum Gipfel...

Der Wegverlauf

Keine solche Ochsentour ist der Normalanstieg zum Legnone, 3½ Stunden weit, dem langgestreckten *Westgrat* des Bergstocks folgend. Da bleibt ausreichend Zeit für die eine oder andere kleine Rast, kann man in Muße die Ausblicke genießen. Diese richten sich zunächst vor allem auf das Valle Varrone und die Grigne; an den ersten Kehren der Mulattiera stört dann kurz eine mächtige Hochspannungsleitung, die hier den Bergstock überquert, das malerische Bild. Man passiert ein aussichtsreiches Eck (ca. 1700 m); dann senkt sich der Weg leicht zu einem weiten Almboden. Hier wird erstmals die Sicht nach Norden frei, auf die Berge um

Chiavenna. Auch das Gipfelziel zeigt sich; deutlich auszumachen sind an dem mächtigen Vorbau der *Porta dei Merli* (2129 m) die Serpentinen des kunstvoll angelegten Plattenweges. Knapp unter der Höhe quert man auf die Ostseite des Kamms, der zum eigentlichen Gipfelaufbau überleitet. An seinem Fuß steht die *Biwakhütte Ca' da Legn* (2146 m), etwas höher dann der unvermeidliche Reflektor der SIP. Beim weiteren Anstieg am schrofigen, mit recht viel Geröll garnierten Grat schrumpft das häßliche Ding allmählich auf Spielzeuggröße, dafür kommt der Gipfel näher.

An der *Anticima* (2529 m) mündet der Nordzustieg (von Cólico am See aus!). Bis zum großen Kreuz ist es nurmehr ein Katzensprung: ein gutmütiger Rücken, zuletzt ein paar leichte Felsen, dann steht man oben, am höchsten Berg des Comer Sees, vor einem immensen Panorama.

Nützliche Informationen

Ausgangspunkt: Den kleinen *Sattel* (1450 m) unter dem Monte Legnoncino (1714 m) erreicht man von Dervio via Tremenico

Am Weg über den Westgrat zeigt sich bald der Gipfel des Monte Legnone (2609 m). Er überragt den Comer See um fast zweieinhalb Kilometer!

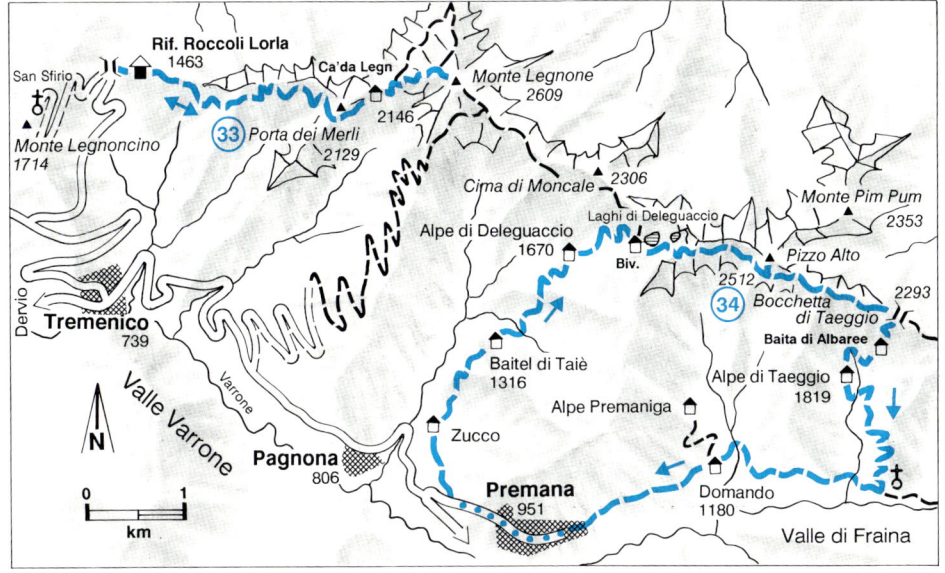

(739 m), 18 km. Parkplatz. Wenig höher das *Rifugio Roccoli Lorla* (1463 m).
Anstiegsleistung: 1170 m.
Gehzeiten: Insgesamt 5¾ Std. Rifugio Roccoli Lorla – Monte Legnone: 3½ Std., Abstieg auf dem gleichen Weg: 2¼ Std.
Verkehrsverbindungen: Tremenico (739 m) besitzt Busverbindung mit Dervio am Ostufer des Comer Sees. Zu Fuß (auf der Straße) kommt man in etwa 2½ Std. zum Rifugio Roccoli Lorla.
Unterkunft: *Rifugio Roccoli Lorla* (1463 m), Juni bis Oktober durchgehend bewirtschaftet, während der übrigen Zeit nur an Wochenenden.
Verpflegung: Unterwegs aus dem Rucksack.
Weitere Tourenmöglichkeiten: Den **Monte Legnone** kann man auch von Premana aus besteigen. Landschaftlich sehr reizvoll, aber fast schon mehr als eine Tagestour. Aufstieg wie bei Tour 34 zum unteren der Laghi di Deleguaccio, dann nordwestlich zum Kamm und über die Bocchetta di Legnone (2238 m) zum Gipfel, 6 bis 7 Std.
Eine bemerkenswerte Aussicht, dazu prächtige Seeblicke hat man vom »kleinen Bruder« des Legnone, vom **Monte Legnoncino** (1714 m). Aufstieg über die Ostflanke auf einem alten Kriegssträßchen, 1 Std. vom Parkplatz. Am Gipfel die Kapelle San Sfirio. Lohnendes Ziel auch für konditionsstarke Mountainbiker.
Ein ähnlich reizvolles Panorama bietet der Grasrücken des **Monte Croce di Muggio** (1799 m), Pendant zum Monte Legnoncino, südlich über dem Eingang ins Valle Varrone stehend. Zufahrt von Bellano (202 m) über Vendrogno (723 m) bis zur bewirtschafteten Alpe Giumello (1536 m; etwa 20 km).
In Bellano selbst empfiehlt sich ein Besuch des wildromantischen *Orrido*, den der Torrente Pioverna an der Mündung der Valsássina in vielen Jahrtausenden aus dem Fels gehobelt hat (gesicherter Steig, hin und zurück ½ Std.).
Karten: Kompass-Wanderkarte 1:50 000, Blatt 91 »Lago di Como/Lago di Lugano«. Das schönere Kartenbild liefert die Carta nazionale della Svizzera (1:50 000), Blatt 287 »Menaggio«; leider ohne farbige Wegeintragungen.

34 Pizzo Alto (2512 m)

Nichts für Anfänger

Tourencharakter: Große Überschreitung, sicherer Tritt und gute Kondition unerläßlich, dazu etwas Orientierungsvermögen. An der »Alta via della Valsássina« mehrere gesicherte Passagen.
Reine Gehzeit: 9¼ Std.
Beste Jahreszeit: Mitte Juni bis Mitte Oktober.
Markierung: Aufstieg und »Alta via della Valsássina« gut bezeichnet, Abstieg teilweise ganz ohne Markierung, wild.

Im Gipfelkranz des Valle Varrone ist der Legnone (2609 m) die höchste, der Tre Signori (2554 m) die mächtigste Erhebung. Da fällt der **Pizzo Alto** nicht so auf. Dabei ist das kekke Hörnchen Kulminationspunkt einer Überschreitung, die man getrost in die Kategorie »Spitzenklasse« einordnen darf, eine ganz große Tour, bei der Wetter, Kondition und Motivation stimmen müssen: gute zehn Stunden ist man unterwegs zwischen Tal und Gipfel, die Gesamtsteigung summiert sich auf etwa 1800 Meter. Ausdauer verlangt schon der Anstieg, das Auf und Ab am Kamm dann eine stabile Psyche, beim Rückweg ins Tal braucht's etwas Orientierungssinn, werden die Markierungshilfen doch immer weniger, und zum guten Schluß folgt ein anhänglicher Marsch talauswärts, zurück nach Premana.

Doch da ist man dann in Hochstimmung, müde zwar, aber stolz auf die eigene Leistung, ganz unter dem Eindruck der großen Runde, einer großen Landschaft. Noch einmal läßt man die vielfältigen Eindrücke Revue passieren, die Fernblicke zu den Bergeller Granitzacken, zum Disgrazia (3678 m) und durch das Valle San Giacomo zum Splügenpaß (2113 m), der links vom Piz Tambo (3279 m) flankiert wird, sieht man die glitzernde Wasserfläche des Lario vor sich, das grüne Tal des Varrone, die Berge im Süden, am Saum der Alpen: Grigne, Resegone, Campelli. Was für eine Kulisse! Und was für ein Weg, hoch am grün-felsigen Kamm, über

Bänder, Schrofen, an abschüssigen Steilflanken entlang, durch Rinnen, ein Teilstück der »Alta via della Valsássina«. Sie führt weiter zur »Dreiherrenspitze« (Pizzo dei Tre Signori); wer ganz gut drauf ist, kann dem Kammweg über den Pizzo Rotondo (2495 m) bis zur Bocchetta Stavello (2201 m) folgen und erst dann auf einem alten Saumpfad ins Valle di Fraina absteigen – das ist dann allerdings ein Tagespensum für Konditionsriesen!

Ausgangspunkt der großen (und der ganz großen) Runde ist **Premana** (951 m), fast am »End' der Welt« gelegen, hinten im Valle Varrone, am Straßenende, mit Zufahrt vom benachbarten Valsássina her. Eines jener vielen Dörfer in den italienischen Alpen, die, von der Abwanderung ausgezehrt, vor sich hindämmern, allmählich verfallen? Keineswegs, Premana ist ein überaus hablicher Flecken, man sieht hier kaum leerstehende Häuser, die Bevölkerungszahl steigt seit Jahrzehnten kontinuierlich an, Arbeit gibt's im Ort. Premana ist berühmt geworden durch das Schmiedehandwerk, das hier eine weit zurückreichende Tradition hat, vor allem für die Herstellung von Sensen und Sicheln; heute werden auch Steigeisen und Pickel hergestellt. Interessantes über die Geschichte des Fleckens und seines Handwerks zeigt das liebevoll gestaltete Heimatmuseum.

Mehrere Passagen der »Alta via della Valsássina« sind gesichert. Hier am Aufstieg zu den oberen Laghi di Deleguaccio.

Der Wegverlauf

Der Aufstieg zu den Laghi di Deleguaccio verläuft durch das tief eingeschnittene, von steilen Flanken gebildete Tal des Varroncello, auf den Spuren der Bergbauern. Die haben ihre Almen längst verlassen; die neuen Bewohner der malerischen Steinhütten sind meist Städter, die ihrer Natursehnsucht nachleben. Geblieben sind die kunstvoll angelegten Wege, und ihnen folgt man von *Premana* (Hinweisschild »Legnone« am Ortseingang) über Gorla (994 m), Zucco (1018 m) und Gianello (1088 m) hinauf zur großen (ex-)*Alpe di Deleguaccio* (1670 m). Man genießt bemerkenswerte Tiefblicke in den schluchtartig eingerissenen Talgrund; über seiner Mündung, am Ansatzpunkt des langgestreckten Legnone-Südgrates, hockt der Flecken *Pagnona* (806 m). Hinter der *Baitel di Taie* (1316 m) kommt man nach Querung eines winzigen Seitentälchens zu einem besonders schönen Rastplatz. Der Weg läuft unter Felsen hindurch, steigt dann an zu einer winzigen Kapelle. Weiter bergan, über einen Bach (hübscher Wasserfall) und zur Alp.

Oberhalb der Siedlung entdeckt man am Fels eine deutliche rot-weiße Markierung. Der Zickzackspur des Weges folgend, kommt man zum unteren *Lago di Deleguaccio* (2096 m), einem kreisrunden Gewässer, scheinbar ohne Abfluß, von einem Halbrund steiler Felsen umschlossen. Rechts um den See herum und aufwärts zu einer markanten *Rinne*, die man mit Hilfe von Ketten durchsteigt. Unmittelbar hinter dem Rand der »Schüssel« liegen in einer offenen Karmulde die beiden oberen Seen. Hier nicht links zum Grat (Markierung), sondern gleich rechts über den breiten schrofigen Rücken aufwärts zu einem schönen Band (Aussicht!), das hinausleitet zum Westgrat der *Cima del Cortese* (2427 m). Nun wird erstmals der Gipfel des *Pizzo Alto* sichtbar. Die »Alta via« läuft durch die dem Valle Varrone zugewandte Steilflanke; man überquert eine winzige Scharte und steuert dann die *Südostschulter* an (ca. 2480 m). Links in leichter Kletterei (I) zum Kreuz.

Die anschließende Gratüberschreitung zur Bocchetta di Taeggio ist dann ein einziges Schauerlebnis: ins Veltlin, zu den Bergeller Granitzacken und tief in die Bergamasker Alpen geht der Blick; im Süden ins Valsássina und zu den Grigne. Die »Alta via« folgt konsequent dem Kamm; ein erster Gratturm wird mit Hilfe von Ketten bestiegen, hinter der zweiten Kuppe ist eine etwas heikle Querung über plattige Felsen ebenfalls gesichert. Rechts in der Tiefe werden nun die verfallenen Hütten der Alpe di Taeggio sichtbar. Man steigt aber noch nicht ab, sondern folgt dem Grat über die nächste Höhe bis in die *Bocchetta di Taeggio* (2293 m). Hier weist eine Tafel rechts hinab zur *Baita di Albaree* (ca. 2000 m). Gelb-blaue Markierungen, recht willkürlich in die steilen Wiesenhänge gesetzt, geben die Richtung an; bei schlechter Sicht (Nebel) sind sie aber durchaus hilfreich. Von der gut eingerichteten Hütte auf einem alten Alpweg abwärts zu der aufgelassenen *Alpe di Taeggio* (1819 m). Bis dahin ist die Orientierung einfach, trotz fehlender Markierungen. Nun heißt es aufpassen: An der gegenüberliegenden, östlichen Talflanke ist tiefer eine deutliche *Wegspur* zu erkennen, die leicht ansteigend den Hang schneidet und zu einer kleinen Kanzel führt. Zu ihr steigt man ab, mehr oder weniger dem bereits stark überwucherten Pfad folgend; am Bach einzelne rot-weiße Markierung. Von dem Rastplatz (Vorsicht: Schlangen!) leitet der Weg in vielen Serpentinen hinab ins Valle di Fraina. Bei einer *Kapelle* (1269 m) stößt man auf den alten Talweg. Er führt in leichtem Auf und Ab an der rechten Talflanke zurück nach *Premana*, vorbei an mehreren (vorbildlich restaurierten) Almsiedlungen, bei *Domanda* (1180 m) den mächtigen Graben am Fuß des Pizzo Alto ausgehend.

Nützliche Informationen

Ausgangspunkt: *Premana* (951 m), stattliches Dorf im Valle Varrone, Zufahrt vom Valsássina, 39 km ab Lecco, 20 km ab Bellano.

In einer felsumstandenen Karmulde liegt der fast kreisrunde untere Lago di Deleguaccio (2096 m). Über dem Ufer die Biwakhütte, wichtig vor allem für Begeher der »Alta via della Valsássina«.

Wasserspiele am Weg zum Pizzo Alto – vor allem im Hochsommer sehr willkommen!

Anstiegsleistung: Premana – Pizzo Alto: 1600 m, am Kamm und im Tal nochmals etwa 200 m Anstieg.

Gehzeiten: Insgesamt 9¼ Std.; Premana – Alpe Deleguaccio: 2 Std., Alpe Deleguaccio – Pizzo Alto: 3 Std., Pizzo Alto – Bocchetta di Teggio: 1¼ Std., Bocchetta di Taeggio – Valle di Fraina: 2 Std., Rückweg nach Premana: 1 Std.

Verkehrsverbindungen: Premana hat Busverbindung mit Lecco und Bellano.

Unterkunft: *Biwakhütte* am unteren *Lago di Deleguaccio* (2096 m), stabiler Steinbau (im Herbst 1992 noch nicht ganz fertiggestellt). *Baita di Albaree* (ca. 2000 m), unterhalb der Bocchetta di Taeggio, gut eingerichtet, stets zugänglich.

Verpflegung: Unterwegs aus dem Rucksack.

Weitere Tourenmöglichkeiten: Man kann die Überschreitung von der Bocchetta di Taeggio ostwärts über den **Monte Rotondo** (2495 m) bis in die *Bocchetta Stavello* (2201 m) fortsetzen (»Alta via della Valsássina«) und auf einem Serpentinenweg ins Valle

di Fraina absteigen. Die Gesamtgehzeit erhöht sich dann auf etwa 12 Std. – kein Tagespensum mehr (Nächtigung in der Baita di Albaree).

Ein dankbares Gipfelziel über dem innersten Valle Varrone ist der **Pizzo dei Tre Signori** (2554 m) mit großem Panorama. Markierter Aufstieg von Premana über das *Rifugio Varrone* (1672 m) und die Bocchetta di Trona (2122 m), etwa 5 Std.

»Alta via della Valsássina«: Markierte Höhenroute, recht anspruchsvoll mit teilweise langen Etappen. Nächtigung auf bewirtschafteten Hütten oder in einfachen Biwaks. Wegverlauf: Rifugio Roccoli Lorla – Monte Legnone – Pizzo Alto – Pizzo dei Tre Signori – Piani di Bobbio – Culmine di San Pietro – Resegone – Lecco. Insgesamt fünf Tagesetappen.

Karte: Kompass-Wanderkarte 1:50000, Blatt 105 »Lecco/Valle Brembana«. Dazu, der Geländedarstellung wegen, Blatt 287 »Menaggio« der Carta nazionale della Svizzera (nicht nachgeführt).

Tourenskizze: Siehe Seite 129.

35 Zuccone Campelli (2159 m)

Dolomitzacken über Almböden

Tourencharakter: Aufstieg über den »Sentiero degli Stradini« zum Zuccone Campelli für trittsichere Wanderer problemlos; Abstieg ins Gamskar etwas anspruchsvoller, mit ganz leichten Kletterstellen. »Ferrata Rebuzzini« sehr schwierig, gehört zu den anspruchsvollsten Klettersteigen der Ostalpen! Mit Seilbahnfahrt Halbtagespensum, von Barzio aus Tagestour.
Reine Gehzeit: 3 Std. bei Anstieg über den »Sentiero degli Stradini«, Zucco di Pesciola über die »Ferrata Rebuzzini« 3¾ Std. Ab Barzio 7½ bzw. 8¼ Std.
Beste Jahreszeit: Juni bis Oktober.
Markierung: Ordentlich bezeichnete Wege, keine Orientierungsprobleme.

Fast könnte man ihn für ein verirrtes Stück der Grigne halten, den **Zuccone Campelli**, der sich über grünen, sanftwelligen Almmatten erhebt – nur auf der »falschen« Seite des Valsássina. Die recht zahlreichen Besucher, die mit der Gondelbahn von Barzio zu den *Piani di Bobbio* hinauffahren, haben sich aber keineswegs verirrt: im Winter sind die Hänge unter dem Zuccone Campelli ein beliebtes Skirevier, im Sommer treffen sich hier Wanderer, Kletterer – und Ferrata-Freaks. Letztere haben es eigentlich auf den Zucco di Pesciola (2092 m) abgesehen, genauer: auf seinen Südwestgrat.

Da gibt es seit einigen Jahren die »**Ferrata Rebuzzini**«, einen Klettersteig der Spitzenklasse, durchaus vergleichbar mit den schwierigsten Eisenwegen der Dolomiten. Angesichts der »placca«, einem nahezu senkrechten Wandaufschwung, so etwa 70 Meter hoch, hat schon manche(r) die Segel gestrichen und das Unternehmen vorzeitig abgebrochen: zurück zum »Sentiero degli Stradini«. Er verbindet das Bobbio-Plateau mit den weiten Almböden von Atravaggio und vermittelt den Zugang zum höchsten Punkt der kleinen Berggruppe, dem Zuccone Campelli. Der markierte Normalweg führt über seine schrofendurchsetzte Rückseite zum Gipfel, wenig spektakulär, aber auch nicht schwierig. Und die Aussicht entschädigt dann gescheiterte Ferrata-Geher für die erlittene »Schmach« – was soll's, morgen ist wieder ein (Berg-)Tag.

Erdgeschichtlich steht der Zuccone Campelli dem Resegone näher als den Grigne; er besteht im wesentlichen ebenfalls aus Hauptdolomit, horizontal geschichtet. Durch seine Steilabstürze verlaufen zahlreiche Kletterführen. Im Jahr 1930 eröffnete Emilio Comici, aus Triest stammender »Sestogradist« der ersten Stunde, zusammen mit dem Leccheser Riccardo Cassin eine Route am Zuccone Campelli (Via Comici, IV+), noch heute die bekannteste hier, mit dem »Cresta Ongania«, an dem sich alle Absolventen lombardischer Kletterschulen zu versuchen haben …

Wer die »Rebuzzini« mit Anstand gemeistert hat, darf sich zumindest als »maestro in ferro« fühlen; eine (leichte) Steigerung ist dann nurmehr am Dente del Resegone möglich. Darüber mehr beim Resegone (Tour 45).

Es muß ja nicht unbedingt ein Klettersteig sein, auch kein Gipfel: Auf markierten Wegen läßt sich die Campelli-Gruppe umwandern, eine abwechslungsreiche Runde mit immer wieder wechselnden Blickpunkten. Da schaut man tief hinein in die Bergwelt der Bergamasker Alpen, hat die Ostansicht der Grigne direkt vor sich, kann im Nordwesten, über dem Einschnitt des Valsássina, ein paar Grenzberge zur Schweiz ausmachen. Und

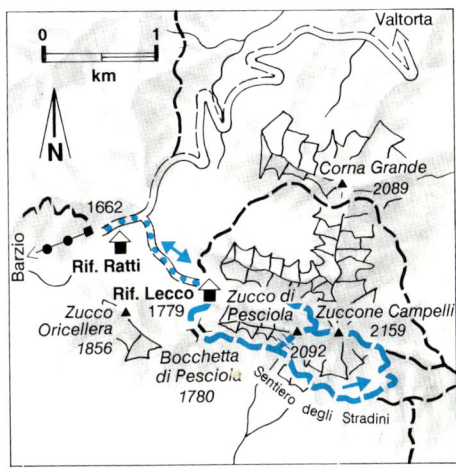

im Südosten, umgeben von weiten Almböden, liegt das für seinen Käse berühmte Val Taleggio. Auch auf den Almen des Valsássina wird gekäst, erst seit dem letzten Jahrhundert, aber mit durchaus respektablem Erfolg. Deshalb stößt man hier auch seltener als in anderen Regionen der italienischen Alpen auf verfallene Alphütten. Daß man allerdings in dem Wiesengelände immer wieder (Reifen-)Spuren einer ganz besonderen Spezies von motorisierten »Sportsfreunden« entdeckt, macht weit weniger Freude…

Der Wegverlauf

Als Tourenstützpunkt im Gebiet des Zuccone Campelli dient vor allem das *Rifugio Lecco* (1779 m), am Eingang ins Valle dei Camosci gelegen, sozusagen in Rufweite zu den Kletterführern am Zucco di Pesciola und am Zucco Barbisino. Sehr viel weiter ist es auch nicht von der Gondelbahnstation (1662 m) auf den *Piani di Bobbio* zur Hütte (Güterweg); wer zu Fuß von *Barzio* (769 m) aufsteigt, muß dafür knapp 3 Std. einplanen. Nun südlich, dem Hinweis »*Sentiero degli Stradini*«folgend, in die nahe, zwischen dem Skihügel des Zucco Oricellera (1856 m) und dem (Kletter-)Cresta Ongania gelegene Senke der *Bocchetta di Pesciola* (1780 m). Hier beginnt eine längere, aussichtsreiche Querung durch die Südflanke des Massivs: zur Linken die Felsen, rechts freie Sicht bis zum Alpenrand, im Rücken die Grigne. Einige kurze Passagen am »Sentiero degli Stradini« sind mit Ketten gesichert; nach etwa 20 Minuten passiert man die Abzweigung zur »*Ferrata Rebuzzini*«. Der Weg steigt weiter leicht an bis zum Südrücken des *Zuccone Campelli*; hier links über schrofendurchsetzte Wiesenhänge schräg aufwärts zum breiten Ostrücken, wo man auf den markierten Normalweg stößt.

Eine Beschreibung der **Via ferrata Rebuzzini** erübrigt sich eigentlich, verlaufen kann man sich zwischen Einstieg (ca. 1840 m) und Gipfel kaum. Da ist die Wahrscheinlichkeit,

daß jemand das Unterfangen vorzeitig abbricht, schon um einiges größer; in weiser Voraussicht haben die Erbauer des Steiges auch drei »Fluchtwege« angelegt. Wer sich also überfordert fühlt, braucht nicht auf der Ferrata abzusteigen. Ein »*rientro d'emergenza*« folgt gleich nach der ersten schwierigeren Passage, einer Querung, die von einem luftigen Eck in »sicheres« Gelände führt. Das anschließende Steilstück ist dann bereits sehr anspruchsvoll, fast senkrecht, nur mit vollem Einsatz zu meistern. Danach wird's vergleichsweise gemütlich, ehe mit der »placca« das eigentliche Kernstück dieser gesicherten Route folgt, ein 70-Meter-Turm, gespickt mit mächtigen Überhängen. Die bleiben zwar links, doch der Gang durch diese Mauer hat es dennoch in sich, verlangt einen starken Bizeps und ein ebenso solides Nervenkostüm. Nahe der Senkrechten arbeitet man sich nach oben, mehr oder weniger elegant, bis zu dem großen Band, das die ganze Wand durchzieht. Der Rest, vorbei an den »Torri« und über ein paar kleine Felsstufen zum Gipfel, ist dann fast nur noch Zugabe, genußvolles Finale in einer photogenen Felskulisse.

Die »*Rebuzzini*«, 1982 von der CAI-Sektion Melzo angelegt, ist hervorragend gesichert: Drahtseile (zur Selbstsicherung), ein paar wenige künstliche Tritte und – etwas ungewohnt, rund um den Comer See aber üblich – solide Ketten.

Wanderer und Ferratisten steigen durch den *Canalone della Madonna* ins »Gamskar« ab: vom Zuccone Campelli westlich zum Vorgipfel, dann in leichter Kletterei (I+) in die Scharte vor dem *Zucco di Pesciola* (ca. 2050 m) und rechts durch eine steile, aber gut gangbare Rinne hinunter ins *Valle dei Camosci*. Keine Steine lostreten! Aus dem Talwinkel führt eine deutliche Wegspur zurück zum *Rifugio Lecco*.

Nützliche Informationen

Ausgangspunkt: Bergstation der Gondelbahn Barzio – *Piani di Bobbio* (1662 m). *Barzio* (769 m) erreicht man von Lecco bzw. Bellano auf gut ausgebauten Straßen, 15 bzw. 25 km.

Anstiegsleistung: 500 m, ab Barzio 1400 m.

Kernstück der gesicherten Extremroute ist die »placca«, ein 70 Meter hoher Turm am Südwestgrat des Zucco di Pesciola (2092 m).

Die »Ferrata Rebuzzini«, 1982 eröffnet, kann sich durchaus mit den anspruchsvollsten Dolomiten-Klettersteigen messen.

Gehzeiten: Insgesamt 3 Std.; Piani di Bobbio – »Sentiero degli Stradini« – Zuccone di Campelli: 2 Std., Abstieg ins Valle dei Camosci und zurück zur Bergstation der Gondelbahn: 1 Std. Piani di Bobbio – »Ferrata Rebbuzzini« – Zucco di Pesciola: 2¾ Std., Abstieg zur Bahnstation: 1 Std. Geht man von Barzio aus, erhöht sich die Gesamtgehzeit um jeweils 4½ Std.

Verkehrsverbindungen: Barzio ist von Lecco aus mit dem Bus erreichbar.

Unterkunft: *Rifugio Lecco* (1779 m) auf den Piani di Bobbio, ganzjährig bewirtschaftet. In der Umgebung der Seilbahnstation gibt es noch zwei weitere Hütten, die das ganze Jahr über geöffnet sind: *Rifugio Sora* und *Rifugio Ratti.*

Verpflegung: Im Rifugio Lecco oder aus dem Rucksack.

Weitere Tourenmöglichkeiten: Recht beliebt ist die **Runde um den Zuccone Campelli**; etwa 3½ Std. auf markierten Wegen, läßt sich leicht mit einer Besteigung des Corna Grande (2089 m) verbinden. – Ein schöner Höhenweg führt von den Piani di Bobbio nördlich über den Zucco del Cerva (1980 m) zum **Rifugio Grassi** (1987 m); mit Abstieg durch das malerische Val Biandino nach Introbio (586 m) etwa 6½ Std. An der Talmündung prächtiger Wasserfall (Cascata della Troggia).

Informationen: Azienda Autonoma di Soggiorno e Turismo, I-22040 Barzio.

Karte: Kompass-Wanderkarte 1:50000, Blatt 105 »Lecco-Valle Brembana«.

36 Monte Due Mani (1667 m)

Ein Berg mit Hand und Fuß?

Tourencharakter: Recht anspruchsvolles Gipfelziel, am Grat einige leichte Kletterpassagen (I). Klettersteig am Südgrat schwierig, Selbstsicherung unerläßlich. Bei Nässe nicht empfehlenswert (steile Grashänge).
Reine Gehzeit: 5 Std. (Südgrat) bzw. 5¾ Std. (ab Ballabio).
Beste Jahreszeit: April/Mai und Herbst bis zum ersten Schnee.
Markierung: Südgratweg ordentlich markiert; beim Aufstieg von Ballabio soll es schon öfters zu Verhauern gekommen sein (da und dort unklare Bezeichnungen)…

Der Name muß nicht unbedingt als Warnung verstanden werden, doch seine Hände kann man bei der Besteigung des **Monte Due Mani** schon gebrauchen, am langgestreckten Kamm, wenn man den Aufstieg von Ballabio aus nimmt, und erst recht auf dem Klettersteig, den die Sektion Ballabio des CAI an den Südgrat des Bergstocks montierte. Da treffen sich Bergwanderer und Ferratisten; ein Weglein verläuft parallel zum Klettersteig, die Felsaufschwünge und Zacken des Grates jeweils umgehend. Wer sich also publikumswirksam produzieren möchte, findet hier eine ideale Bühne. Das applaudierende Publikum muß man allerdings selber mitbringen; der Monte Due Mani ist, im Gegensatz zu Grigne und Resegone, kein Modeberg, einsame Wanderungen sind hier eher die Regel als die Ausnahme. Das stört aber weiter nicht, schade ist nur, daß der Comer See im Panorama fehlt. Bloß ein ganz klitzekleines Stück der 146 Quadratkilometer großen Wasserfläche, kaum mehr als die Bucht von Lecco, ist von dem langen Kammrücken zu sehen, auf den die Ferrata ausläuft.

Dankbar ist die Tour dennoch, im Frühsommer blüht eine üppige Flora am Weg, das ganze Jahr über gibt's Aussicht auf die benachbarten Massive, westlich zu den Grigne, südlich zum Resegone, dessen Aufbau sich aus dieser Perspektive besonders schön zeigt, nördlich zu den Gipfeln rund um das Valle Varrone. Nach Westen geht der Blick bis zu den Walliser Alpen; bei ganz klarer Sicht sind fern am Horizont sogar Gran Paradiso und Monte Viso auszumachen. Und im Osten? »Terra incognita« für die meisten, ein Gewirr von Graten, Zacken und Höhenzügen: die Bergamasker Alpen (Alpi Orobie), über 2000 Quadratkilometer groß…

Der Wegverlauf

Südgrat-Anstieg:
Der Südgrat des Monte Due Mani ist kein kompakter Felsaufschwung, sondern ein steiler, mehrfach gestufter Grasrücken, dem eine Vielzahl von Felszacken ganz unterschiedlicher Größe und Form entragen, oft über schmale Scheitel mit dem Bergkörper verbunden. Dazwischen lagern winzige grüne Mulden. Das Weglein weicht den Felsen aus, schwindelt sich unter geschickter Ausnützung von »Geländeschwächen« bergwärts, während die *Ferrata* immer wieder in die Senkrechte geht. Steil auch schon der Auftakt, von der Straße über einen Wiesenhang zu den Felsen. Nach wenigen Minuten ist man beim Einstieg (ca. 970 m): Drahtseile, Ketten und ein paar wenige künstliche Tritte helfen über den ersten Aufschwung hinweg.

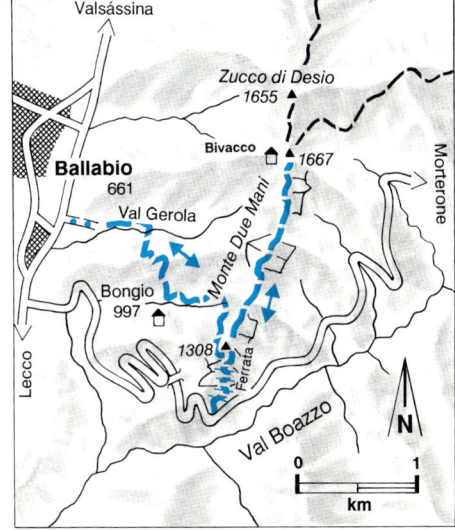

Die Erbauer des Klettersteigs am Südgrat des Monte Due Mani hatten es mehr auf die Steilaufschwünge abgesehen. Die Route verlangt an einigen Passagen vollen Einsatz; die Exposition läßt nichts zu wünschen übrig.

◁ **Das Gelände geschickt ausnützend, »schwindelt« sich der Weg über den felsigen Südgrat des Monte Due Mani.**

Der »Normalanstieg« umgeht den Pfeiler rechts, auch er mehr »Direttissima« als Weg. Gut 50 Meter höher kommen Wanderer und Klettersteigler wieder zusammen. Seitenwechsel. Nun geht's rechts in die Felsen, mit Armzug über den nächsten Turm hinweg. Das Spielchen wiederholt sich in der Folge noch ein paarmal, bis schließlich der Rücken des Monte Due Mani gewonnen ist (ca. 1300 m). Kurz zuvor mündet links der von *Ballabio* heraufkommende Weg. Weiter am grasigen Kamm entlang; kurze Felsaufschwünge (I) werden überklettert oder links umgangen. Bald kommt das große Kreuz auf dem *Südgipfel* (1657 m) ins Blickfeld; bei dem seltsamen Gebilde daneben handelt es sich um eine *Biwakschachtel* und nicht, wie man zunächst fast glauben möchte, um eine gestrandete Raumkapsel. Es sind also keine grünen Männchen zu erwarten, dafür bei klarer Sicht ein überraschend weites Panorama.

Ballabio – Monte Due Mani:

Der Aufstieg von *Ballabio* (661 m), weiter und nicht so interessant wie jener über den Südgrat, auch spärlich markiert, führt, vorbei an der Häusergruppe *Castello*, zunächst in das Val Gerola, dann rechts über einen bewaldeten Hang zu der Alphütte von *Bongio* (997 m). Etwa eine Dreiviertelstunde höher stößt man auf eine querführende Pfadspur; man folgt ihr in südliche Richtung. Ein bequemes, begrüntes Band leitet auf die Ostseite des Kamms, wo man auf den Südgratsteig trifft.

Nützliche Informationen

Ausgangspunkt: *Ballabio* (661 m), 8 km von Lecco. Parkmöglichkeiten im Bereich der Umfahrungsstraße. Noch vor dem Ortseingang zweigt rechts die Straße nach Morterone ab. Sie steigt über eine Serpentinengruppe an; unmittelbar am Eingang ins Val Boazzo, an einer markanten Linkskurve (5 km), geht der Südgratweg zum Monte Due Mani ab. Parkmöglichkeit für ein paar wenige Fahrzeuge.
Anstiegsleistung: Val Boazzo – Monte Due Mani: 760 m, Ballabio – Monte Due Mani: 1000 m.
Gehzeiten: Südgrat – Monte Due Mani: 3 Std. (am Klettersteig 3$1/4$ Std.), Abstieg auf dem gleichen Weg: 2 Std.; insgesamt 5 Std. Ballabio – Monte Due Mani: 3$1/2$ Std., Abstieg auf dem gleichen Weg: 2$1/4$ Std.; insgesamt 5$3/4$ Std.
Verkehrsverbindungen: Ballabio hat gute Busverbindungen mit Lecco.
Unterkunft: *Biwakschachtel* am Südgipfel des Monte Due Mani, stets zugänglich für Bergsteiger und Kletterer.
Verpflegung: Unterwegs aus dem Rucksack.
Weitere Tourenmöglichkeiten: Man kann den **Monte Due Mani** auch von Norden besteigen. Der markierte Weg hat seinen Ausgangspunkt an der Straße vom Colle Balisio (723 m) nach Cassina Valsássina, bei der Häusergruppe *Garabuso* (777 m; 1 km von der kleinen Paßhöhe); für den Aufstieg muß man eine Gehzeit von gut 3 Std. ansetzen.
Karte: Kompass-Wanderkarte 1:50000, Blatt 105 »Lecco/Valle Brembana«.

37 Monte Pilastro (1826 m)

Im Schatten des Grignone

Tourencharakter: Gratüberschreitung mit einigen ganz leichten Felspassagen. Trittsicherheit erforderlich!
Reine Gehzeit: 5$1/2$ Std.
Beste Jahreszeit: Mitte April bis November.
Markierung: Mit Ausnahme des Anstiegs von der Alpe di Lierna zur Bocchetta di Calivazzo durchwegs gut markierte Wege.

Gratüberschreitungen – das weiß jeder Bergsteiger – haben ihren besonderen Reiz, man ist länger »oben«, genießt jede Menge Aussicht, Tiefblicke dazu, in diesem Fall nach Esino, ins schluchtartig eingerissene Valle di Era und – natürlich – zum Lario. Vor sich hat man den höchsten Gipfel der Grigne, den Grignone oder Grigna Settentrionale (2409 m) mit seinen ausladenden Graten, den mächtigen Abstürzen.

Die Kammbegehung von der Calivazzo- zur Prada-Scharte: ganz klar eine Genußtour. Nur das richtige Wetter braucht man halt, sonst wird aus dem Gipfelpanorama rasch ein »Nebelblick«, verschwindet der See im Dunst, der Grignone hinter dicken Wolken. Immerhin, ganz oben am **Monte Pilastro** (1826 m) kam sogar die Sonne durch, und es zeigte sich ein blaues Loch im Einheitsgrau des Himmels.

Die Runde hat uns trotzdem gefallen, auch der Weg zu den Almen im oberen *Valle Ontragno*, der die bewaldeten Flanken des Monte Pilastro schneidet, immer wieder hübsche Ausblicke auf Esino bietet, mehrere Gräben ausgeht, um schließlich an der Costa del Buco in den Talweg zu münden. Die untere Alm (Alpe di sotto, 1171 m) liegt längst in Ruinen; auf der *Alpe di Lierna* (1253 m) wird seit ein paar Jahren wieder Vieh gesömmert – dank einem regionalen Hilfsprogramm zur Wiederbelebung der Almwirtschaft. Ob dem Versuch ein dauerhafter Erfolg beschieden sein wird?

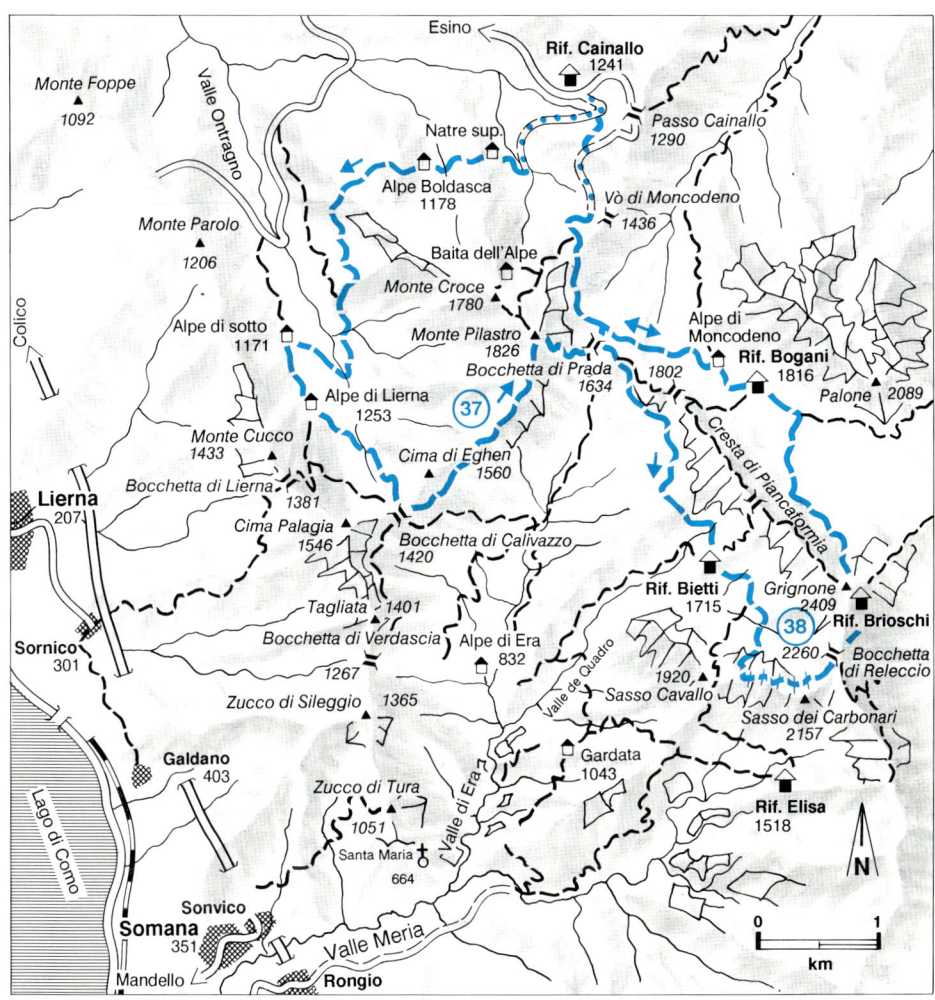

Der Wegverlauf

Vom Parkplatz (Skilifte, 1242 m) an der *Alpe Cainallo* zunächst auf der Schotterstraße um den Sas Carlén (1393 m) herum ins *Valle di Cino*, 10 Minuten. Hier weist ein Wegzeiger hinab zu den wenigen Häusern von *Natre superiore* (1234 m). Der mit 21 bezeichnete Weg läuft nun in einem weiten Bogen, die Höhe mehr oder weniger haltend, um die Costa di Saetta herum. Man passiert die aufgegebene *Alpe Boldasca* (1178 m), hat dann eine ruppige Steigung, die auf eine Aussichtskanzel über dem Eingang ins *Valle Ontragno* leitet. Anschließend senkt sich das Weglein, noch ein paar Gräben ausgehend, zu dem von Esino heraufkommenden Sträßchen. Man folgt ihm bis zu den Ruinen der *Alpe di sotto* (1171 m). Am oberen Rand der Lichtung stößt man auf eine Mulattiera, die, nur mäßig steigend, zur *Alpe di Lierna* (1253 m) führt. Der Weiterweg in die Bocchetta di Calivazzo ist nicht mehr bezeichnet, aber trotzdem leicht zu finden. Genau südlich ragt die bewaldete Kuppe der Cima Palagia (1546 m) auf; links darunter ist die Calivazzo-Scharte auszumachen. Man steuert das von dem Sattel herabziehende Tälchen an, entdeckt am Waldrand bald eine Pfadspur. Sie führt leicht bergan, dann über den Bach und steiler bergan zur Wegspinne auf der *Bocchetta di Calivazzo* (1420 m). Hier bietet sich ein erster, stimmungsvoller Blick ins Valle di Era und auf die mächtigen Westabstürze des Grignone. Am Fuß der Felsen, ziemlich gerade unter dem höchsten Punkt der Grigne, erkennt man das Rifugio Bietti (1715 m). Im Südwesten begrenzt der phantastische Zackenwald der Grignetta (2177 m) den Horizont.

An der Bocchetta di Calivazzo beginnt die mit 17D bezeichnete Höhenroute. Den ersten Grataufschwung umgeht das Weglein auf der dem Valle di Era zugewandten Flanke. Über steile Grashänge gewinnt man dann den Kamm. Eine winzige Kuppe wird überstiegen, weitere Felsriegel jeweils links umgangen. In der Folge wechseln Schrofen und Wiesenhänge, eine heikle Passage ist mit

Ketten entschärft. Schließlich legt sich der Grat zurück, bald kommt das große Eisenkreuz ins Blickfeld. Es steht allerdings nicht am *Monte Pilastro* (1826 m), sondern etwas tiefer am *Monte Croce* (und ist so von Esino aus sichtbar).

Der Abstieg in die *Bocchetta di Prada* (1634 m) geht über die grasige, felsdurchsetzte Ostflanke des Berges, mit Aussicht auf den Grignone und ins Valle di Era. Bei Nässe tut man aber gut daran, mehr auf den Weg als auf die schönen Bilder im Panorama zu achten, sonst sitzt man bald auf dem Hosenboden! Jenseits der Scharte über ausgewaschene Felsen kurz hinab auf den breiten Pfad, der vom *Vò di Moncodeno* (1436 m)

Jede Menge Aussicht bietet die Gratüberschreitung von der Bocchetta di Calivazzo zum Monte Pilastro – aber nur bei schönem Wetter!

heraufkommt. Westlich unterhalb der Senke stößt man auf die Zufahrtsstraße, die in einem weiten Bogen, den *Passo Cainallo* (1290 m) tangierend, hinabführt zur *Alpe Cainallo* (Abkürzer über die Skipisten).

Alternativ kann man vom Monte Pilastro auch über den *Monte Croce* (1780 m) absteigen, Markierung 23. Nördlich unterhalb des »Kreuzberges« steht die private *Baita dell'Alpe* (Bewirtschaftung unsicher).

Nützliche Informationen

Ausgangspunkt: *Rifugio Cainallo* (1241 m) auf der gleichnamigen Alm oberhalb von Esino (816 m), 18,3 km von Varenna. Parkplatz bei der Talstation der Schlepplifte.
Anstiegsleistung: Insgesamt etwa 750 m (»verlorene« Höhen mitgerechnet).
Gehzeiten: Insgesamt 5¹⁄₂ Std. Cainallo – Alpe di Lierna: 2 Std., Alpe di Lierna – Bocchetta di Calivazzo: ¹⁄₂ Std., Bocchetta di Calivazzo – Monte Pilastro: 1³⁄₄ Std., Abstieg über die Bocchetta di Prada nach Cainallo: 1¹⁄₄ Std.
Verkehrsverbindungen: Esino hat Busverbindung mit Varenna. Zu Fuß erreicht man die Alpe Cainallo auf der alten Mulattiera in 1 Std.
Unterkunft: *Rifugio Cainallo* (1241 m) auf der Alpe Cainallo, ganzjährig bewirtschaftet. *Alpe di Lierna* (1253 m), Notunterkunft (ein Raum als Biwak, spartanische Einrichtung), stets zugänglich.
Verpflegung: Unterwegs aus dem Rucksack.
Weitere Tourenmöglichkeiten: Die Überschreitung des Monte Pilastro läßt sich leicht mit einer Besteigung des **Grignone** (Tour 38) verbinden. Die Fortsetzung der markierten Höhenroute führt südlich um die Tagliata (1401 m) herum zum **Zucco di Sileggio** (Tour 40), 1 Std. von der Bocchetta di Calivazzo, Abstieg ins Valle di Era (Tour 39) möglich. Noch ein Tip für jene, die gerne auch einmal mit dem Auto »wandern«. Die *»Panoramica del Lario«* verbindet Esino mit dem Valsássina. Sie führt, allmählich an Höhe verlierend, um die Pizzi di Parlasco (1511 m) und den Sasso di San Defendente (1321 m) herum und senkt sich schließlich über Parlasco (681 m) nach Cortenova (477 m). Die Strecke bietet Aussicht auf fast den gesamten Comer

See und seine Bergkulisse. Varenna – Esino – »Panoramica del Lario« – Cortenova – Bellano 42 km.
Hinweis: Im Gebäude des Verkehrsvereins *Esino* befindet sich das besuchenswerte kleine *Museo delle Grigne* (naturkundliche Sammlungen).
Karten: Touring Club Italiano, Blatt D51 »Gruppo delle Grigne« (1:20000). Kompass-Wanderkarte 1:50000, Blatt 91 »Lago di Como/Lago di Lugano«.

38 Grignone (2409 m)

Ein Riese auf tönernen Füßen

> **Tourencharakter:** Anstieg über das Rifugio Bogani und die verkarstete Nordabdachung leicht, »Ferrata CAI Mandello« mäßig schwierig, gut gesichert.
> **Reine Gehzeit:** 6¹⁄₂ bzw. 7 Std. (»Ferrata CAI Mandello«).
> **Beste Jahreszeit:** Mitte Juni bis Oktober.
> **Markierung:** Alle Steige sind gut bezeichnet.

Dolomitenzauber am Lario: die **Grigne**, ein Kalkmassiv, gerade 150 Quadratkilometer groß, aber immerhin bis zu 2400 Meter hoch. Rückgrat der Gebirgsgruppe, die den Bergamasker Alpen zugezählt wird, ist ein von Nord nach Süd laufender Kamm, der bei Esino ansetzt, sich über den **Grignone** (Grigna Settentrionale, 2409 m) und die *Grignetta* (Grigna Meridionale, 2177 m) bis zum Monte *Coltignone* (1473 m) erstreckt, dann steil ins Talbecken von Lecco abfällt. Baumaterial sind Sedimente der Mittleren Trias, die Schichtfolge durchaus mit jener der »Bleichen Berge« vergleichbar; an die Stelle des Schlerndolomits tritt hier der Esinokalk. Im Osten des Massivs stößt man auch auf das etwas jüngere, markant geschichtete Hauptdolomit, das die benachbarten Kalkberge – Zuccone Campelli, Monte Due Mani, Resegone – aufbaut. Und die Formenvielfalt der Grigne erinnert noch mehr an die »richtigen« Dolomiten: mächtige Wandfluchten, bizarre

Zacken und Turmbauten, Karrenplateaus. Typisch für die südlichen Kalkalpen ist auch die Flora, angereichert durch zahlreiche mediterrane Arten, mit mehreren Endemiten auch. Auf den kargen Wiesenhängen oberhalb der Baumgrenze blühen Edelweiß *(Leontopodium alpinum)* und Kohlröschen *(Nigritella nigra),* zwei richtige »Klassiker«; doch zu entdecken gibt's natürlich weit mehr: Christrosen *(Helleborus niger),* zahlreiche Liliengewächse wie Maiglöckchen *(Convallaria majalis),* Trichterlilien *(Paradisia liliastrum),* die Gefleckte Schachblume *(Fritillaria meleagris)* und Türkenbund *(Lilium martagon),* verschiedene Enziane, Veilchen,

darunter auch Dubys Stiefmütterchen *(Viola dubyana),* ein Endemit, mehrere Steinbrecharten, Weiße Narzissen *(Narcissus poëticus),* Meergrüne Primeln *(Primula glaucéscens),* Felsaurikeln *(Primula auricula)* und viele, viele andere. Augen auf!

Höchste Erhebung der Grigne ist der **Grignone** (Grigna Settentrionale, 2409 m), ein richtiger Koloß mit ausladenden Graten. Auf seiner Nordabdachung, zwischen dem Cresta di Piancaformia und dem Palone (2089 m), ist eine Karrenhochfläche eingebettet; sie verrät einiges über den »löchrigen« Untergrund des Riesen: Klüfte, Dolinen und tiefe Schächte lassen das Wasser in den

Kunst am Berg: das Felsentor von Prada, am Weg zum Rifugio Bietti (1715 m).

Landschaftlich sehr reizvoll, nur mäßig schwierig: die »Ferrata CAI Mandello« am Sasso dei Carbonari.

Kalkfels eindringen. So ist im Innern des Bergstocks ein riesiges Labyrinth von Gängen und Hohlräumen entstanden. An den Flanken, aber auch am Fuß des Massivs tritt das Wasser dann wieder aus; berühmteste Karstquelle in den Grigne ist der *Fiumelatte* bei Bellano, gelegentlich als »Italiens kürzester Fluß« apostrophiert. Der »Milchbach«, den bereits Leonardo da Vinci in seinem »Codice Atlantico« erwähnte, sprudelt wenig oberhalb der Bahnlinie aus dem Bergesinneren; 250 Meter weiter ergießt sich sein Wasser in den See. Und das nicht einmal das ganze Jahr über; im Frühsommer, nach der Schneeschmelze im Gebirge, schwillt der Fiumelatte

zwar mächtig an, im Spätherbst dagegen ist er meist nurmehr ein recht kümmerliches Rinnsal, nach längeren Trockenperioden kann er auch ganz versiegen.

Um diese Jahreszeit versiegt auch der Besucherstrom in den Grigne allmählich; unter der Woche ist man im Herbst meist (fast) allein auf den Wegen zwischen Tal und Gipfel. Und davon gibt es – auch am Grignone – eine ganze Anzahl: lang, aber landschaftlich sehr reizvoll sind die Anstiege von Mandello del Lario aus, durch das Val Meria; weniger Abwechslung bieten die Ostzustiege aus dem Valsássina. Am bequemsten kommt man von Norden zum Gipfel; da führt eine

ordentlich ausgebaute Straße über den hübschen Flecken *Esino Lario* (912 m) zum Rifugio Cainallo (1241 m). Fast die Hälfte des
Höhenunterschieds zwischen See und Gipfel
bringt man so bequem hinter sich; die ver-
bleibenden 1200 Steigungsmeter ergeben ein
ordentliches, aber nicht zu anstrengendes
Tagespensum. Sogar ein kleiner Umweg liegt
noch drin (wenn man nicht zu spät aufsteht),
für die »*Ferrata CAI Mandello*« etwa, eine

besonders interessante Anstiegvariante: vom
Rifugio Bietti über den Kamm des Sasso dei
Carbonari (2157 m) zum höchsten Punkt
zwischen Lago di Como und Valsássina. Für
den Abstieg können erfahrene Berggänger
die nur teilweise markierte Route über den
Cresta di Piancaformia nehmen: nochmals
viel Aussicht, Einblicke auch in die Topographie der Grigne. Zur Rechten hat man eine
wüste Karstlandschaft (und den Normalweg

von Norden), links die Talschluchten, die im Val Meria zusammenlaufen. Nicht mehr sichtbar ist der lange Grat, der vom Grignone südlich zur Grignetta (Grigna Meridionale, 2177 m) zieht, hinter dem massigen Rücken des Sasso dei Carbonari ist auch der Zackenwald in ihrer Westflanke verschwunden. Ein markierter und an einigen Stellen gesicherter Steig verbindet die beiden Hauptgipfel. Eine tolle Gratwanderung, aber nur für Geübte!

Der Wegverlauf

Rifugio Cainallo – Rifugio Bogani – Grignone:

Vielbegangener Hütten- und Gipfelweg, gut bezeichnet. Von der *Alpe Cainallo* (1242 m) entweder auf der Straße oder — abkürzend — über die Skihänge hinauf zum *Vò di Moncodeno* (1436 m), einer kleinen Scharte unter dem Mini-Zacken des Cimone (1498 m). Weiter auf ordentlichem Weg in angenehmer Steigung, die nordöstlichen Hänge des Monte Pilastro (1826 m) querend, zur Weggabelung wenig unterhalb der *Bocchetta di Prada* (1634 m). Hier geradeaus, leicht abwärts in den Graben des Val delle Lavine, dann kräftig steigend zur Alpe di Moncodeno und weiter zum *Rifugio Bogani* (1816 m), 2 Std. von Cainallo. Hinter der Hütte erstreckt sich die von Gräben durchfurchte Nordabdachung des Grignone. Eine Inschrift am Fels weist die Richtung: »Vetta« – Gipfel. Doch bis dahin hat man noch etwa zwei Stunden zu gehen, Schatten gibt's keinen, Wasser auch nicht, dafür Steine, Steine… Etwa bei halber Wegstrecke, in der Nähe eines markanten, isoliert stehenden Turms, mündet rechts der vom *Rifugio Bietti* heraufkommende Zustieg, die Via Guzzi. Der Gipfelweg steigt unter dem felsigen Piancaformia-Grat an bis in den Geröllwinkel unter dem Gipfel; Drahtseile helfen über den letzten Aufschwung. Knapp unter dem höchsten Punkt steht das *Rifugio Brioschi* (2403 m).

Ferrata CAI Mandello:

Interessanter, aber auch etwas länger und schwieriger ist der Anstieg über das *Rifugio Bietti* (1715 m) und die »Ferrata CAI Mandello«. Der Hüttenzugang geht über die *Bocchetta di Prada* (1634 m); wenig später kommt man an der *Porta di Prada* vorbei, einem gut 10 Meter hohen, natürlichen Torbogen, aus dem Kalkfels erodiert. Anschließend quert der Weg in fast gleichbleibender Höhe die Südwestflanke des Cresta di Piancafor-

Ein Dorado für Kletterer: die Grignetta (2177 m) mit ihren Grattürmen und tausend Zacken, vom felsigen Kamm des Sasso dei Carbonari aus gesehen.

mia, dabei mehrere Gräben ausgehend, zum aussichtsreich gelegenen Schutzhaus, 1½ Std. Von der Hüttenterrasse bereits sichtbar ist der Einstieg zur Ferrata und der erste steile Aufschwung. Etwas umständlich der Zugang, zunächst quer über die schrofigen Hänge, dann aufwärts in eine winzige Scharte oberhalb der *Bocchetta di Val Cassina* führend. Man übersteigt eine Kuppe und kommt, zuletzt absteigend (Ketten), schließlich zum »Attacco«. Eisenbügel, eine Leiter und Ketten helfen über die ersten 25 Meter hinweg, dann gelangt man in leichteres Gelände. Die Route folgt dem Grat, nun mehr Höhenweg als Ferrata, mit viel Aussicht und einigen solide gesicherten Felspassagen, insgesamt ein genußvolles Auf und Ab, das schließlich am Hauptkamm des Grignemassivs ausläuft. Von der *Bocchetta di Releccio* (2260 m) bis zum Gipfel sind es am Gratweg noch etwa 20 Minuten.

Nützliche Informationen

Ausgangspunkt: *Rifugio Cainallo* (1241 m), erreichbar auf guter Straße von Varenna (202 m) über Esino Lario (816 m), 18,3 km. Parkplatz bei der Talstation der Schlepplifte.
Anstiegsleistung: Vom Rifugio Cainallo 1200 m.
Gehzeiten: Rifugio Cainallo – Rifugio Bogani: 2 Std., Rifugio Bogani – Grignone: 2 Std., Abstieg auf dem gleichen Weg: 2½ Std.; insgesamt 6½ Std. Rifugio Cainallo – Rifugio Bietti: 1½ Std., Rifugio Bietti – »Ferrata CAI Mandello« – Grignone: 3 Std., mit Abstieg auf dem Normalweg 7 Std.
Verkehrsverbindungen: Esino besitzt Busverbindung mit Varenna.
Unterkunft: *Rifugio Cainallo* (1241 m) auf der Alpe Cainallo, ganzjährig bewirtschaftet. *Rifugio Bogani* (1816 m), Juli bis Mitte September durchgehend bewirtschaftet, Juni und Oktober nur an Wochenenden. *Rifugio Bietti* (1715 m), bewirtschaftet von Mitte Mai bis Mitte November. *Rifugio Brioschi* (2403 m) am Grignone, ganzjährig bewirtschaftet.
Verpflegung: In einer der Hütten, aus dem Rucksack.
Weitere Tourenmöglichkeiten: Erfahrene Berggänger können vom Grignone direkt über den **Cresta di Piancaformia** zur Boc-

chetta di Prada absteigen, teilweise markiert, meist Pfadspur, einige leichte Kletterpassagen. Nur bei guter Sicht empfehlenswert. Wer den **Grignone** von Mandello del Lario aus angehen will, muß auf jeden Fall eine Nächtigung einplanen, im Rifugio Bietti (1715 m) oder im Rifugio Elisa (1518 m). Je etwa 4 Std. von Mandello.
Sehr beliebt ist die Kammüberschreitung vom Grignone zur **Grignetta** (2177 m), die *»Traversata Alta«.* Markierter Steig mit gesicherten Passagen, 3 bis 4 Std. von Gipfel zu Gipfel, nur für Geübte.
Hinweis: Im Gebäude des Verkehrsvereins Esino befindet sich das *Museo delle Grigne.*
Karten: Touring Club Italiano, Blatt D 51, »Gruppo delle Grigne« (1:20000). Kompass-Wanderkarte 1:50000, »Lago di Como/Lago di Lugano«.
Tourenskizze: Siehe Seite 143.

39 Valle di Era (800 m)

Verstecktes Paradies

Tourencharakter: Faszinierende Klammwanderung, Schwierigkeiten je nach Wasserstand recht unterschiedlich, nach längerem Schlechtwetter ein ausgesprochen feuchtes Vergnügen. Jede Menge Badeplätze und Gumpen; auf der zweiten Weghälfte einige Sicherungen, auch zwei, drei ungesicherte, aber recht exponierte Passagen. Kinder gehören da ans kurze Seil!
Reine Gehzeit: 3¼ bis 4 Std., je nach Abstiegsweg. Ausreichend Zeit einplanen, vor allem mit Kindern!
Beste Jahreszeit: Während der Schneeschmelze und nach starken Regenfällen am »wässerigsten«, im Sommer angenehm warm zum Baden, im Herbst sehr stimmungsvoll. Läßt sich gut mit einer Besteigung des Zucco di Sileggio (Tour 40) verbinden.
Markierung: Bestens markierte Wege (wie überall im Gebiet der CAI-Sektion Mandello).

Je nach Wasserstand ein mehr oder weniger feuchtes Vergnügen:
der »Sentiero del Fiume« im Valle di Era.

Mandello del Lario, rund 10000 Einwohner zählend, ist nicht unbedingt ein Ort, den man auf Anhieb mit Urlaub, mit See und Bergen in Verbindung bringt. Berühmt wurde es auch durch die Motorräder der Firma Moto Guzzi, die, 1921 gegründet, über Jahrzehnte hinweg auf den Rennstrecken der Welt erfolgreich war. Uns interessierte die PS-starke Historie weniger, wir wollten ins **Valle di Era**, zum »Sentiero del Fiume«. Also für einmal nicht auf den Berg, sondern in eine Klamm. Es wurde eine der vergnüglichsten Unternehmungen am Comer See, dieser Gang am/im Wasser, mal links, dann wieder rechts des Flusses, über Felsstufen aufwärts, einwärts,

an Wasserfällen und Badewannen, aus dem Fels gewaschen, vorbei. Ganz hoch die Horizontlinie, mitunter ist nur ein Stück Himmel zwischen senkrechten Felsen sichtbar, dann wieder öffnet sich ein Seitental. Und am Rückweg kann man hinabgucken in den wildromantischen Graben – vielleicht sind dann die Füße schon wieder trocken…

Der Wegverlauf

Beim Parkplatz am Ortseingang von *Sonvico* (386 m) weist ein Schild zum *»Sentiero del Fiume«.* Auf breitem Weg wandert man ins *Valle Meria*; Abzweigungen zum »Sentiero

Ganz tief hat sich der Meriabach in den Sockelfels der Grigne eingegraben. Durch die malerische Klamm verläuft der »Sentiero del Fiume«.

naturalistico«, nach Rongio und nach Sirta/ Gardata (»*Sentiero del Tacc*«) bleiben rechts. Der Pfad senkt sich zum Bach: das (feuchte) Vergnügen kann beginnen! Je nach Wasserstand mit oder ohne Schuhe geht's über den Bach, immer wieder links-rechts, dazwischen schlängelt sich das Weglein durchs Unterholz, nimmt es die nächste Rampe, über die das Wasser stiebend oder gurgelnd hinabschießt, quert es abschüssige Grashänge. Eine rutschige Passage ist mit Ketten gut gesichert; zuletzt geht's über einen steilen Hang durch lichten Wald zum Ausstieg (ca.

800 m) wenig unterhalb der *Alpe di Era* (832 m).

Der kürzeste Abstiegsweg, Markierung 15, verläuft an der orographisch rechten Talflanke hoch über dem »Fiume«, ist teilweise in fast senkrechte Felsen trassiert und vermittelt entsprechend packende Tiefblicke in den tiefen Graben des Valle di Era. Man passiert die Abzweigungen zur Bocchetta di Prada und zum *Zucco di Sileggio*, wandert am *Hospiz von Santa Maria* (664 m) vorbei talaus- und abwärts, zurück nach *Sonvico*, wo sich die Runde schließt.

Eine interessante Abstiegsvariante verläuft links der Klamm, über die extrem steilen Wiesenhänge unterhalb von *Gardata*, Markierung 18A. Den Einstieg zu diesem Rückweg findet man ein Stück weiter talaufwärts. Von der *Alpe di Era* (832 m) quert man östlich ins *Valle del Quadro* (ca. 970 m). Dann geht's (endlich) bergab und talauswärts, mit packenden Tiefblicken. An der gegenüberliegenden Talflanke zeigt sich auf einer Geländerippe das Kirchlein *Santa Maria* (664 m), im Gegenlicht des Spätnachmittags als Schattenriß vor dem hellen Saum des Sees. Den *»Sentiero del Venespul«* läßt man unbeachtet; nach einem steilen Zwischenabstieg heißt es dann aufpassen, daß man die Ab-

zweigung des *»Sentiero del Tacc«*, Markierung 18B, nicht übersieht. Er leitet über eine Geländerippe hinab in die Klamm und zurück zum Anstiegsweg.

Nützliche Informationen

Ausgangspunkt: In *Mandello del Lario* (214 m) durch das Städtchen aufwärts nach Somana (351 m) und zu dem Flecken Sonvico (386 m), knapp 3 km. Parkplatz am Ortseingang; mehrere Wegzeiger.
Anstiegsleistung: Knapp 500 m, bei Rückweg über die Alpe di Era gut 600 m.
Gehzeiten: Sonvico – »Sentiero del Fiume«: 2 Std., Abstieg via Santa Maria: 1¼ Std.,

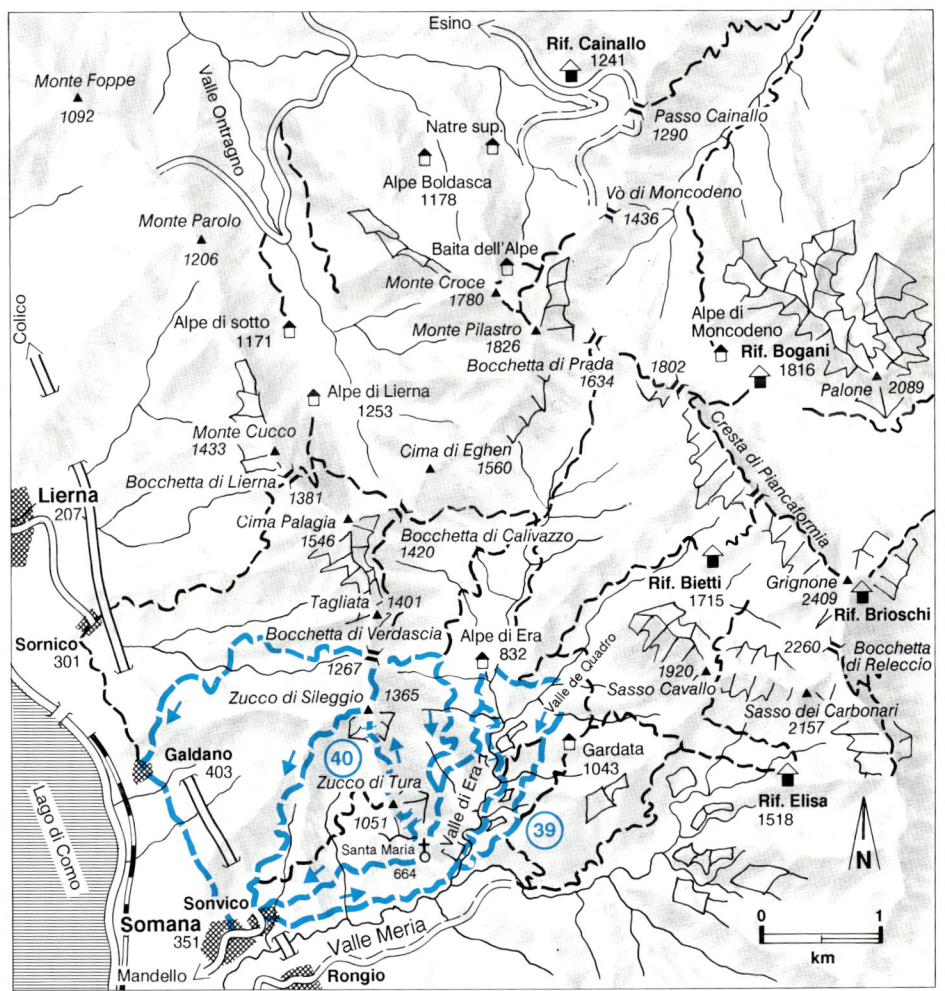

Rückweg über die Alpe di Era und den »Sentiero del Tacc«: 2 Std.; insgesamt 3¹⁄₄ bzw. 4 Std.

Verkehrsverbindungen: Mandello liegt an der Bahnlinie Mailand – Lecco – Sondrio (Veltlin). Mit dem Stadtbus bis Somana.

Verpflegung: Unterwegs aus dem Rucksack.

Weitere Tourenmöglichkeiten: Das dichte Wegnetz rund um das **Valle di Era** ermöglicht eine ganze Anzahl von schönen Wanderungen. Im Mündungsbereich des Valle Meria ist ein »Sentiero naturalistico« (Naturlehrpfad) angelegt worden. Eine gut markierte Runde führt über Gardata (1043 m) und die Alpe di Era (832 m), etwa 5 Std., vielbegangene Hüttenanstiege zum Rifugio Bietti (1715 m) und zum Rifugio Elisa (1518 m), beide im Sommer bewirtschaftet und Stützpunkte für Touren in den nördlichen Grigne. Vom Weiler Rongio (397 m), der südlich über dem Eingang ins Valle Meria liegt, kann

Das schönste Tal der Grigne: das Valle di Era, vom alten Weg nach Santa Maria (in der Bildmitte) aus gesehen. Auf in die Berge!

40 Zucco di Sileggio (1365 m)

Kleiner Berg – großes Panorama

Tourencharakter: Aufstieg abschnittweise gesichert, an der Gipfelwand zwei lange, senkrechte Leitern. Selbstsicherung!
Reine Gehzeit: 4³/₄ bis 5¹/₄ Std. (je nach Routenwahl).
Beste Jahreszeit: Frühling/Herbst, manchmal – wenn in den Bergen nur wenig Schnee liegt – auch im Winter möglich.
Markierung: Alle Wege sind von der CAI-Sektion Mandello vorbildlich markiert.

Jeder, der in die Berge geht, kann es bestätigen: Nicht immer bieten die »großen« Gipfel auch die schönsten Panoramen, Weite ist nicht alles, oft sind es gerade »Kleine«, von denen man eine besonders stimmungsvolle Aussicht hat, die richtige Mischung zwischen Nah, Fern und Tief. Wie etwa der **Zucco di Sileggio**, schmächtige 1365 Meter hoch, eine Randerhebung der Grigne – aber was für eine! Von keiner anderen Warte aus, behaupte ich einmal, zeigt sich der Comer See schöner, ist der Blick auf die Landzunge von Bellagio reizvoller. Wer einmal oben am Zucco stand, versteht leicht, weshalb der alte Flecken zwischen den beiden Armen des Sees seit jeher eine besondere Anziehungskraft ausübte.

Doch der schöne *(bel)* Ort und sein See *(lago)* sind bei weitem nicht alles, was es vom Zucco di Sileggio aus zu sehen gibt. Im Panorama stehen auch viele Gipfel, ganz nah (die Grigne), jenseits des Sees und ganz fern (Monte Rosa). Besonders interessieren natürlich die Berge rund um den Lario, fast durchwegs lohnende Wander- und Tourenziele, wenn auch von sehr unterschiedlichem Kaliber. Daß beispielsweise der Monte San Primo (1682 m; Tour 25) zwar eine phantasti-

man den **Monte Malavello** (1113 m) besteigen, von dem sich ein Prachtblick auf den See und zum Grignone (2409 m) bietet, etwa 3¹/₂ Std.

Ziel einer größeren Runde ist das **Rifugio Rosalba** (1720 m) am Ansatzpunkt des Cresta Segantini, markiert, 6¹/₂ Std.

Karten: Touring Club Italiano, Blatt D 51, »Gruppo delle Grigne« (1:20000). Kompass-Wanderkarte 1:50000, »Lago di Como/Lago di Lugano«.

sche Aussicht bietet, aber doch eher langweilige Anstiege besitzt, ist nicht zu übersehen. Da zeigt der langgestreckte Rücken des Monte Generoso (1701 m; Tour 24) bereits etwas mehr Relief, wie auch die Höhen nördlich über Porlezza und Menaggio, durchwegs jäh zum See hin abfallend: Kalkgipfel. Die Bergketten um den Nordarm des Lario dagegen bestehen aus älteren, kristallinen Gesteinen; die Gipfelhöhen nehmen zu, die Geländeformen sind aber weniger schroff. Kalk wiederum baut das Grignemassiv auf, vor deren Hauptkamm sich der Zucco di Sileggio erhebt: wuchtig der Grignone (Grigna Settentrionale, 2409 m; Tour 38), durch einen langen, zersägten Grat mit der Grignetta (Grigna Meridionale, 2177 m; Tour 41) verbunden. Ihre Flanken zieren die schönsten Felsbauten; ein einziger riesiger Klettergarten mit einigen besonders interessanten Steigen.

Die überwältigende Wirkung der Grigne im Panorama des Zucco di Sileggio ergibt sich vor allem durch das Valle Meria: mehr als eineinhalb Kilometer hoch ragt der Hauptkamm des Massivs über dem tiefen Graben in den Himmel, abschüssige Grasflanken, Schuttreißen und glatter Fels – ungezähmte, wilde Bergnatur. Was für ein Kontrast zur Weite des Comer Sees!

Auf den Zucco di Sileggio führen gleich mehrere Wege; die CAI-Sektion Mandello hat ganze Arbeit geleistet, ihr Wegenetz bestens markiert, alte Almpfade instand gesetzt, und – als besonderes »Schmankerl« – sogar einen hübschen *Klettersteig* auf den Zucco angelegt. Er folgt dem Südgrat des Berges, läuft über seine Vorgipfel; das Finale der gesicherten Route ist durchaus eindrucksvoll, bietet reichlich Luft unter den Sohlen: zwei Leitern, versetzt angeordnet, nahezu senkrecht und etwa 25 Meter hoch. Sie helfen über die Gipfelwand hinweg; wenig später ist man dann oben.

Wer den Nervenkitzel nicht braucht, muß deswegen weder auf den Gipfel noch auf die Aussicht verzichten. Aus dem Valle di Era führt ebenfalls ein markiertes Weglein steil hinauf in die zwischen Zucco di Sileggio und

Sie blühen über den Winter: Christrosen im Valle Meria.

Kraxelvergnügen (gesichert) am Weg zum Zucco di Sileggio. In der Tiefe, unter den Felsen des Zucco di Tura (1051 m), das alte Hospiz von Santa Maria (664 m).

Tagliata (1401 m) eingelagerte Bocchetta di Verdascia (1267 m). Absteigen kann man dann südwestlich gegen den Zuc di Pez (886 m) und nach Sonvico – auch eine dankbare Runde!

Für uns war der Zucco di Sileggio die letzte Tour am Lario; Mitte November zeigte der Kalender, jenseits des Alpenhauptkamms hatte der Winter bereits Einzug gehalten, wir saßen am Gipfel, die Sonne wärmte uns. Und beim Abstieg hatte der »kleine Berg« noch eine letzte Überraschung für uns: Christrosen, Hunderte, blühten im Wald, zu zweit, zu

dritt leuchteten ihre weißen Sterne aus dem Laub. Über dem Valle Meria standen die Kalkzacken der Grigne, darüber wölbte sich ein tiefblauer Himmel – was für ein Abschied!

Der Wegverlauf

Von *Sonvico* (386 m) führt ein alter, schön angelegter Plattenweg ins *Valle Meria*, Markierung 15, zunächst durch Eichen- und Kastanienwald, dann mit zunehmend freier Sicht auf die Westabstürze der Grigne. Bald einmal kommt auch das *Hospiz von Santa Maria* (664 m) ins Blickfeld, auf einem Geländesporn hoch über dem Tal thronend, mit dem Grignone als Kulisse. Nur wenige Schritte hinter der malerischen Baugruppe weist eine Tafel zum Zucco di Sileggio: links aufwärts gegen den Südgrat des *Zucco di Tura*, dann in kurzen Serpentinen bergan. Santa Maria bleibt rasch zurück, man hat

freie Sicht zum Hauptkamm der Grigne und hinab ins Valle di Era. Das Gelände wird nun zunehmend steiler, felsig, erste Ketten helfen über kurze Aufschwünge hinweg. Die gut markierte Route wendet sich nach links, quert unterhalb einer Grotte zu einer recht luftigen Rippe, über die man den Felsen entsteigt. Am *Zucco di Tura* (1051 m) hat man links eine erste Abstiegsmöglichkeit, gut mar-

kiert schlängelt sich das Weglein hinab in den Graben von *Morterolo*, zurück nach Sonvico.

»Gipfelstürmer« folgen weiter dem Kammweg, der über Wiesenhänge und eine kurze Steilstufe zur zweiten Gratkuppe führt, dem *Zucco di Morterolo* (1157 m). Nun hat man den Zucco di Sileggio unmittelbar vor sich, auch den Weiterweg: zunächst kurz abwärts

in eine winzige Scharte, an der rechts eine markierte Pfadspur talwärts abgeht, dann mit Armzug (Ketten) über eine steile Felsstufe hinweg, weiter am Grat entlang, zwei-, dreimal die Hände zu Hilfe nehmend, zur Gipfelwand: 30 Meter, glatt und senkrecht. Zwei solide verankerte *Leitern* helfen über die Mauer hinweg, Ketten und Drahtseile leiten anschließend in Gehgelände. Der Grat legt sich nun zurück, im Zickzack ist man rasch am Südgipfel (1354 m) mit trigonometrischem Zeichen und einem Holzkreuz.

Abstiegsmöglichkeiten, durchwegs bezeichnet, gibt es gleich mehrere: über den *Westgrat* des Zucco di Sileggio und die Montagna del Bronte gegen den *Zuc di Pez* und zurück nach Sonvico, Markierung 17A, über den Nordgipfel (1365 m) in die *Bocchetta di Verdascia* (1267 m). Hier stellt sich die Frage: See oder Berge. Wer den Seeblick vorzieht, steigt aus der Senke westlich ab ins *Valle Buria* und wandert dann über die Häusergruppe *Galdano* (403 m) zurück nach *Sonvico*, Wegnummer 17C; die »Bergvariante« führt hinab ins Valle di Era und über *Santa Maria* zurück zum Ausgangspunkt, Markierung 17A.

Nützliche Informationen

Ausgangspunkt: In *Mandello del Lario* (214 m) durch das Städtchen aufwärts nach Somana (351 m) und zu dem Flecken Sonvico (386 m), knapp 3 km. Parkplatz am Ortseingang; mehrere Wegzeiger.
Anstiegsleistung: Sonvico – Zucco di Sileggio: 980 m.
Gehzeiten: Sonvico – Santa Maria: ¾ Std., Santa Maria – Zucco di Tura: 1¼ Std., Zucco di Tura – Zucco di Sileggio: 1¼ Std., Abstieg gegen den Zuc di Pez und nach Sonvico: 1½ Std.; insgesamt 4¾ Std. Abstiege via Bocchetta di Verdascia: je etwa 2 Std., Rückweg über den Zucco di Tura 1¾ Std.
Verkehrsverbindungen: Mandello liegt an der Bahnlinie Mailand – Lecco – Sondrio (Veltlin). Mit dem Stadtbus bis Somana.

Ein ganz besonderes Belvedere über dem Lario: der Zucco di Sileggio (1365 m). Blick auf die Halbinsel von Bellagio.

Unterkunft: Keine.
Verpflegung: Unterwegs aus dem Rucksack.
Weitere Tourenmöglichkeiten: Am Zucco di Sileggio kann man eine lange, aussichtsreiche Kammbegehung starten, über die Bocchetta di Calivazzo (1420 m) und den **Monte Pilastro** (1834 m) in die Bocchetta di Prada (1634 m); bis zum Rifugio Cainallo (1241 m) 4 bis 5 Std. Siehe Tour 37.
Karten: Touring Club Italiano, Blatt D 51 »Gruppo delle Grigne« (1:20 000). Kompass-Wanderkarte 1:50 000, Blatt 91 »Lago di Como/Lago di Lugano«.
Tourenskizze: Siehe Seite 153.

41 Grignetta (2177 m)

Der Weg ist das Ziel

Tourencharakter: Gipfelüberschreitung auf gesicherten Steigen, mäßig schwierig, Bergerfahrung allerdings unerläßlich. Einige ungesicherte Passagen im oberen ersten Schwierigkeitsgrad.
Reine Gehzeit: 5½ Std.
Beste Jahreszeit: Mitte Juni bis Mitte November. Wenig Schatten an allen Südanstiegen, im Hochsommer deshalb früher Aufbruch ratsam. Dazu sind Nachmittagsgewitter in der heißen Jahreszeit hier recht häufig.
Markierung: Alle Steige sind bestens markiert.

Der Grignone (2409 m) mag der höchste Gipfel in den Grigne sein, ein wuchtiger Klotz, doch die Schau gehört der **Grignetta** (Grigna Meridionale, 2177 m), die – um es einmal poetisch auszudrücken – über ein ganzes Heer von Trabanten gebietet, Zacken und Türme, bizarre Spitzen jeder Form und Größe in ihren Flanken. Da hat sich die Natur als besonders kreative Künstlerin erwiesen, aus der Felskruste eine Vielzahl von Modellen skulptiert: ein einziger riesiger Klettergarten, vor allem aber die faszinierende Kulisse für einige der schönsten Bergwanderungen weitum. Hier ist der Weg das Ziel, nicht

der Gipfel; ständig wechselnde Szenerien, immer neue Blickpunkte halten einen gefangen; die Frage nach dem »wie weiter?« sorgt für zusätzliche Spannung. Man bewegt sich in einem steinernen Labyrinth, berauscht von der Schönheit der Bilder, tief unten glitzert die weite Wasserfläche, und am Horizont stehen die Firngipfel der Hochalpen, vom Monte Viso (3841 m) im Südwesten bis zum Monte Disgrazia (3678 m) im Nordosten.

Von den Piani Resinelli führen gleich mehrere Wege auf die Grignetta; der kürzeste – jener über die Cresta Cermenati – ist auch der langweiligste, kommt also höchstens für den Abstieg in Frage; am schönsten ist die Überschreitung von West nach Ost: Aufstieg über die »*Direttissima*« und den »*Sentiero Cecilia*«, Abstieg über den *Cresta Sinigaglia*. Eintauchen in den Zackenwald tut man über die »Direttissima« und die ist – gottseidank! – überhaupt keine Gerade; sie schlängelt sich vielmehr um hundert Ecken, klettert in eine Scharte, läuft um den nächsten Torre, steigt ab in ein Kar, um dann gleich wieder die Richtung zu ändern. Daraus ergibt sich eine Überfülle an Bildern, man kommt aus dem Staunen (und Fotografieren) nicht mehr heraus. Der »Sentiero Cecilia« bildet dann

Faszination der Berge: Abendstimmung an der Grignetta (2177 m).

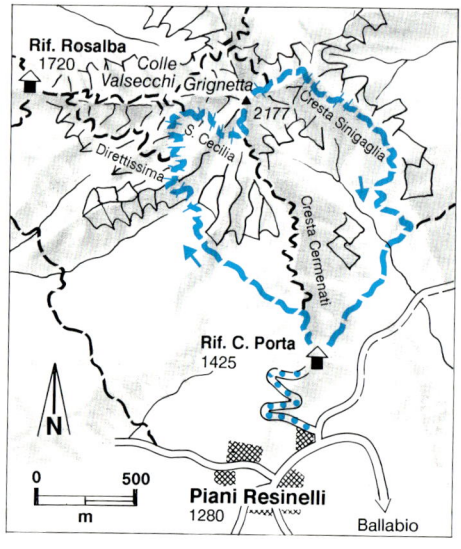

die würdige Fortsetzung: das Ganze nochmals, nur jetzt eine Etage höher. Und am
Gipfel gibt's schließlich – man empfindet es
fast als Zugabe – ein großes Panorama. Das
steht jenem vom höheren Grignone (Tour 38)
nicht einmal so sehr nach; die Zacken im
Horizont sind fast dieselben. Und der Abstieg
über den Cresta Sinigaglia beschert dann
nochmals prächtige Felsbilder, dazu ein paar
hübsche Kraxelstellen, ehe die Runde auf
den Piani Resinelli ausläuft: toll war's!

Spätestens drunten fragt man sich verwun-
dert, wie es eigentlich kommt, daß man auf

*Zum Auftakt der »Direttissima« gibt's eine steile,
mit reichlich Eisen gangbar gemachte Passage.*

den Höhen rund um den Lario so wenig
Bergsteiger aus deutschen Landen antrifft –
sind sie denn *alle* am Gardasee?

Der Wegverlauf

Die Runde beginnt ganz profan mit dem Straßenhatscher zum *Rifugio Porta* (1426 m).
Frust braucht deshalb nicht aufzukommen,

*»Dolomiten« am Comer See?! Nicht ganz zufällig besitzt Lecco eine renommierte Kletterschule.
Am Übungsgelände fehlt es jedenfalls nicht…*

Vom »Sentiero Cecilia« schweift der Blick über die Felstürme an der Westflanke der Grignetta hinaus, über Täler und Berge bis zum fernen Horizont.

und wundern darüber, daß hinter der (meist offenen) Sperrschranke zahlreiche Autos abgestellt sind, tun sich nur Italien-Anfänger. Wenige Minuten oberhalb der Hütte tritt man aus dem Wald, öffnet sich der Blick auf die kahle, von tiefen Gräben durchfurchte Südflanke der Grignetta. Ein Wegschild gibt gleich auch die Richtung an: *»Direttissima«.* Sie führt zunächst nach Westen, schneidet dabei ansteigend den »Wachtelhang« (Le Quaglie) und gewährt Aussicht auf den Comer See und zu den Felszacken rund um das *Val S'Cepina.* Über ein paar Kehren leitet der Steig dann in den *Canalone del Caminetto,* der Gang durch den »versteinerten Wald« beginnt. Furios der Auftakt, aus dem Grund der Rinne mit Hilfe zweier Leitern und Ketten fast senkrecht hinauf in eine gerade halbmeterbreite Scharte. Dann geht's gleich wieder abwärts; damit sich hier ja keiner verläuft, hat jemand einen möglichen Verhauer mit einer Fahrverbotstafel markiert! Solche »Aufmerksamkeiten« sind eigentlich unnötig, die Farbtupfer helfen zuverlässig weiter.

Der Steig überquert eine nächste Scharte und läuft dann, an einigen Stellen mit Ketten gesichert, in einen von Türmen umstellten Karwinkel. Hier verläßt man die zum *Rifugio Rosalba* (1720 m) weiterführende »Direttissima« und kraxelt, von Farbtupfern geleitet, mit gelegentlicher Kettenhilfe durch die breite Blockrinne aufwärts. Unweit vom *Colle Valsecchi* (ca. 1920 m) stößt man auf den *»Sentiero Cecilia«,* der als Gegenstück zur »Direttissima«, ebenfalls an mehreren Stellen gesichert, die Südwestflanke der Grignetta quasi ein Stockwerk höher quert. Die Perspektive ist nun eine andere, die Sicht freier, und manchem Turm, den man eben noch von unten bestaunt hat, guckt man nun aufs Haupt. Über gestuften Fels gewinnt die Route ein felsiges Eck; dahinter geht's steil durch einen Kamin (Ketten) hinab in ein Geröllkar, dann gleich wieder im Zickzack aufwärts zu einem Gratrücken. Über ihn links zum *Cer-*

*menati-*Anstieg, dann links in eine seichte Rinne und über eine kurze Felsstufe problemlos zum Gipfel.

Der leichteste Abstieg folgt dem *Cresta Cermenati:* eine rauhe Wegspur, viel Geröll und zwei, drei kurze Felsstufen. Weit mehr Abwechslung bietet der südostseitige *Cresta*

Sinigaglia; auch hier wieder bizarre Turm-bauten, eine Wegspur, die sich listig durch das schwierige Gelände »mogelt«, gelegent-lich mit Ketten gesichert. Sicherungen helfen auch über den Zehn-Meter-Einschnitt zwi-schen dem Gipfel und dem Nordostgrat hin-weg; mit dem *»Saltino di Gatto«* enden die Schwierigkeiten. Der gut markierte Weg läuft im Zickzack am Gratrücken entlang hinab zum *Piano delle Groppe.* Man passiert den Canalone Porta an seiner Mündung und wandert auf fast eben verlaufendem Weg zu-rück zum *Rifugio Porta* (1425 m), wo sich die Runde schließt.

Nützliche Informationen

Ausgangspunkt: *Piani Resinelli* (1280 m), Sport- und Erholungsgebiet in der Senke zwischen Monte Coltignone (1473 m) und Grignetta. Gute Serpentinenstraße von Ballabio (661 m), 8 km. Großer Parkplatz. Zufahrt zum Rifugio Porta 100 Meter oberhalb der Abzweigung durch Schranke abgesperrt.

Anstiegsleistung: Piani Resinelli – Grignetta: 900 m, dazu kommen unterwegs etwa 100 m »verlorene« Höhe.

Gehzeiten: Insgesamt 5½ Std.; Piani Resinelli – Rifugio Porta: ½ Std., »Direttissima«: 1½ Std., Weiterweg via »Sentiero Cecilia« zum Gipfel: 1½ Std., Abstieg über den Cresta Sinigaglia: 2 Std. Etwas kürzer ist der Abstieg über den Cresta Cermenati, 1½ Std.

Verkehrsverbindungen: Piani Resinelli hat Busverbindung mit Lecco.

Unterkunft: Auf den Piani Resinelli gibt es mehrere Hotels und Rifugi. *Rifugio Carlo Porta* (1425 m), oberhalb der Piani Resinelli, ganzjährig bewirtschaftet.

Bivacco Ferrario, etwas futuristisch anmutende Biwakschachtel am Gipfel der Grignetta (2177 m), ohne weitere Ausstattung, stets zugänglich.

Verpflegung: Unterwegs aus dem Rucksack.

Weitere Tourenmöglichkeiten: Ein beliebtes Tourenziel ist das **Rifugio Rosalba** (1720 m) in schöner Aussichtslage am Ansatzpunkt des Cresta Segantini, 2½ Std. von den Piani Resinelli über die »Direttissima«, Rückweg auf dem »Sentiero Colonghei«, markiert, 1½ Std. Von der Grignetta kann man die Tour am Hauptkamm zum **Grignone** (2409 m; Tour 38) auf der »Traversata Alta« fortsetzen, 3 bis 4 Std., abschnittweise gesichert, nur für Geübte!

Karten: Touring Club Italiano, Blatt D 51 »Gruppo delle Grigne« (1:20000). Kompass-Wanderkarte 1:50000, Blatt 91 »Lago di Como/Lago di Lugano«.

Die Natur als Künstlerin: vom Wasser ziselierter Fels.

42 Monte Coltignone (1473 m)

Bergabsteigen

Tourencharakter: Recht anspruchsvolle Runde in den Steilflanken des Monte Coltignone. Mehrere gesicherte Wegabschnitte, sehr steiler Gegenanstieg durch das Val Verde. Beim Abstieg zum Corno Medale Steinschlaggefahr durch Nachfolgende. Trittsicherheit unerläßlich.
Reine Gehzeit: 5 Std.
Beste Jahreszeit: Frühling und Herbst bis zum Wintereinbruch.
Markierung: Durchwegs gut bezeichnete Wege.

Erdgeschichtlich sind die Grigne das Ergebnis einer doppelten Überschiebung: dreimal – am Grignone (2409 m), an der Grignetta (2177 m) und am Coltignone (1473 m) – (fast) die gleichen Sedimentschichten, Kalke aus der mittleren Triaszeit, gegen 200 Millionen Jahre alt, nach Süden hin ansteigend. Daraus resultiert das mit einem Schiffsbug vergleichbare Profil des **Monte Coltignone**. Und es verrät auch einiges über die Wege an diesem Bergstock, der den Wasserspiegel des Lario um immerhin noch 1300 Meter überragt: sie sind sehr steil, im Sommer natürlich entsprechend heiß. Eine Ausnahme macht nur der bequeme, schattige Zugang über den breiten Nordrücken. Erst oben am Gipfel tritt man aus dem Wald, ist man unvermittelt von Steilabbrüchen umgeben, geht der Blick gleichermaßen in die Ferne und hinab in schwindelnde Tiefen.

An klaren Spätherbsttagen zeigt sich nicht selten am südwestlichen Horizont, über den Corni di Canzo, die Pyramide des Monte Viso. Fast mehr aber noch fasziniert die Tiefe rundum, wird das Auge von den bodenlosen Gräben angezogen, die zum Lago di Lecco abstürzen. Der Corno Medale (1028 m), dem Monte Coltignone südlich vorgelagert, zeigt sich aus dieser Perspektive nicht als elegantes Horn, sondern als mickrige Kuppe, erkennbar nur an dem großen Kreuz. In einstündigem Abstieg läßt er sich leicht »besteigen«: Gipfelsturm im Abwärtsgang! Absurd,

in diesem Fall aber durchaus praktikabel: Hier kann man oben einsteigen, auf den Piani Resinelli, dann über den Monte Coltignone nach San Martino absteigen (und dabei den Corno Medale »mitnehmen«), um anschließend durch den romantisch-wilden Graben des Val Verde wieder anzusteigen. Wer's von unten versucht, hat auf jeden Fall etwa 500 Steigungsmeter mehr, es sei denn, er begnügt sich mit dem *Corno Medale* als Gipfelziel (Tour 43). Das Wegnetz an diesem »Vorbau« der Grigne ist – wohl nicht zuletzt aufgrund der Stadtnähe – so verzweigt (auch bestens markiert), daß man fast beliebig seine Schleifen in den Steilflanken des Coltignone ziehen kann. Die meisten dieser Wege verlangen zumindest einen sicheren Tritt, einige sind auf kürzeren Abschnitten gesichert, wie etwa der »Sentiero dei Tecett«, der »Sentiero dei Pizzetti«, der Gipfelweg auf den Coltignone und der Steig ins »Grüne Tal« (»Sentiero della Val Verde«).

Warum also nicht einmal oben anfangen, Abstieg vor Aufstieg, der Gipfel gleich zu Beginn, die Hütte am tiefsten Punkt, der »heiße« Anstieg als Finale? Die Runde bietet jede Menge Überraschungen, ständig wechselnde Aus- und Tiefblicke, und am Wegrand steht die Südalpenflora Spalier, zusammen mit so manchem mediterranen Gewächs. Den Wendepunkt der Runde (und ihren tiefsten Punkt) markiert das alte Kirchlein von *San Martino* (772 m), im 14. Jahrhundert von Benediktinern des Klosters Santa Maria Maddalena in Lecco begründet: ein stimmungsvoller Platz hoch über dem Südostarm des Comer Sees, angenehm schattig, zu längerer Rast einladend. An Wochenenden verwandelt sich die besinnliche Ruhe allerdings mitunter in lärmige Betriebsamkeit: Ausflügler überschwemmen das stadtnahe Wanderziel, im Rifugio Piazza herrscht Hochbetrieb, und Familien, die ihr Essen mitgebracht haben, suchen im lichten Wald den geeigneten Picknickplatz, natürlich nicht ohne lebhaftes akustisches Hin und Her...

Was für ein Gegensatz zu jenem Spätherbsttag, an dem wir zum zweitenmal am Coltignone unterwegs waren! Die Hütte hatte längst geschlossen, der Platz gehörte uns allein. Ein milder Wind raschelte ab und zu im Laub, zwischen den Bäumen glitzerte der

Seespiegel, die bewaldeten Steilflanken des Val Verde waren bunt verfärbt. Ein paar Wochen bergauf-bergab lagen hinter uns, viele Stunden zwischen Tal und Gipfel, bald geht's nach Hause, der Winter ist nicht mehr weit – da kommt schon leichte Melancholie auf.

Der Wegverlauf

Mit einem Gipfelspaziergang beginnt die Runde: vom Parkplatz beim *Rifugio SEL* (1280 m), vorbei an dem gräßlichen Hotelturm, dem Hinweis »Parco Valentino« folgend, auf einem breiten Fahrweg sanft im Wald bergan, zunächst noch ohne Ausblikke. Das ändert sich am *»Belvedere«* (1427 m) schlagartig; man steht am Rand des bewaldeten Rückens und hat erstmals freie Sicht hinab zum Seearm von Lecco, hinüber zu den Corni di Canzo. Nun am Steilabbruch entlang zum kahlen Gipfel und einer kontrastreichen Umschau: im Osten der Monte Due Mani (1667 m) mit seinem abgetreppten Südgrat, weiter rechts der Resegone, eine mehrgipflige steinerne Front, in der Tiefe Lecco, die Stadt zwischen See und Bergen. Und in die Tiefe führt auch der *»Sentiero GER«*. Die ungefähre Richtung gibt das Kreuz am *Corno Medale* an: zunächst im Zickzack über Wiesen bergab zu einer felsigen Rippe (Ketten), dann rechts steil über einen Hang, mit Drahtseilhilfe um ein Eck herum und unterhalb eines mächtigen Klemmblocks in eine markante Geröllrinne. In ihr steigt man weiter ab, möglichst ohne Steine loszutreten.

Schließlich leitet die Wegspur aus dem Kanal nach rechts, auf ein schmales, exponiertes Band (Drahtseil), um die Vetta San Vittore (1253 m) herum in eine winzige Scharte (ca. 1020 m). Hier gabelt sich der Steig: geradeaus geht's zum Corno Medale (Tour 43), rechts ansteigend »über die Rippen« zur Kirche San Martino. Das Weglein springt, die Höhe haltend, von einer Mini-Scharte zur nächsten, die kleinen Wiesenmulden zwischen den Felsrippen jeweils ausgehend. So gelangt man auf die Westseite des Bergstocks; der Resegone verschwindet aus dem Blickfeld, dafür erscheint nun wieder der Leccheser Arm des Comer Sees. Ihn hat man beim Abstieg nach *San Martino* vor sich, bis der Weg in den Buchenwald eintaucht.

Beim Kirchlein zeigt ein großes Schild zum *»Sentiero della Val Verde«*. Das grüne Tal erweist sich allerdings recht bald als wilder Graben, mehr Fels als Grün. Das Weglein paßt sich der Kulisse an, quert in kräfteraubendem Ab und Auf zunächst drei tiefe Rinnen, mit einem gesicherten Felsaufschwung, ehe es sich endgültig fürs »Hinauf« entscheidet. Und das gerät dann gleich zur Direttissima, rund 500 Meter Steilanstieg, bei schlechter Kondition oder sommerlicher Nachmittagshitze ein übler Schinder. Da helfen sehnsüchtige Blicke hinunter aufs (kühlende) Wasser des Lario ebensowenig wie der skep-

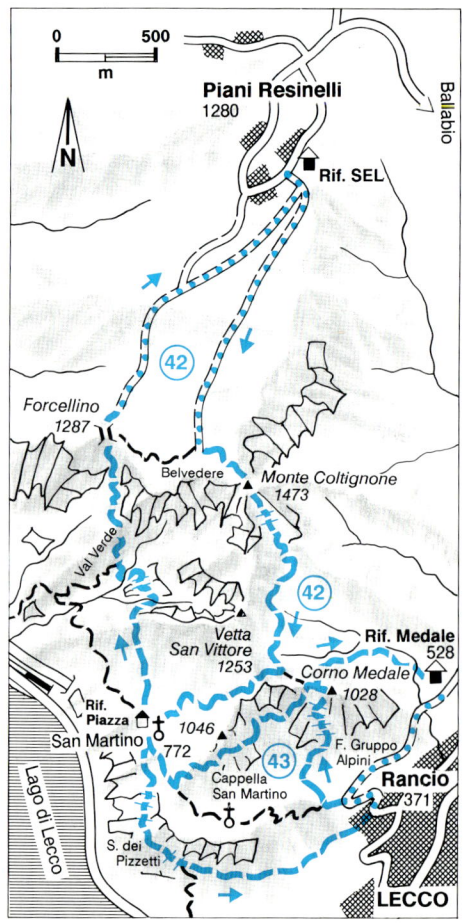

Mehr Fels als Grün: die wilde Kulisse des Val Verde.

Der Abstieg vom Monte Coltignone (1473 m) wartet mit ein paar gesicherten Passagen auf.

tische Blick nach oben, in die senkrechten Felsen über dem Val Verde. Nach dem ersten Fünftel des Anstiegs, auf dem »Pförtchen« (Portanino, 838 m) mündet der »*Sentiero dei Tecett*«, und auf dem letzten Drittel – endlich! – verliert der Steig allmählich seine extreme Steilheit, geht er in ein vergleichsweise gemütliches Zickzack über, um schließlich am *Forcellino* (Bocchetta della Val Verde, 1287 m) in eine Waldstraße zu münden. Auf ihr wandert man zurück zu den *Piani di Resinelli*, zuletzt mit schönem Blick auf den »oberen Stock« der Grigne, das Türmereich der Grignetta (2177 m).

Nützliche Informationen

Ausgangspunkt: *Piani Resinelli* (1280 m), Sport- und Erholungsgebiet in der Senke zwischen Monte Coltignone und Grignetta. Gute Serpentinenstraße von Ballabio (661 m), 8 km. Parkmöglichkeit beim Rifugio SEL (1278 m), am südlichen Wendepunkt der Einbahn-Straßenschleife.
Anstiegsleistung: 950 m (»verlorene« Höhen eingerechnet).
Gehzeiten: Insgesamt 5 Std.; Piani Resinelli – Monte Coltignone: ¾ Std., Coltignone – San Martino: 1¾ Std., San Martino – Forcelli-

no: 2¼ Std., Forcellino – Piani Resinelli: 20 Min.

Verkehrsverbindungen: Piani Resinelli hat Busverbindung mit Lecco.

Unterkunft: Auf den Piani Resinelli gibt es mehrere Hotels und Rifugi. Das *Rifugio Riccardo Piazza* beim Kirchlein San Martino (772 m) ist nur an Wochenenden bewirtschaftet (keine Nächtigung).

Verpflegung: Unterwegs aus dem Rucksack.

Weitere Tourenmöglichkeiten: Will man den **Coltignone** von Lecco aus angehen, bietet sich folgende Runde mit Ausgangspunkt im Vorort Rancio (371 m) an: Aufstieg über den *»Pizzetti-Steig«* (Wegnummer 53), dann weiter auf dem »Sentiero di Val Verde« in den Forcellino und über die Westflanke zum Gipfel; Abstieg wie beschrieben nach San Martino und auf dem »Sentiero dei Pizzetti« zurück nach Lecco, insgesamt 7 bis 8 Std.

Karten: Touring Club Italiano, Blatt D 51 »Gruppo delle Grigne« (1:20 000). Kompass-Wanderkarte 1:50 000, Blatt 91 »Lago di Como/Lago di Lugano«.

43 Corno Medale (1028 m)

Der »Stadtberg« von Lecco

Tourencharakter: Anspruchsvoller Klettersteig in Stadtnähe; Halbtagestour. Mit der Schleife über das ehemalige Bergklösterchen von San Martino wird's zum gemütlichen Tagespensum. Selbstsicherung und Helm unerläßlich!

Reine Gehzeit: 3¼ bzw. 5½ Std.

Beste Jahreszeit: Praktisch das ganze Jahr über möglich, auch im Winter (wenn kein Schnee liegt); im Hochsommer nur frühmorgens (Hitze!).

Markierung: Bestens markierte Wege und Steige (wie fast überall in den Grigne).

Lecco ist erwacht. Das heißt vor allem: Autos. Im Kreisel an der großen Adda-Brücke verknotet und entwirrt sich der Verkehr nach einem undurchsichtigen Muster, am Lungolario blasen die Fiats ihre Abgase stehend in den Himmel, Ampeln leuchten rot, dann rotgrün: vorwärts! Man rattert durch die Stadt bergauf, zwischen hohen Mauern und an rußgeschwärzten Häusern vorbei, die von der »eisernen Geschichte« Leccos künden, kaum ein Blick gilt der Kulisse rundum. Schade. Denn mag die Stadt am Abfluß des Comer Sees auch keine besondere Schönheit sein, ihr Bergrahmen ist aufregend genug: heller Kalk, ein Felshalbrund bildend, bizarre Zacken, in den Morgenhimmel greifend, im Osten der hohe Grat des Resegone: Mini-Dolomiten am Südalpenrand. Wen wundert's da, daß die Leccheser Kletterschule eine lange Tradition aufweist, viele gute Alpinisten hervorgebracht hat.

Über den Dächern der Stadt sticht der **Corno Medale** (1028 m) ins Firmament: fast 500 Meter senkrechter Kalkfels – eine Herausforderung für Kletterer. An dieser Wand eröffneten Walter Bonatti, Carlo Casati, Alessandro Gogna und Riccardo Cassin extreme Routen.

Bergwanderer kommen ebenfalls zum großen Gipfelkreuz, hinten herum durch einen steil-grünen Graben, und für die Klettersteigler wurde vor gut einem Jahrzehnt die *»Ferrata Gruppo Alpini«* an den steilen Fels geheftet – in respektvollem Abstand zu den Vier Routen. Immerhin, über fast 200 Höhenmeter verläuft auch dieser Eisenweg durch steilen Fels, tastet er sich an die Vertikale heran: Da wird jede Menge Luft unter den Sohlen geboten. Oben, nach ausgestandenem Nervenkitzel, genießt man den Vogelschaublick auf die Stadt: knapp zweieinhalb Kilometer in der Luftlinie vom Kreuz am Berg zu jenem, das den markanten Turm der Basilika San Nicolò krönt. Rund um den Dom, in den engen Gassen der alten Città, schlägt das vornehmgeschäftige Herz der Stadt: Mode, Delikatessen, fein und teuer. Weit weniger fein geht's an den Hochöfen und Walzwerken zu; da wird geschuftet, geschwitzt, während man in den Chefetagen der Leccheser Stahlindustrie nicht ohne Sorge nach Rom (der Subventionen wegen) und auf den Weltmarkt (der Konkurrenz wegen) schaut...

Zurück in die Berge! Vom Corno Medale geht der Blick nicht nur in die Tiefe, sondern auch in die Ferne, bestenfalls bis zum Apennin. Die Poebene liegt allerdings meist im

Dunst, Ozon am Boden, Smog darüber; klar zeichnet sich dagegen der zackige Grat des Resegone gegen den Himmel ab, mit seinem vielgipfligen Kamm und den jähen Westabstürzen, durch die ebenfalls eine Ferrata der Spitzenklasse verläuft: noch ausgesetzter, noch anspruchsvoller als die »Ferrata Gruppo Alpini« (dies für »Angefressene«, mehr bei der Resegone-Tour). Ganz »eisenfrei« ist auch der Abstieg vom Corno Medale nicht: steil (und bei Nässe ausgesprochen rutschig) der Ostweg zum Rifugio Medale, viel schöner der (Um-)Weg über San Martino und den an einigen Stellen gesicherten »Sentiero dei Pizzetti«.

Der Wegverlauf

Rancio (371 m), ein kleiner Vorort von Lecco, mit dem es allmählich zusammenwächst, liegt unmittelbar am Fuß des »Horns« (Corno); man kann also beim Schnüren der Bergschuhe schon einmal Maß nehmen für den an(auf?)regenden Felsgang. Der Zustieg zum Paradiso (so heißt das wirklich!) unter der Südwand ist markiert; der Berg selbst eingezäunt: eine mächtige Eisenkonstruktion als Schutz vor Steinschlag. Eine Vorsichtsmaßnahme, die durch den ausgezeichneten Fels eigentlich ad absurdum geführt wird (nicht aber das Tragen eines Helms!). Man folgt von der Kirche in Rancio kurz dem Weg nach San Martino (Nr. 52), dann dem Hinweis »*Ferrata Corno Medale*« zum Einstieg, unübersehbar rot-gelb gekennzeichnet.

Die Route beginnt eher harmlos, Spannung entsteht zunächst vor allem durch den Blick nach oben. Erst allmählich steilt sich die Wand auf, die Exposition nimmt zu, die Tiefe auch. Das in kurzen Abständen verankerte Drahtseil folgt einem markanten Pfeiler; der kompakte Fels liefert kleine, aber verläßliche Tritte und Griffe. Wo sie fehlen, sind Eisenbügel angebracht. Eine Querung in der Senkrechten verlangt gute Nerven und kräftigen Armzug; faszinierend der Tiefblick auf die Dächerlandschaft von Lecco. Nach etwa 200 Metern wird aus der Superferrata ein Durchschnittsklettersteig: Gehgelände wechselt ab mit kurzen Felsstufen, bis man schließlich das große Kreuz knapp unter dem Gipfel erreicht.

Den Rückweg bringen manche im Expreßtempo hinter sich, auf der steilen Pfadspur, die im Rücken der Kletterwand über eine bewaldete Flanke hinabzieht. Einige kurze Passagen sind mit Drahtseilen versehen; da braucht man sich dann nicht an Bäumen und Sträuchern zu »vergreifen«. Bei feuchtem Boden ist eine etwas vorsichtigere Gangart angezeigt; wenn's naß ist, wird das Ganze zur unerfreulichen Rutschpartie, auch nicht ganz ungefährlich.

Die »Direttissima« läuft an der Steinschlagverbauung aus; in wenigen Minuten ist dann das ganzjährig bewirtschaftete *Rifugio Medale* (528 m) erreicht: Pasta asciutta und Vino rosso samt Wandblick gefällig?

Viel schöner als der Direktabstieg ist die Schleife über das ehemalige Bergklösterchen *San Martino* (772 m): zunächst mehr Höhenwanderung, Umweg auch, aber den nimmt man gern in Kauf, vermittelt der Weg doch eine Fülle von Aus- und Tiefblicken. Im Frühling und Frühsommer gerät das Ganze zur floristischen Exkursion: Alpines wie Mediterranes säumt den Pfad, der die Südflanke des *Monte San Martino* (1046 m) umzieht, dabei mehrere Gräben ausgeht, ein paar Felsstufen überklettert und schließlich zum Kirchlein von San Martino (772 m) absteigt.

Der »*Sentiero dei Pizzetti*« führt dann nochmals in felsiges Gelände; das originell trassierte Weglein schwindelt sich über die Sockelfelsen des Coltignone hinab nach Lecco, läuft durch Rinnen, über Bänder und leichte Felsen, immer wieder packende Tiefblicke auf den Comer See und die Stadt bietend. Mehrere Passagen sind mit Ketten gesichert; mit Kettenhilfe kann man auch einen der »Pizzetti« – markante Felszacken, nach denen der Steig benannt ist – erklimmen. Auf einer kleinen Terrasse (ca. 370 m) gabelt sich der Weg: weiter abwärts in die Città oder unter den Felsen fast eben hinüber nach *Rancio*.

Nützliche Informationen

Ausgangspunkt: *Rancio* (371 m), Vorort von Lecco.
Anstiegsleistung: 660 m.
Gehzeiten: Insgesamt $3\frac{1}{4}$ bzw. $5\frac{1}{2}$ Std. Rancio – »Ferrata Gruppo Alpini« – Corno Me-

Viel Luft unter den Sohlen bietet die »Ferrata Gruppo Alpino« am Corno Medale (1028 m).

dale: 2½ Std., Abstieg zum Rifugio Medale: ¾ Std., Corno Medale – San Martino – »Sentiero dei Pizzetti« – Rancio: 3 Std.

Verkehrsverbindungen: Rancio erreicht man mit dem Stadtbus.

Unterkunft: *Rifugio Medale* (528 m), ganzjährig bewirtschaftet. *Rifugio Riccardo Piazza* (772 m) beim ehemaligen Bergklösterchen San Martino; nur an Wochenenden geöffnet (keine Nächtigung).

Verpflegung: Unterwegs aus dem Rucksack.

Weitere Tourenmöglichkeiten: siehe Monte Coltignone (Tour 42).

Karten: Touring Club Italiano, Blatt D 51 »Gruppo delle Grigne« (1:20 000). Kompass-Wanderkarte 1:50 000, Blatt 91 »Lago di Como/Lago di Lugano«.

Tourenskizze: Siehe Seite 168.

44 Pizzo d'Erna (1362 m)

Nur für Klettersteiger

Tourencharakter: Aufwendig gesicherte Ferrata, teilweise sehr exponiert, schwierig. Selbstsicherung unbedingt empfehlenswert! »Abstieg« eventuell mit der Seilschwebebahn.
Reine Gehzeit: 4 Std.
Beste Jahreszeit: Während der schneefreien Zeit bei ordentlichem Wetter fast immer möglich. Im Hochsommer wird es auf den insgesamt 22 Leitern ganz schön warm.
Markierung: Zustieg gut bezeichnet, Weiterweg nicht zu verfehlen.

Gerade ein richtiger »Piz« ist er ja nicht, der **Pizzo d'Erna**, eigentlich bloß ein Vorbau des Resegone, der ihn um immerhin rund einen halben Kilometer überragt. Von Lecco aus gesehen wirkt er aber fast wie ein selbständiger Gipfel, die Froschperspektive sorgt für die fehlende Statur. Besteigen kann man den Pizzo d'Erna ganz bequem, mit der Seilbahn (und das tun viele, vor allem im Winter, wenn auf den nordseitigen Hängen der Piani d'Erna etwas Schnee liegt und die Schlepplifte laufen), oder anstrengend über die »*Via ferrata GAMMA*«, einen 1979 eingeweihten Klettersteig. Er wurde mit viel Eisen an den markanten Südwestgrat montiert; Ketten, Haken und Leitern erleichtern den Aufstieg in teilweise sehr exponiertem Felsgelände. Man erlebt Tiefe hautnah, genießt (je nach psychischer Verfassung) die packenden Blicke auf das Dächermeer von Lecco und auf den Lago di Garlate (198 m).

Der Lago di Annone (224 m) versteckt sich hinter dem breiten Rücken des Monte Barro (922 m); sichtbar ist dagegen der etwas kleinere Lago di Pusiano (258 m), auch er ein Relikt der Eiszeit. Giovanni Segantini zeigte sich von dem Gewässer entzückt; es soll ihn zu dem berühmten Gemälde »Ave-Maria bei der Überfahrt« inspiriert haben. Zu jener Zeit, Ende des letzten Jahrhunderts, war die Brianza noch bevorzugte Sommerfrische begüterter Mailänder. Und einige »Spinner«

stiegen bereits auf die Berge, auch hier in den Südalpen. So konnte schon 1881 eine erste Hütte in den Grigne eingeweiht werden, und noch vor der Jahrhundertwende stand am Fuß des Pizzo d'Erna eine winzige Unterkunft, das Rifugio Stoppani (890 m), heute beliebtes Ausflugsziel der Leccheser. Der Name ist natürlich kein Zufall; jedes Schulkind in Lecco kennt den berühmten Sohn der Stadt, Antonio Stoppani (1824–1891), Geologe und Naturforscher. Landesweit bekannt wurde er durch den Klassiker »Il bel paese«, eine Landesbeschreibung.

Natürlich ist die »Ferrata GAMMA« ein beliebtes Kraxelziel. Stadtnähe und ein kurzer Zugang locken – unvermeidlich – auch »Sonntagsbergsteiger« an; da kann es an Wochenenden schon einmal zu kleineren Staus kommen, zumal Italiener halt das Gruppenerlebnis so sehr schätzen. *Andiamo, cari amici delle montagne!*

Immerhin, die Route ist sehr abwechslungsreich; teilweise beträchtliche Exposi-

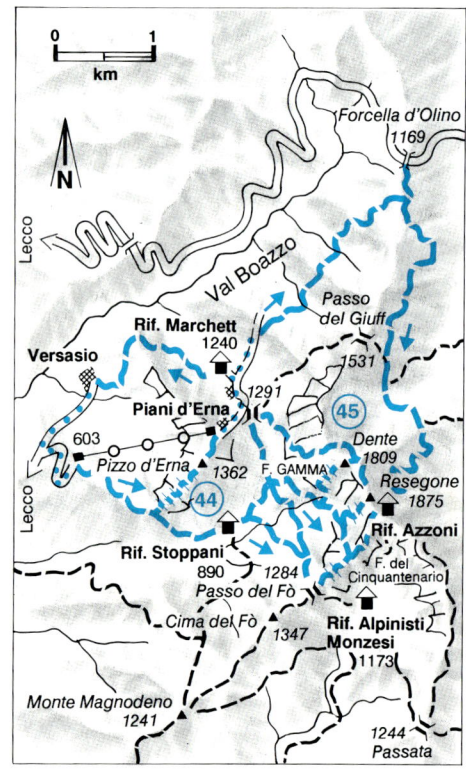

Eigentlich nur ein Vorberg des Resegone: der Pizzo d'Erna (1362 m). Blick auf die Corni di Canzo (1371 m), rechts der Monte San Primo (1682 m).

Mit viel Eisen wurde der Südwestgrat des Pizzo d'Erna für Klettersteiger gangbar gemacht: die »Ferrata GAMMA«.

tion sorgt für Nervenkitzel, auch wenn man sich meist bloß an der Leiter festhalten muß. Für Hildegard war es der erste Klettersteig überhaupt – ein bißchen ängstlich hat sie zunächst schon geguckt, dann aber die Route locker gemeistert.

Der Wegverlauf

Vom Parkplatz (603 m) bei der *Talstation der Seilschwebebahn* zum Pizzo d'Erna folgt man zunächst den Wegzeigern »Rifugio Stoppani«. Nach einer Viertelstunde weist links ein Schildchen zur *Ferrata*. Das Einstiegswandl (ca. 760 m) scheidet gleich einmal die Spreu vom Weizen: gut 15 Meter hoch, steil und kleingriffig. Dann folgt eine Serie von zehn Leitern, weniger schwierig, dafür aber sehr luftig. Wem die Lust vergeht, der kann die Unternehmung abbrechen und nach rechts zum *Rifugio Stoppani* queren. Auf die Gipfelanwärter wartet eine steile Rinne, die man an ihrem Ansatzpunkt rechts zu einer Leiter verläßt: fast ein kleiner »Tellsprung« – manche(n) wird's etwas Überwindung kosten. Anschließend legt sich der Grat etwas zurück, man bekommt wieder mehr Boden unter den Füßen, ehe eine weitere Leiternserie das Finale einläutet: zum großen Gipfelkreuz.

Für den Abstieg gibt es drei Möglichkeiten: die Funivia (wenn sie fährt), der Weg über das *Rifugio Stoppani*, 1¼ Std., und den nordseitigen »*Sentiero del Cammello*«, 1½ Std.

Nützliche Informationen

Ausgangspunkt: *Talstation* (603 m) der Seilschwebebahn zum *Pizzo d'Erna*.
Anstiegsleistung: 760 m.
Gehzeiten: Insgesamt 4 Std. Aufstieg: 2½ Std., Abstieg: 1¼ bis 1½ Std.
Verkehrsverbindungen: Die Talstation der Seilbahn erreicht man mit dem Stadtbus.
Unterkunft: *Rifugio Stoppani* (890 m) am Normalweg zum Resegone, durchgehend bewirtschaftet nur im August, sonst an den Wochenenden.
Verpflegung: Unterwegs aus dem Rucksack.
Weitere Tourenmöglichkeiten: Siehe Tour 45.
Lecco: Die Stadt am Abfluß der Adda aus dem Comer See wird von Industrie stärker geprägt als von ihrer (immerhin über zweitausendjährigen) Geschichte, ist aber dennoch zumindest einen Bummel wert. Wer einkaufen will, darf sich von den Preisen nicht abschrecken lassen. Mode oder: alles für die Schönheit. Nach ein paar Tourentagen (nach seinem Gusto) gerade das richtige für sie…
Von den *Museen* ist jenes für *Naturgeschichte* im Palazzo Belgioioso (18. Jh.) für Wanderer und Bergsteiger am interessantesten; es präsentiert u. a. Mineralien und Versteinerungen aus den Bergen der Umgebung, prähistorische und römische Funde (geöffnet Dienstag bis Samstag 10–12.30, 14.30–17 Uhr, Sonntag 10–13 Uhr).
Einen Besuch verdient auch die *Villa Manzoni*, ein Bau aus dem 18. Jahrhundert, in dem Alessandro Manzoni (1785–1873) seine Jugend verbrachte (Museum). Und dazu gleich die (unvermeidliche) literarische Anregung: »I promessi sposi« (Die Verlobten) als Lektüre für die Urlaubstage am Comer See. Das klassische Rührstück spielt in der Umgebung von Lecco, allerdings nicht auf den Bergen…
Informationen: APT, Azienda di Promozione Turistica del Lecchese, Via N. Sauro 6, I-22053 Lecco.
Karte: Kompass-Wanderkarte 1:50000, Blatt 105 »Lecco/Valle Brembana«.

45 Resegone (1875 m)

Wanderweg oder Klettersteig?

Tourencharakter: Je nach Routenwahl sehr unterschiedlich. Der Normalanstieg von Lecco-Malnago ist wenig schwierig, der Weg von der Forcella d'Olino über die Ostflanke als leichte Bergwanderung einzustufen. Für den Canalone Bobbio sind Trittsicherheit und Bergerfahrung notwendig, ebenso für die kurze »Ferrata De Franco Silvano« und die etwas anspruchsvollere »Ferrata del Cinquantenario«. Könner (aber nur solche!) dürfen sich an die »Ferrata GAMMA« wagen, die als schwierigste Ferrata der Region gilt. Selbstsicherung unentbehrlich!
Reine Gehzeit: 3¼ bis 6½ Std. (je nach Routenwahl).
Beste Jahreszeit: April/Mai bis November; im Hochsommer empfiehlt sich früher Aufbruch (Hitze). Am meisten Schatten bietet der Anstieg von der Forcella d'Olino.
Markierung: Bestens markierte Steige, lediglich am Weg von Piani d'Erna zur Forcella d'Olino stößt man auf ziemlich verblaßte Bezeichnungen.

Der **Resegone** hat ein Dutzend Gipfel und fast so viele Gipfelwege, eine attraktive Front, aufgebaut aus Hauptdolomit, und eine »zahme«, größtenteils bewaldete Rückseite. Entsprechend unterschiedlich sind die Anstiegswege, vom Wanderpfad bis zur extremen Ferrata, die zahlreichen Kletterführen nicht gerechnet – ein Berg »für alle Fälle«. Kein stilles Revier, da ist Lecco zu nah, doch die einzige »Aufstiegshilfe«, die Seilbahn zum Pizzo d'Erna, hat ihren Endpunkt immerhin in respektvollem Abstand zum Gipfel. Das verhindert allzu großen Andrang am höchsten Punkt, im kleinen Rifugio Azzoni und rund ums riesige Gipfelkreuz.

An Wochenenden, bei sicherem Wetter, ist man am Resegone allerdings selten allein, unterwegs nicht und erst recht nicht oben; am ruhigsten bleibt es in den Ausläufern des Bergstocks, auf den Wegen von der Forcella d'Olino herauf, am Südgrat, der keinen Weg, nur eine markierte Route besitzt. Die meisten Gipfelstürmer kommen von der Seilbahnstation am Pizzo d'Erna und nehmen eine der markierten Routen. Und da ist die Auswahl beachtlich, es gibt Wanderanstiege, gesicherte Steige und dann noch *die* Ferrata, eine ungewöhnliche Route am Dente del Resegone (1809 m): die anspruchsvollste überhaupt am Comer See!

Man muß den Berg aber nicht unbedingt von seiner Steilflanke packen; über die sanftere Ostseite führt ein richtig gemütlicher Wanderanstieg. Und wem das zu wenig ist, dem sei folgender Rückweg empfohlen: Abstieg durch den Canalone Bobbio (ruppig) zu den Piani d'Erna, dann hoch über dem wilden Graben des Val Boazzo zurück zur Forcella d'Olino – mehr Jagdsteig und Fährte als Wanderpfad (abenteuerlich).

Auch zum »Normalweg« von Lecco-Malnago (Seilbahnstation) bzw. vom Pizzo d'Erna aus gibt es interessante Varianten für den Abstieg: den Canalone Bobbio und die »Ferrata De Franco Silvano«. Man kann auch über den Jubiläumsklettersteig (»Ferrata del Cinquantenario«) zum Passo del Fò absteigen und anschließend unter der riesigen Westwand des Resegone hinabwandern zum Rifugio Stoppani und nach Lecco. Wer's ganz »eisern« mag, kraxelt zunächst über den Südwestgrat hinauf zum Pizzo d'Erna (Tour 44), quert dann hinüber zur zweiten »Ferrata GAMMA«: nochmals rund 500 Höhenmeter am Dente del Resegone, der sich als wirklich »steiler Zahn« entpuppt.

Das Panorama vom höchsten Punkt des Resegone ist dann für alle da, eine weite, vielfach gebrochene Horizontlinie, im Westen und Norden firnweiß, davor gestaffelt die Bergketten der südlichen Voralpen: tausend Gipfel. Mehr als nur flüchtiges Interesse verdient auch die nähere Umgebung, nach Osten hin grün-sanftwellig. Schroff dagegen die Nachbarschaft im Norden, der Monte

Der Gipfel des Resegone (1875 m) ist ein großartiger Aussichtspunkt am Südrand der Alpen. Nach Westen geht der Blick bis zu den Eisriesen der Walliser Hochalpen.

Due Mani mit seinem Südgrat, dann die Grigne mit dem Schiffsbug des Monte Coltignone (1473 m), über jähe Felsen zum Talkessel von Lecco abfallend. Die Stadt liegt auf dem Schwemmdelta, das heute den Comer See vom Lago di Garlate trennt. Direkt jenseits der Adda erhebt sich der Kegel des Monte Barro (922 m), rechts dahinter stehen die Corni di Canzo (1371 m) und der Monte Moregallo (1276 m).

Der Wegverlauf

Normalweg:
Der beliebteste Gipfelweg hat seinen Ausgangspunkt bei der *Talstation* der Funivia del Pizzo d'Erna (603 m). Knapp eine Stunde höher steht das *Rifugio Stoppani* (890 m); am *Piano Fieno* (ca. 1200 m) kreuzt man den Verbindungsweg Piani d'Erna – Passo del Fò. Er verläuft am Fuß der Felsen; der Gipfelsteig dagegen wendet sich ins *Val Cómera* und gewinnt so jene mächtige Terrasse, die, gegen Süden ansteigend, in halber Höhe die Westabstürze des höchsten Resegonegipfels durchzieht. Bei der Ruine der *Baita di Serrada* (1532 m) mündet die »Ferrata De Franco Silvano«, am Ansatzpunkt des Südwestgrats die »Ferrata del Cinquantenario«. Nun über ein paar leichte Felsen (Ketten) und auf der dem *Val Negra* zugewandten Seite des Grates zum *Rifugio Azzoni* (1860 m) knapp unter dem Gipfel, Markierung 1.

»Ferrata del Cinquantenario«:
Im Jahr 1963 angelegt und damit einer der älteren Klettersteige der Region, vermittelt er einen direkten Zugang vom *Passo del Fò* (1284 m) zum *Pian della Serrada*; der mit Leitern, Haken und Ketten gangbar gemachte Anstieg folgt einer tiefen, in den senkrechten Felsaufschwung der Bastionata gekerbten Rinne. Man genießt während der gut halbstündigen Kraxelei faszinierende Tiefblicke auf Lecco; fast zum Greifen nahes Gegenüber ist der Torre CAI, ein gut 100 Meter hoher, höchst eigenwilliger (und fotogener) Felszacken. Vorsicht: Keine Steine ablassen, vor allem im oberen Teil der Route, um nicht Nachfolgende zu gefährden. Helm auf!

»Ferrata De Franco Silvano«:
Sie bildet eine etwas direktere Alternative zum Normalweg zwischen der großen Rampe (*Pian della Serrada*) und dem Gipfel; Ketten sichern die nur mäßig schwierige Ferrata. Die Route ist mit reichlich Geröll garniert, vorsichtiges Gehen deshalb angezeigt.

Forcella d'Olino – Resegone:
Weniger stark frequentiert ist dieser überwiegend schattige, gemütliche Anstieg. Er verläuft über die bewaldete Rückseite des Massivs, führt zuletzt in bequemen Serpentinen über schrofendurchsetzte Wiesenhänge zum Gipfel, Markierung 17.

Canalone Bobbio:
Interessanter Abstieg, im Canalone besteht allerdings Steinschlaggefahr durch Nachfolgende. Vom Gipfel des Resegone zunächst, von Scharte zu Scharte springend, um die beiden nördlich benachbarten Kuppen, Punta Stoppani und *Dente del Resegone* (1809 m), herum, dann im Zickzack hinab in den *Canalone Bobbio*, der sich mehr und

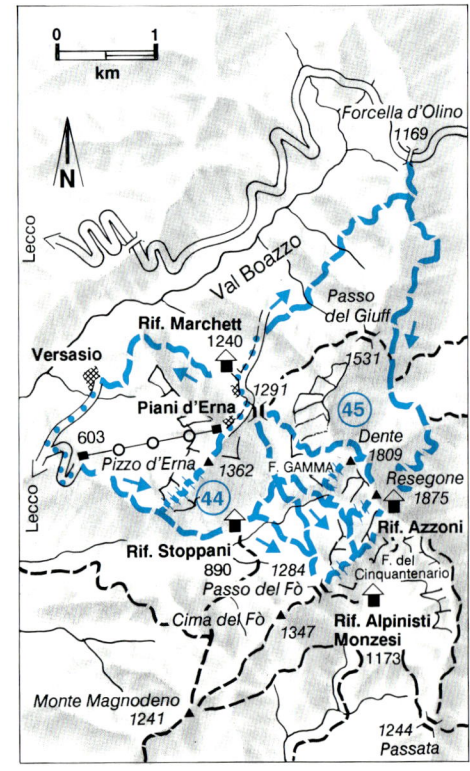

Durch die Westabstürze des Resegonestocks verlaufen zahlreiche schwierige Kletterrouten. Für die Klettersteigler gibt es eine Extremroute: die »Ferrata GAMMA« auf den Dente del Resegone (1809 m). Im Bild über dem Dente die Grignetta (2177 m), links der Monte Coltignone (1473 m).

mehr verengt. Einige kurze Steilstufen sind mit Ketten gangbar gemacht. Ausstieg auf eine kleine Anhöhe über der Klamm, dann nördlich, mehrere Rippen querend und dabei jeweils ein paar Meter an Höhe verlierend (Ketten), hinüber zur *Bocca d'Erna* (1291 m), 1 Std., zur Bergstation (1330 m) der Seilbahn am *Pizzo d'Erna* weitere 10 Min.

Val Boazzo:

Interessante, recht anspruchsvolle Route hoch an der Steilflanke des Val Boazzo. Das Steiglein quert mehrere tiefe Gräben, zwei, drei Passagen sind sehr ausgesetzt, bei Nässe nicht ungefährlich. Von der *Bocca d'Erna* zunächst auf der Straße abwärts zum *Rifugio Marchett*. Nun rechts, dem Hinweis »Morte-

rone« folgend, auf einem geschotterten Güterweg weiter leicht bergab, bis man auf ein
Schildchen mit der Aufschrift »*Culmine San
Pietro*« (ca. 1100 m) stößt. Es signalisiert den
Beginn der langen, recht anstrengenden
Hangtraverse, die zunehmend in felsigeres
Gelände führt, über schmale Grasbänder
läuft und schließlich steil zu einer engen
Scharte (ca. 1270 m) ansteigt. Jenseits des
bewaldeten Kamms stößt man auf den Anstiegsweg (Markierung 17), bis zur *Forcella
d'Olino* (1169 m) etwa 2½ Std. Gut auf
die roten (ziemlich verblaßten) Markierungen achten!

**Dente del Resegone,
Ferrata GAMMA:**
Ein Klettersteig der Superlative, bestens gesichert mit Ketten, Fixseilen und einigen Griff-
eisen, mit zahlreichen anspruchsvollen Passagen, teilweise äußerst ausgesetzt. Die Route hat ihren Ausgangspunkt am Normalweg
zum Resegone, wenig oberhalb des *Crocefis-
so del Pian delle Bedulette* (1280 m); sie führt
im wesentlichen über die Südostkante des
Dente del Resegone, Steilaufschwüngen folgt
jeweils leichteres Gelände. Schlüsselstelle ist
eine trittarme *Platte*, senkrecht und höchst
luftig. Über einen langen Kamin gewinnt
man schließlich den Ausstieg; ein letztes
Drahtseil leitet zum grasigen, abgeflachten
Gipfel des *Dente* (1809 m), 2 bis 2½ Std.
vom Einstieg.

Nützliche Informationen

Ausgangspunkte: *Talstation* (603 m) der Seilbahn zum *Pizzo d'Erna*, auf guter Straße von
Lecco aus rasch erreichbar, 6 km ab Stadtzentrum über Malnago (480 m). Großer Parkplatz. – *Bergstation* der Seilbahn (1330 m)
am Pizzo d'Erna. – *Forcella d'Olino*
(1169 m), kleine Paßhöhe (kurzer Tunnel)
an der Bergstraße nach Morterone, 12 km
von Ballabio Inferiore (661 m), 20 km von
Lecco.
Anstiegsleistungen: Seilbahn-Parkplatz –
Resegone: 1300 m, Piani d'Erna – Resegone: 580 m, Forcella d'Olino – Resegone:
720 m.
Gehzeiten: Seilbahn-Parkplatz – »Normalweg« – Resegone: 4 Std., Abstieg auf dem

gleichen Weg: 2½ Std. Piani d'Erna – »Normalweg« – Resegone: 2 Std. (über den Passo
del Fò und die »Ferrata del Cinquantenario«:
3 Std.), Abstieg auf dem gleichen Weg: 1¼
Std., Abstieg durch den Canalone Bobbio:
1¼ Std. Forcella d'Olino – Resegone: 2¾
Std., Abstieg auf dem gleichen Weg: knapp 2
Std., Abstieg/Rückweg via Piani d'Erna und
das Val Boazzo: 3¾ Std. Piani d'Erna – »Ferrata GAMMA« – Dente del Resegone:
2½–3 Std.
Verkehrsverbindungen: Die Talstation der
Seilschwebebahn zum Pizzo d'Erna erreicht
man mit dem Stadtbus.
Unterkunft: *Rifugio Azzoni* (1860 m) unter
dem Gipfel des Resegone, Juli/August durchgehend bewirtschaftet, Mai/Juni und Septem-
ber/Oktober nur an Wochenenden. *Rifugio
Alpinisti Monzesi* (1173 m) östlich unterhalb
des Passo del Fò, im Val Negra, Juni bis September durchgehend bewirtschaftet, das üb-
rige Jahr nur an Wochenenden. *Rifugio
Marchett* (1240 m) auf den Piani d'Erna,
ganzjährig bewirtschaftet. *Ristoro Giacomo
Ghislandi* (1284 m) am Passo del Fò, bewirtschaftet an Wochenenden (keine Nächtigung!).
Verpflegung: In einer der Hütten oder aus
dem Rucksack.
**Weitere Tourenmöglichkeiten: Monte Ma-
gnodeno** (1241 m). Ein lohnender Aussichtspunkt, dem Resegone südwestlich vorgelagert. Markierte Anstiege vom Leccheser Vorort Germanedo (301 m), 3 Std., von der Talstation der Erna-Seilbahn, 2½ Std., und von
Maggianico (244 m), 3 Std. Ein *gesicherter
Gratsteig* verbindet den Monte Magnodeno
mit dem Passo del Fò (Cima del Fò, 1347 m),
1¾ Std., dadurch eröffnen sich zusätzliche
Tourenmöglichkeiten.
Der Südgrat des Resegonemassivs ist zwar
weglos, besitzt aber eine markierte Route,
den **»Sentiero delle Creste«**, Markierung
571, vom Rifugio Alpinisti Monzesi (1173 m)
über die Passata (1244 m) bis zum Gipfel
etwa 4 Std. Nur für erfahrene Bergsteiger!
Informationen: APT, Azienda di Promozione
Turistica del Lecchese, Via N. Sauro 6,
I-22053 Lecco.
Karte: Kompass-Wanderkarte 1:50000, Blatt
105 »Lecco/Valle Brembana«.

Anhang

Wandern zwischen Seen und Gipfeln: Tips von A bis Z

Anreise

Klassisches Tor ins Tessin ist der St. Gotthard (2108 m), für die Schweizer so etwas wie ein »Herzstück« der Alpen, von den meisten Reisenden kaum mehr als Alpenpaß wahrgenommen: im Bahn- oder Straßentunnel geht's durch, nicht über den Berg, dann pfeilgeschwind durch die Leventina hinab und hinaus ins Alpenvorland. Die Seen locken!

Autobahnen führen vom Bodenseeraum über St. Gallen – Zürich bzw. von Basel via Luzern in die Innerschweiz. Als Anreisewege aus dem süddeutschen Raum bieten sich auch die Schnellstraße N 13 (San-Bernardino-Tunnel) und die (teilweise kurvenreiche) Strecke durch das Engadin an: Landeck – St. Moritz – Malojapaß – Chiavenna.

Die Bahnverbindungen Nordschweiz – Tessin gehen alle über die Gotthardlinie; mit dem Eurocity von München bzw. Stuttgart nach Zürich oder rheinaufwärts nach Basel und weiter über Luzern Richtung Gotthard. Je nach Reiseziel heißt es im Tessin: »Umsteigen!«, etwa zum Lago Maggiore oder zum Comer See. Auf italienischem Gebiet gibt es Bahnverbindungen am Ostufer des Lago Maggiore (Bellinzona – Luino – Varese/Sesto Calende), zwischen Como und Lecco sowie am Ostufer des Comer Sees (Lecco – Cólico). Schließlich muß auch noch das Centovalli-Bähnchen erwähnt werden, das von Locarno ins (italienische) Valle Vigezzo führt und in Domodossola Anschluß an die Simplon-Linie findet. Sie ist vor allem für Reisende aus dem Raum Rheintal/Basel von Interesse: Bern – Lötschberg-Tunnel – Simplon-Tunnel – Stresa – Sesto Calende.

Autoreisezüge verkehren zwischen verschiedenen deutschen Städten (u. a. Hamburg, Berlin, Düsseldorf) und Lörrach nahe der Schweizer Grenze. Eine angenehme – aber leider sehr teure – Möglichkeit, die lange Anfahrt zu verkürzen.

Ausrüstung

Spazierwege gibt es natürlich rund um die Seen, das Hinterland hat aber ausgesprochen alpinen Charakter! Und dafür braucht man eine zweckmäßige Ausrüstung: Bekleidung, der Jahreszeit und dem Gelände angepaßt, »regenfest«, dazu bergtaugliches Schuhwerk. Bei vielen Wanderungen wird man sich aus dem Rucksack verpflegen – und da hat jede(r) so sein individuell zusammengestelltes »Bergmenü«. Die Nachspeise wächst – zumindest im Sommer – mitunter gleich am Wegrand: Heidelbeeren, Himbeeren.

Im Rucksack finden (neben einer großen Trinkflasche!) weiter Wäsche zum Wechseln, eine Notapotheke, Taschenmesser, Toilettenpapier, Sonnencreme, eine Taschenlampe und der Biwaksack (für Notfälle), Landkarte und Führer Platz.

Wer mit Bergstöcken geht, schont seine Gelenke, vor allem im »Abwärtsgang«; auf Schneefeldern, wie man sie im Frühsommer auch rund um die Insubrischen Seen mancherorts antrifft, sind sie ebenfalls sehr nützlich.

Berghütten

Die »Hüttendichte« in den Bergen rund um Lago Maggiore und Comer See ist sehr unterschiedlich. Ausreichend Unterkünfte finden sich in den Grigne, rund um das Valsássina und am Resegone. Die Bewirtschaftungszeiten variieren allerdings sehr stark; manche Hütten sind nur an den Wochenenden offen. Westlich des Lago Maggiore und auf den Höhen über dem Valle d'Ossola fehlen geeignete Stützpunkte weitgehend.

Führer

Lydia L. Dewiel: Lombardei und Oberitalienische Seen. DuMont (Kunstreiseführer)

Eugen E. Hüsler: Lago Maggiore/Comer See. Polyglott

Eugen E. Hüsler: Tessin. Polyglott

Friedrich Geiss: Lago Maggiore. Kümmerly + Frey (Wanderführer)

Giuseppe Ritter: Lugano und Umgebung. Kümmerly + Frey (Wanderführer)

Helmut Dumler: Bergamasker Alpen. Bergverlag Rother (für die Gebiete östlich des Comer Sees)

Maria Oberndörfer: Bergamasker Alpen. J. Berg (für die Gebiete östlich des Comer Sees)

In italienischer Sprache gibt es natürlich weit mehr Literatur; vor allem zahlreiche kleine Führer über einzelne Regionen, z. B. über die Grigne und den Resegone, über die »Alta via della Valsássina« und über Klettersteige rund um den Comer See *(Ferrate nel Lario e dintorni,* Dante Porta, Edizioni Albatros). Bei Alberti Libraio Editore, Verbania-Intra, sind interessante Bücher über das Val Cannobina (Erminio Ferrari) und das Val Grande (Teresio Valsesia) erschienen.

Illustrierte Führer über den Lago Maggiore und den Comer See bekommt man in den Orten rund um die Seen (auch in Deutsch).

Informationen

Allgemeine Informationen über die Schweiz und Italien als Urlaubsland erhält man bei den staatlichen Verkehrsbüros.

Italienische Fremdenverkehrsämter (ENIT) in:

40212 Düsseldorf, Berliner Allee 26,
Tel. 02 11/13 22 31/2
60329 Frankfurt, Kaiserstraße 65,
Tel. 069/23 74 30
80336 München, Goethestraße 20,
Tel. 089/53 13 17 oder 53 03 69
A-1010 Wien, Kärntner Ring 4,
Tel. 02 22/505 16 39
CH-8001 Zürich, Uraniastraße 32,
Tel. 01/2 11 36 33

Schweizer Verkehrsbüros in:

40213 Düsseldorf, Kasernenstraße 13,
Tel. 02 11/8 09 13
60311 Frankfurt, Kaiserstraße 23,
Tel. 069/25 6001-0
20095 Hamburg, Speersort 8,
Tel. 040/32 14 69
80802 München, Leopoldstraße 33,
Tel. 089/33 30 18
70173 Stuttgart, Neue Brücke 6,
Tel. 07 11/29 65 45
A-1015 Wien, Kärntner Straße 20,
Tel. 02 27/5 12 74 05
CH-8027 Zürich, Bellariastraße 38,
Tel. 01/2 88 11 11

Über die Seenregion gibt es Infos bei:

APT, I-22100 Como, Piazza Cavour (Provinz Como)
APT del Varesotto, I-21100 Varese, Viale Ippodromo 9 (Ostufer des Lago Maggiore)
APT del Lago Maggiore, I-28049 Stresa, Via Principe Tomaso 70/72 (Westufer des Lago Maggiore)

Über das Tessin informiert:

Ente Ticinese per il Turismo (ETT), CH-6501 Bellinzona, Villa Turrita, Casella postale 1441, Tel. 092/25 70 56.

Klettersteige

Die Berge um den Comer See sind ein Dorado für Klettersteigler (und noch ein Geheimtip)! Rund zwanzig Anlagen stehen zur Wahl; neben gesicherten Steigen gibt's auch einige Routen, die je-den Vergleich mit den Ferrate am Gardasee oder in den Dolomiten aushalten. Extremrouten findet man am Zuccone Campelli (Tour 35) und am Resegone (Tour 45); sehr anspruchsvoll sind auch die »Eisenwege« am Corno Medale (Tour 43) und am Monte Grona (Tour 30). Eine entsprechende Ausrüstung ist hier unerläßlich: Steinschlaghelm, Sitz- und Brustgurt (oder Kombigürtel), Seilabschnitt mit zwei Karabinern und Sturzhemmer (Seilstück, Karabiner und Sturzhemmer werden im Handel als »Klettersteig-Set« angeboten), Handschuhe.

Ungeübte gehören nicht (oder nur in Begleitung Erfahrener) auf Klettersteige!

Kriminalität

Im Vergleich zu manchen italienischen Städten ist die Region Lago Maggiore/Comer See (fast) noch eine »Insel der Seligen«. Trotzdem: Autoklau und -bruch gibt's auch hier. Also keine Wertsachen und Ausweispapiere im Fahrzeug zurücklassen! Belebte Plätze (etwa in einem Dorf) sind relativ sicher.

Landkarten

Berühmt ist die Landeskarte der Schweiz in den Maßstäben 1:25 000 und 1:50 000: exakter geht's nicht mehr. Einige Blätter decken auch Teile des Lago Maggiore und des Comer Sees ab; sie basieren allerdings auf der Carta d'Italia und sind deshalb außerhalb der Landesgrenze weder genau noch aktuell. Dennoch liefern sie ein anschauliches Kartenbild, ganz im Gegensatz zu den italienischen Karten (1:25 000) des Istituto Geografico Militare. Die Fremdenverkehrsregionen des Tessins werden durch Wanderkarten mit farbigen Wegeintragungen abgedeckt (meist 1:25 000, z. B. Locarno, Lugano).

Für den Wanderer wichtig sind (trotz der hinlänglich bekannten Ungenauigkeiten) die Kompass-Karten; vier Blätter decken die gesamte Region ab. Vorsicht bei den Wegeintragungen; sie sind öfters völlig irreführend! Vorteil: Die Karten werden in kürzeren Abständen aktualisiert.

Museen

Einen Regentag kann man zur Erholung nutzen, mal richtig ausschlafen – und vielleicht ein Museum besuchen. Rund um die Seen gibt es zahlreiche interessante Museen; einige sind in diesem Buch erwähnt. Eine Auswahl:

Castagnola (bei Lugano): *Villa Favorita* (Kunst des 19./20. Jahrhunderts aus der Sammlung Thyssen-Bornemisza).

Como: Museo Archeologico Artistico (archäologische und historische Sammlung, Gemäldegalerie); *Tempio Voltano* (Erinnerungen an den Physiker Alessandro Volta).

Esino (bei Varenna): *Museo delle Grigne* (naturkundliche Sammlung).
Gignese (bei Stresa): *Museo dell'Ombrello* (originelles Schirmmuseum).
Lecco: Villa Manzoni (Erinnerungen an den Dichter Alessandro Manzoni).
Locarno: Museo Civico im Schloß (archäologische und historische Sammlungen).
Lugano: Museo Cantonale d'Arte (Tessiner Künstler des 19./20. Jahrhunderts); *Museo Cantonale di Storia Naturale* (naturhistorische Sammlung).
Pianello del Lario: La Raccolata della Barca Lariana (Bootsmuseum).
Premana (im Valle Varrone): Heimatmuseum.
Varese: Musei Civici (historische und naturkundliche Sammlungen, Gemäldegalerie).

Radeln

Da könnte man gleich noch einen Führer machen! Das dichte Straßennetz rund um die Seen eignet sich bestens zum Radeln. Doch Vorsicht: Kondition ist gefragt, denn neben den Uferstraßen (viel Verkehr!) geht es fast überall bergauf. Da ist das Mountainbike mit seinen kleinen Gängen der richtige »Untersatz«. Wer keines dabei hat, kann in den größeren Fremdenorten ein Bergrad mieten. Besonders geeignet für interessante »Ausritte« sind etwa die alten Kriegsstraßen zwischen Lago Maggiore und Comer See (siehe Tour 17).

Reisezeit/Wetter

Zu den gängigsten Tessin-Klischees gehört jenes von der »Sonnenstube« der Schweiz. Richtig ist, daß man südlich der Alpen eine größere Sonnenscheindauer verzeichnet, an der Alpenabdachung (Staulagen) aber auch größere Niederschlagsmengen. Die wiederum konzentrieren sich allerdings auf kürzere Zeiträume (mit oft wolkenbruchartigen Regenfällen); dafür sind längere Schlechtwetterperioden selten. Häufig ist – vor allem im Sommer – leider eine getrübte Fernsicht; oft hängt tagelang eine Dunstglocke über den Seen – Smog aus den Industriegebieten Norditaliens, verbunden mit relativ hoher Luftfeuchtigkeit. Ein recht häufiger Gast ist der Föhn, hier allerdings als eher kühler Fallwind, der von den Tälern des Sopra Ceneri herabbläst und für klarste Sicht sorgt. Für die Alpennordseite meldet der Wetterbericht dann meist Niederschläge bei Nordwestwind, im Herbst mitunter auch Schnee bis in mittlere Höhenlagen.

Die beste Wanderzeit? Wir haben die schönsten Tourenwochen im Spätherbst und ganz früh im Jahr (März) erlebt; im Spätfrühling und in der sommerlichen Hauptreisezeit sind wir wiederholt gehörig verregnet worden. Die Verhältnisse in den Bergen wechseln allerdings von Jahr zu Jahr; als Folge der sich abzeichnenden Klimaveränderung werden auch die (zunehmend schneearmen) Wintermonate interessant. Frosttage etwa sind am Lago Maggiore ganz selten; der See wirkt hier wie ein Wärmespeicher. Die Zeit zwischen Oktober und März ist statistisch zudem die niederschlagsärmste, die Fernsicht in aller Regel am besten. Und in den Hotels ist man ein hochwillkommener (weil seltener) Gast…

Wege

Wandern in den Bergen um den Lago Maggiore und den Comer See führt schnell in die Wildnis. Wer an üppige Markierungen (wenn möglich mit Nummer) gewöhnt ist, muß sich umstellen. Dabei lernt man aber auch, genau hinzuschauen, Wege zu finden, das Gelände richtig zu beurteilen. Viele Wanderwege waren einst Almpfade, verfallen nach und nach, werden von der üppigen Vegetation überwuchert. In manchen Regionen hat man diese alten Wege markiert, etwa im Val Cannobina (beispielhaft); im Tessin sind alle Wanderwege gelb bzw. rot-weiß (Bergpfade) markiert. Daß Lecco eine alte Bergsteigerstadt ist, merkt man in den Grigne und am Resegone: durchwegs bestens bezeichnete »Sentieri«. Das ist jenseits des Comer Sees, auf den Höhen zwischen dem Lario und der Schweizer Grenze, nicht überall so. Eine Ausnahme macht hier die »Via dei Monti Lariani«, die gut markiert ist.

Die Wanderungen und Touren nach Schwierigkeiten

Ein kleiner Leitfaden für den Benützer – gegliedert nach den Anforderungen, vom Spaziergang bis zur Extremferrata.

Tour Nr.	Ziel	Höhe (m)	Charakteristik
16	Schloß Angera		Besichtigung
2	Ronco sopra Ascona	350	Spaziergang
6	Cármine superiore	305	Leichte Wanderung, schattig

Tour Nr.	Ziel	Höhe (m)	Charakteristik
27	San Pietro al Monte	662	Kunstspaziergang
22	Morcote	272	Beliebte Höhenwanderung, »Tessin-Bilderbuch«
18	Monte Gambarogno	1734	Leichte Runde über Indemini
10	Monte Faiè	1352	Halbtagswanderung
24	Monte Generoso	1701	Von der Bocca d'Orimento aus leichtes Halbtagspensum. Blumen!
23	Monte San Giorgio	1097	Auch ohne großes Panorama lohnend, vor allem für Naturfreunde
31	Via dei Monti Lariani	1277	Lange, leichte Höhenwanderung auf alten Alpwegen
18	Monte Tamaro	1961	Halbtagstour von Corte di Neggia aus
4	Monte Torriggia	1703	Auf das Belvedere des Val Cannobina, gut markierte Wege
19	Monte Boglia	1516	Recht steiler, südseitiger Aufstieg
25	Monte San Primo	1682	Aussichtsberg, sehr steiler Abstieg, bei Nässe nicht zu empfehlen
27	Monte Rai	1259	Überschreitung auf markierten Wegen, Trittsicherheit erforderlich
30	Monte Grona	1736	Gipfelwanderung auf bezeichneten Wegen, Panorama!
28	Sasso Gordona	1410	Kurze Überschreitung, im Gipfelbereich steil
7	Monte Zeda	2156	Leichte Gipfeltour, Anstieg teilweise auf alter Militärstraße
21	Monte Garzirola	2116	Aussichtsberg, bequemer Anstieg, im Sommer allerdings sehr sonnig
29	Monte Crocione	1641	»Sonniger« Berg, Gipfelaufschwung sehr steil; Blumen, Tiefblicke!
15	Massa del Turlo	1959	Leichte Überschreitung mit einmaligem Monte-Rosa-Blick
18	Monte Tamaro	1961	Beliebte Gratwanderung vom Monte Lema aus (»La Traversata«)
39	Valle di Era	800	»Feuchtes« Vergnügen am »Sentiero del Fiume«. Kurze gesicherte Passagen, Trittsicherheit
12	Pizzo Castello	1607	Aussichtsreiche Runde, Wege kaum markiert
26	Corni di Canzo	1371	Wenig schwierige Gipfeltour, markierte Wege
37	Monte Pilastro	1826	Aussichtsreiche Gratüberschreitung, Trittsicherheit
1	Salmone	1560	Anstrengende Gipfeltour, im Sommer sehr heiß
3	Gridone	2188	Toller Aussichtsberg, »heißer« Anstieg
13	Monte Massone	2161	Recht lange Gipfeltour, große Aussicht; auch Teilbegehung möglich
33	Monte Legnone	2609	Markierter Anstieg über den Westgrat, prächtiges Panorama
14	Altenberg	2394	Gipfeltour im hintersten Val Strona

Tour Nr.	Ziel	Höhe (m)	Charakteristik
32	Sasso Canale	2411	Gipfelwanderung, markierte Wege, zuletzt Geröll und Schrofen
20	Monte dei Pizzoni	1303	Steiler Anstieg, kurze Kletterstelle, im Sommer zu heiß
21	Torrione	1809	Dankbare Gipfeltour, zum Finale leichte Kletterei
35	Zuccone Campelli	2159	Aufstieg über den »Sentiero degli Stradini« leicht, Abstieg ins Gamskar kurze Kraxelstellen
38	Grignone	2409	Normalweg recht lang, am Gipfel leichte Felsen. Panorama!
5	La Piota	1925	Recht lange Überschreitung, am »Sentiero Bove« leichte Kletterpassagen
24	Monte Generoso	1701	Anstrengende Gipfeltour, ab Rovio über 1200 Meter Anstieg. Panorama! Kurzer Klettersteig am Nordgrat (kann umgangen werden)
45	Resegone	1875	Normalweg wenig schwierig, ab Forcella d'Olino leichte Gipfeltour
36	Monte Due Mani	1667	Am Südgrat steile Wege, bei Nässe nicht empfehlenswert
42	Monte Coltignone	1473	Teilweise steile Wege, gesicherte Passagen, reizvolles Ambiente
8	Cima Sasso	1916	Nicht ganz leichte Gipfeltour, kaum markiert
11	Pizzo Proman	2099	Anstrengende Gipfeltour, beachtliche Anstiegsleistung
41	Grignetta	2177	Schönste Tour in den Grigne, abschnittweise gesichert
26	Corni di Canzo, Ferrata Venticinquennale	1371	Ziemlich schwieriger Klettersteig
38	Grignone, Ferrata CAI Mandello	2409	Recht lange Tour, gut gesicherter Klettersteig
40	Zucco di Sileggio	1365	Interessanter Ausguck über dem Comer See, an der Gipfelwand zwei senkrechte Leitern, sehr exponiert
9	Val Grande	872	Runde im unteren Talabschnitt, kaum markierte Wege, zahlreiche heikle Passagen
36	Monte Due Mani, Südgrat-Ferrata	1667	Einige sehr luftige Passagen
44	Pizzo d'Erna	1362	Viel Eisen an steiler Ferrata
34	Pizzo Alto	2512	Große Runde über dem Valle Varrone, beste Kondition und Bergerfahrung notwendig, unmarkierter Abstieg
26	Corni di Canzo, Ferrata Trentennale	1371	Schwieriger gesicherter Anstieg, am Corno Rat extreme Ferrata-Passage
43	Corno Medale	1028	Klettersteig der Spitzenklasse, sehr exponiert
30	Monte Grona, Ferrata del Centenario	1736	Spitzenferrata, nur mit durchlaufendem Drahtseil versehen
35	Zuccone Campelli, Ferrata Rebuzzini	2159	Extreme Ferrata mit Höchstschwierigkeiten
45	Resegone, Ferrata GAMMA	1809	Schwierigster Klettersteig der Region, *»solo per esperti«!*

Register